二十一世纪普通高等教育人才培养"十三五"系列教材

ERSHIYI SHIJI PUTONG GAODENG JIAOYU RENCAI PEIYANG SHISANWU XILIE JIAOCAI

网络客户关系管理

主 编 ○ 龙红明

西南财经大学出版社
Southwestern University of Finance & Economics Press
中国·成都

图书在版编目(CIP)数据

网络客户关系管理/龙红明主编.—成都:西南财经大学出版社,2020.5
ISBN 978-7-5504-4330-3

Ⅰ.①网… Ⅱ.①龙… Ⅲ.①电子商务—商业服务 Ⅳ.①F713.36

中国版本图书馆 CIP 数据核字(2019)第 295450 号

网络客户关系管理
主编 龙红明

责任编辑:李晓嵩
责任校对:杜显钰
封面设计:何东琳设计工作室
责任印制:朱曼丽

出版发行	西南财经大学出版社(四川省成都市光华村街55号)
网　　址	http://www.bookcj.com
电子邮件	bookcj@foxmail.com
邮政编码	610074
电　　话	028-87353785
照　　排	四川胜翔数码印务设计有限公司
印　　刷	郫县犀浦印刷厂
成品尺寸	185mm×260mm
印　　张	12.25
字　　数	277 千字
版　　次	2020 年 5 月第 1 版
印　　次	2020 年 5 月第 1 次印刷
印　　数	1—2000 册
书　　号	ISBN 978-7-5504-4330-3
定　　价	29.80 元

1. 版权所有,翻印必究。
2. 如有印刷、装订等差错,可向本社营销部调换。
3. 本书封底无本社数码防伪标识,不得销售。

前言

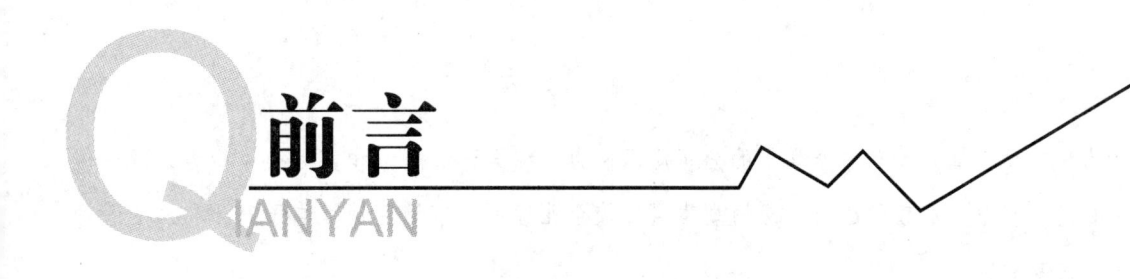

随着新经济时代的来临,企业的战略中心正从"以产品为核心"向"以客户为核心"转变,客户已经成为企业最重要的资源。客户关系管理是企业管理模式和企业核心竞争力提升的要求。从某种意义上讲,在那些成功的电子商务企业的背后,客户关系管理的作用要大于电子商务模式自身的作用。因此,客户关系管理在企业电子商务应用架构中承担着关键角色,即客户关系管理的成功与否直接影响企业电子商务实践的成败。因此,在高校企业管理、市场营销、电子商务、酒店管理等相关专业开设客户关系课程,是新经济时代培养应用型人才的必然要求,是电子化浪潮和信息技术支持等因素推动与促成的结果。

电子商务环境下的客户关系与传统企业的客户关系已经有着本质的不同,主要原因在于:一是电子商务是建立在现代信息技术之上的"非接触经济",电子商务环境下企业的客户不再以地理位置为界限,客户数量远大于传统商务模式下的规模。二是电子商务模式下客户访问企业的时间是 24 小时,客户不再以某一地区的日出日落为作息时间。即时对客户行为做出反应是企业发展的必需。三是网络能够将企业的业务流程整合到其他接触点无法达到的程度。客户关系管理与电子商务的整合可以帮助企业实现快捷性、廉价性、普及性、可塑性、自动记录、低边际成本、个性化等优势。四是在客户关系管理中电子商务与数据库密不可分,而这也是客户关系管理未来发展的趋势。

综上所述,电子商务企业在客户规模,服务时间,与客户的接触点,适应客户个性化、快捷化、廉价性需求等方面都与传统企业有着很大的不同,因而在高校客户关系管理理论课程教学过程中,及时更新相关理论体系让学生适应新时代电子商务企业客户关系管理的需要,是非常必要的。但是,现有网络客户关系管理或电子商务客户关系管理教材缺乏,满足不了电子商务专业本科教学的需要。

鉴于上述因素,本教材分为两大部分,第一篇从经典的客户关系管理理论和概念入手,引导学生掌握经典的客户关系管理理论;第二篇是本教材的特色和重点,即聚焦网络客户关系管理,结合大量最新案例,紧贴时代脉搏,引导学生掌握新经济时代客户关系管理的变化和变革，重点培养学生的分析应用能力、综合评价能力和实际操作能力以及适应新时代的能力。本教材适用于应用型本科院校企业管理、市场营销、电子商务和酒店管理等相关专业。

本教材由长沙师范学院副教授、湖南省教育科学研究院博士后龙红明主编，是工商管理校级重点建设学科成果。感谢在本教材出版过程中，给予帮助和指导的长沙师范学院经济管理学院院长伍海琳、副院长李红娟以及电子商务专业相关老师，并特别感谢长沙师范学院电子商务专业学生易继汶、彭亮、刘琳、袁梦、李洁等，他们为本书的文字润色与整理、案例收集和图表制作做出了贡献。

编者

2019 年 12 月

目录

第一篇 客户关系管理基本理论

第一章 客户关系管理基础 (3)

学习目标 (3)

第一节 客户与客户管理 (3)

第二节 客户关系管理的定义与特征 (15)

第三节 客户关系管理的内容与作用 (18)

第四节 客户关系管理的理论发展 (20)

综合练习 (24)

第二章 客户关系管理的产生与发展 (25)

学习目标 (25)

第一节 客户关系管理的发展阶段 (25)

第二节 客户关系生命周期管理 (27)

第三节 客户关系管理的发展趋势 (33)

综合练习 (37)

第二篇　网络客户关系管理实践

第三章　网络客户关系管理基础 (41)

学习目标 (41)

第一节　网络客户的特征 (41)

第二节　网络客户关系管理概述 (46)

综合练习 (54)

第四章　网络客户关系的建立：客户沟通 (55)

学习目标 (55)

第一节　网络沟通概述 (55)

第二节　网络客户沟通的方式 (59)

第三节　网络客户沟通的构成要素与流程 (60)

综合练习 (64)

第五章　网络客户关系的维持：信任建立 (65)

学习目标 (65)

第一节　网络客户信任概述 (65)

第二节　网络客户信任优势 (67)

第三节　网络客户信任提升对策 (69)

综合练习 (72)

第六章 网络客户关系的实现：价值创造与提升 (73)

学习目标 (73)

第一节 网络客户价值的识别 (73)

第二节 网络客户服务价值矩阵 (80)

第三节 网络客户服务价值的实现 (83)

综合练习 (98)

第七章 网络客户满意度与客户忠诚度 (99)

学习目标 (99)

第一节 网络环境中客户满意度的衡量 (99)

第二节 网络环境中客户忠诚度的衡量 (111)

第三节 客户满意度和客户忠诚度的关系 (116)

综合练习 (120)

第八章 网络客户服务管理 (121)

学习目标 (121)

第一节 网络客户服务概述 (121)

第二节 网络客户服务的流程 (126)

第三节 网络客户服务沟通和服务技巧 (128)

第四节 网络客户服务投诉处理 (131)

综合练习 (137)

第九章 网络客户信息管理 (138)

学习目标 (138)

第一节 客户信息与客户信息管理 (138)

第二节 电子商务客户信息收集 (140)

第三节 客户资料库的创建 (147)

第四节 电子商务客户信息整理 (152)

第五节 网络客户信息分析 (154)

第六节 网络客户信息安全管理 (159)

综合练习 (166)

第十章 网络客户关系管理系统及信息化集成 (167)

学习目标 (167)

第一节 CRM 的产生与发展概述 (167)

第二节 CRM 的体系结构 (173)

第三节 CRM 与 ERP、SCM 的集成 (178)

第四节 EAI 基础及应用 (180)

综合练习 (187)

参考文献 (188)

第一篇
客户关系管理基本理论

第一章　客户关系管理基础

> **学习目标**
>
> 掌握客户的定义，了解客户关系管理的产生和发展历程；
> 掌握客户关系生命周期的概念，了解客户关系生命周期各阶段的特征；
> 掌握客户关系管理的概念及内涵；
> 掌握客户关系管理的理论基础。

第一节　客户与客户管理

一、客户的概念

在市场经济条件下，客户的地位越来越重要。客户的喜好与厌恶决定了企业的命运，客户数量的多少（现实的和潜在的）决定了企业发展的边界，使客户满意几乎是所有企业获取竞争优势、谋求长远发展的唯一出路。

（一）客户与顾客

传统意义上，客户称为顾客，指购买商品的人，也称为消费者。在现实生活中，如何定义客户，不同的时期有不同的认知。

在市场营销教类科书中，顾客是泛称、统称。我国学者屈云波、牛海鹏从购买力的大小来界定顾客，强调"顾客指那些会登门购买的人们"或"具有消费能力或消费潜力的人"。英国学者泰德·琼斯提出，"顾客是使用并偿付我们产品或服务的人"。目前国内比较认同的顾客的概念是美国营销大师菲利普·科特勒提出的顾客的定义，即"具有特定的需要或欲望，而且愿意通过交换来满足这种需要或欲望的人"。

对企业而言，客户是对本企业产品或服务有特定需求的群体，它是企业生产经营活动得以维持的根本保证。客户资源是企业生存、发展的战略资源，它的价值体现在"所有客户未来为企业带来的收入之和,扣除产品、服务以及营销成本,加上满意的客户向其他潜在客户推荐而带来的利润"。

从以上关于顾客与客户的表述中我们可以看出,顾客与客户是不同的。

(二) 客户与消费者

传统的观点认为,客户与消费者是同一概念。但是对企业而言,客户与消费者是有区别的,它们之间的区别表现在以下几个方面:

(1) 客户是针对某一特定细分市场而言的,其需求具有一定的共性。例如,某电脑公司把客户分成金融客户、工商企业客户、教育客户和政府客户等。消费者则是针对个体而言的,处于比较分散的状态。

(2) 客户的需求相对复杂,要求较高,购买数额也较大,而且交易的过程、延续的时间比较长。例如,客户购买了电脑以后,还会涉及维修、耗材的供应、重复购买等。消费者与企业的关系一般是短期的,不需要长期、复杂的服务。

(3) 客户注重与企业的感情沟通。企业需要安排专职人员负责和处理其事务,而且需要对客户的基本情况有深入了解。消费者与企业的关系相对比较简单,即使企业知道消费者是谁,也不一定与其发生进一步的联系。

(4) 客户是分层次的。企业需要对不同层次的客户采取不同的客户策略。消费者可看成一个整体,并不需要进行严格区分。

(三) 客户的含义与特征

综上所述,本书将客户定义为客户是接受企业产品或服务,并由企业掌握其有关信息资料,由专门的人员为其提供服务的组织和个人。客户的含义可从以下几个方面来理解。

(1) 客户不一定是产品或服务的最终接受者。处于供应链下游的企业或个人是上游企业的客户,其可以是批发商、零售商或中介商,而最终的接受者可能是消费产品和服务的人或机构。

(2) 客户不一定是用户。处于供应链下游的批发商、零售商或中介商是生产商的客户,只有当客户消费这些产品和服务时,客户才是用户。

(3) 客户不一定在公司之外,内部客户也需要引起重视。人们习惯于为企业之外的客户服务,而把企业内的上下流程工作人员和供应链中的上下游企业看成同事或合作伙伴,从而淡化了服务意识,造成服务的内外脱节和不能落实等问题。

(4) 客户一定在企业存有相应的资料。企业,尤其是许多服务性企业会将客户的信息资料建成数据库,以便提供服务和发展业务,而一般意义的顾客则大多在企业中没有资料。

(5) 客户是所有接受产品或服务的组织和个人的统称。在现代客户观念指导下,个体客户和组织客户都可称为客户,因为无论是个体还是组织都是接受企业产品或服务的对象,而且从最终的结果来看,"客户"的下游还是客户。因此,客户是相对于产品或服务提供者而言的，是所有接受产品或服务的组织和个人的统称。

（四）客户的价值

企业的价值是由客户带来的，客户是企业生存与发展的基石。企业对客户的重视，注重的是客户的价值，而且关注客户的终生价值。

1. 客户是企业的利润源泉

企业要实现盈利，必须依赖客户。因为只有客户购买了企业的产品或服务，企业才能实现利润，因此客户是企业利润的源泉，是企业的"财神"。企业的命运是建立在与客户的长远利益关系基础上的。企业好比是船，客户好比是水。水能载舟，亦能覆舟，客户可以给企业带来利润，使企业兴旺发达，同时也可以使企业破产倒闭。

通用电气集团（GE）变革的带头人韦尔奇说："公司无法提供职业保障，只有客户才行。"著名的管理学大师彼得·德鲁克说："企业的首要任务就是创造客户。"沃尔玛创始人萨姆·沃尔顿说："实际上只有一个真正的老板，那就是客户。他只要用'把钱花在别处'的方式，就能将公司的董事长和所有雇员全部炒鱿鱼。"

企业利润的真正来源不是品牌，品牌只是吸引客户的有效工具。再强势的品牌，如果没有客户追捧，同样是站不住脚的。这可以解释为什么有些知名品牌异地发展会遭遇"瓶颈"——不是品牌本身出了问题，而是没有被异地客户接受。

2. 聚客效应

自古以来，人气就是商家发达的法宝。一般来说，人们的从众心理都很强，总是喜欢"锦上添花"，追捧那些"热门"企业。因此，是否已经拥有大量的客户会成为人们选择企业的重要考虑因素。也就是说，已经拥有较多客户的企业将更容易吸引更多的新客户加盟，从而使企业的客户规模形成良性循环。

如果没有老客户带来旺盛的人气，很难想象企业能够源源不断地吸引新客户，企业也不可能长久地持续发展。

3. 客户的信息价值

客户的信息价值指客户为企业提供信息，从而使企业更有效、更有的放矢地开展经营活动产生的价值。这些基本信息包括企业在建立客户档案时由客户无偿提供的信息；企业与客户进行双向、互动的沟通过程中，由客户以各种方式（如抱怨、建议、要求等）向企业提供的各类信息，如客户需求信息、竞争对手信息、客户满意程度信息等。

客户提供的这些信息不仅为企业节省了收集信息的费用，而且为企业制定营销策略提供了真实、准确的一手资料，因此客户给企业提供的信息也是企业的巨大财富。

4. 客户的口碑价值

客户的口碑价值是指由于满意的客户向他人宣传本企业的产品或服务，从而吸引更多新客户的加盟，使企业销售增长、收益增加而创造的价值。

研究表明，在客户购买决策的信息来源中，口碑传播的可信度最大，远胜商业广告和

公共宣传对客户购买决策的影响。因此，客户主动的推荐和口碑传播会使企业的知名度和美誉度迅速提升。

5. 客户是企业间竞争的资源

企业的核心竞争力是技术、资金，还是管理？实际上，企业的核心竞争力是企业拥有优质客户的数量。从根本上说，一个企业的竞争力有多强，不仅要看其技术、资金、管理、市场占有率，更为关键的是要看其到底拥有多少忠诚的客户，特别是其拥有多少忠诚的优质客户。业务流程重组的创始人哈默曾说："所谓新经济，就是客户经济。"

在产品与服务供过于求，买方市场日渐形成的今天，客户对产品或品牌的选择自由度越来越大，企业间的竞争已经从产品的竞争转向对有限的客户资源的争夺，尽管当前企业间的竞争更多地表现为品牌竞争、价格竞争、广告竞争等方面，但实质上都是在争夺客户。

企业拥有的客户越多，就越有可能降低企业为客户提供产品或服务的成本，这样企业就能以等量的费用比竞争对手更好地为客户提供更高价值的产品和服务，提高客户满意度，从而在激烈的竞争中处于领先地位，有效地战胜竞争对手。同时，拥有众多的客户还会给其他企业带来较高的进入壁垒。"蛋糕"（市场份额）就那么大，本企业拥有的客户多了，就意味着其他企业占有的客户就少了。可以说，忠诚、庞大的客户队伍将是企业从容面对市场风云变幻的基石。

6. 企业要重视客户的终生价值

客户的价值不能根据其单次购买能力来判断，企业需要预测客户一生的购买能力、一生的购买总和。例如，美国一家航空公司预测一位忠诚客户10年内能给公司带来的收入是20万美元；忠诚的万事达卡客户在客户关系生命周期内预测刷卡金额为20万美元。

客户终生价值既包括历史价值，又包括未来价值，随着时间的推移而增长。因此，企业千万别在意老客户一次花多少钱、购买了多少产品或服务，而应该考虑他们一生给企业带来的财富。企业必须把眼光放长远，不但要重视客户眼前的价值，更需要进一步创造和提高客户的终生价值。

客户终生价值的意义在于表达忠诚客户对企业生存和发展的重要与长远的影响，以刺激企业对忠诚客户的高度重视，努力维系自己的忠诚客户。

总之，客户是企业的衣食父母，是企业的命脉，给企业带来了巨大的利益，客户的存在是企业存在的前提，没有客户，企业就会垮台。其实，市场竞争就是企业争夺客户的竞争，企业要实现盈利，就必须依赖客户，开发新客户，维系老客户。客户对企业及其产品或服务的态度如何，直接影响企业的经营状况与命运。因此，企业应该像珍爱财富那样爱惜客户，重视和加强客户忠诚度的培养，从而提高客户的终生价值。

二、客户的分类

按照不同的标准或属性,我们可以把客户分成不同的类型。

(一)按客户的重要性分类

在企业客户管理中,我们常常按照客户的重要性进行划分。例如,采用 ABC 分类法进行划分,把客户分成贵宾型客户、重要型客户和普通型客户三种,如表 1-1 所示。

表 1-1　用 ABC 分类法对客户划分

客户类型	客户名称	客户数量比例(%)	客户有创造价值比例(%)
A	贵宾型	5	50
B	重要型	15	30
C	普通型	80	20

表 1-1 所列的数字为参考值,不同行业、不同企业的数值各不相同。例如,在银行业中,贵宾型客户数量可能只占到客户总数量的 1%,但为企业创造的利润可能超过 50%;而有些企业,如宾馆的贵宾型客户数量可能大于 5%,为企业创造的利润却可能小于 50%。

ABC 分类法较好地体现了营销学中的"80:20"法则,即 20% 的客户为企业创造 80% 的价值。当然在 80% 的普通型客户中,企业还可以做进一步划分。有人认为,其中 30% 的客户是不能为企业创造利润的,但同样消耗着企业的许多资源。因此,有人建议把"80:20"法则改为"80:20:30"法则,即从 80% 的普通客户中找出其中 30% 不能为企业创造价值的客户,采用相应的措施,使其要么向重要型客户转变,要么终止与企业的交易。例如,有的银行对交易量很小的客户采取提高手续费的形式促使其到其他银行办理业务。

(二)按客户的忠诚度分类

按照客户对企业的忠诚度来划分,客户可以分成潜在客户、新客户、老客户和忠诚客户等。潜在客户指对企业的产品或服务有需求,但尚未开始与企业进行交易,需要企业花大力气争取的客户;新客户指那些刚开始与企业开展交易,但对产品或服务还缺乏全面了解的客户;老客户指与企业交易有较长的历史,对企业的产品或服务有较深的了解,但同时还与其他企业有交易往来的客户;忠诚客户指对企业有高度信任,并与企业建立了长期、稳定关系的客户,其基本就在本企业消费。

不同忠诚度的客户对企业利润的贡献有较大的差别,可以简单表示为图 1-1。

```
          新客户
          老客户
         忠诚客户
```

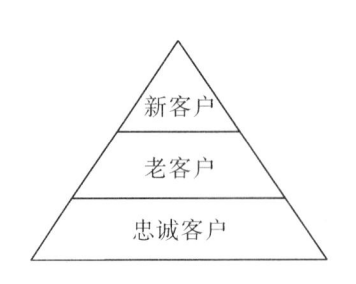

图1-1 不同客户创造的利润分布

一般来说，客户的忠诚度与客户和企业交易的时间长短与次数的多少相关，只有忠诚的客户才能长时间、高频度地与企业发生交易。客户的忠诚度是不断发生变化的。只要企业对客户的服务周到，能赢得客户的信任，潜在客户就可以变成新客户，新客户就可以变成老客户，老客户就可以转化成忠诚客户；反过来也是如此，如果企业不注意提高客户服务水平，随意损害客户的利益，都有可能使新客户、老客户和忠诚客户终止与企业的交易，弃企业而去。

虽然可以按照不同的标准对客户进行分类，但在客户管理中，按照客户价值分类，找到最有价值的客户，是企业最重要的工作。经过对现有客户数据的分析、整理，企业基本上可以做到识别每一个具体的客户，可以从客户信息中找到有多方面相同或相似的客户群体，而且这些不同的客户群体对企业的重要程度、对企业的价值是不同的。例如，一个普通的电信客户对深圳电信的价值贡献远远不如华为这样的客户。据统计，现代企业57%的销售额来自12%的重要客户，而其余88%的绝大部分客户对企业是微利甚至是无利可图的。因此，企业要想获得最大程度的利润，就必须对不同的客户采取不同的策略。

事实上，许多企业已经开始意识到通过价值区别来对客户进行分类管理，以便获得更多的利润。这在快速交易的业务中，如金融服务、旅游、电信和零售等行业尤为明显，这些行业中已有很多企业正在运用复杂的数据模型技术来了解如何更有效地分配销售、市场和服务资源，以巩固企业同最重要的客户之间的关系。

（三）按客户与企业之间关系的远近分类

按照客户与企业之间距离的远与近、关系的疏与密，客户可以划分为五类：非客户、潜在客户、目标客户、现实客户和流失客户。

非客户指那些与企业的产品或服务无关，或者对企业怀有敌意、不可能购买企业的产品或服务的人群。潜在客户指对企业的产品或服务有需求和欲望，并有购买动机和购买能力，但还没有产生购买行为的人群。例如，已经怀孕的妇女很可能就是婴儿产品的潜在客户。目标客户指企业经过挑选后确定的力图开发为现实客户的人群。例如，劳斯莱斯把具有很高地位的社会名流或取得巨大成就的人士作为自己的目标客户。

潜在客户与目标客户的区别在于，潜在客户指主动"瞄上"企业、很有可能购买但还没有购买行动的客户；目标客户指企业主动"瞄上"的、尚未有购买行动的客户。当然，客户与企业可以同时相互欣赏，也就是说，潜在客户和目标客户是可以重叠或部分重叠的。

现实客户指企业的产品或服务的现实购买者，可分为初次购买客户、重复购买客户和忠诚客户三类。初次购买客户（新客户）指对企业的产品或服务进行第一次尝试性购买的客户；重复购买客户指对企业的产品或服务进行了第二次及两次以上购买的客户；忠诚客户指对企业的产品或服务连续不断地、指向性地重复购买的客户。

流失客户指曾经是企业的客户，但由于种种原因，现在不再购买企业的产品或服务的客户。

以上五类客户之间是流动的，可以相互转化。例如，潜在客户或目标客户一旦采取购买行为，就变成企业的初次购买客户，初次购买客户如果经常购买同一企业的产品或服务，就可能发展成为企业的重复购买客户，甚至成为忠诚客户。但是，初次购买客户、重复购买客户、忠诚客户也会因为其他企业的更有诱惑的条件或因为对企业不满而成为流失客户。流失客户如果被成功挽回，就可以直接成为重复购买客户或忠诚客户，如果无法挽回，就将永远流失，成为企业的非客户。

（四）按客户与企业形成的购买关系分类

根据与企业形成的购买关系不同，客户可以分为消费者客户、中间客户、内部客户、公利客户五类。

消费者客户，即购买企业最终产品或服务的直接消费者，通常是个人或家庭，又称最终客户或终端客户。这类客户通常情况下数量众多，但消费额一般不高，企业往往最为关注，付出精力很多，但很难使这类客户满意。

中间客户购买企业的产品或服务，但并不是产品或服务的直接消费者，他们将购买来的产品或服务附加到自己的产品或服务上，再进行销售。中间客户是处于企业与消费者之间的经营者。经销商就是典型的中间客户。

内部客户，即企业（或联盟企业）内部的个人或业务部门，他们需要企业的产品或服务以实现他们的商业目标，这通常是最容易被企业忽视的一类客户，他们也是最具有长期获利性的客户。企业应该将员工看成企业中较为重要的内部客户。

公利客户是代表公众利益，向企业提供资源，然后直接或间接从企业获利中收取一定比例费用的客户。公利客户的典型例子是政府、行业协会和媒体。

（五）按客户提供价值的能力分类

1. 灯塔型客户

这类客户对新生事物和最新技术非常敏感，喜欢尝试，对价格敏感度较低，是潮流领先者。一般这类客户教育程度高，收入颇丰，而且愿意向他人推荐自己满意的新事物，为企业提供可借鉴的建议。

2. 跟随型客户

这类客户的最大特点就是跟随潮流，感性消费。这类客户往往以灯塔型客户为参照，注重品牌，对价格不一定敏感。

3. 理性客户

这类客户在购买产品或服务时往往小心谨慎，在意性价比，对产品的服务、质量、价格比较敏感。因此，这类客户一般不具备交易价值，只能为企业提供购买价值、信息价值与口碑价值。

4. 逐利客户

这类客户对价格十分敏感，只在企业与企业的竞争对手相比有价格上的明显优势时才会选择该企业的产品。逐利客户的形成可能与其收入水平有关，对他人的影响力也较低。这类客户只能为企业提供最基本的两种价值：购买价值和信息价值。

三、客户管理的含义、原则与内容

由于不同研究者和使用者的出发点与观念不同，客户管理的定义也不同。有的学者认为客户管理就是如何管好客户，而有的学者认为客户管理就是客户关系管理。事实上，对于什么是客户管理，目前学术界和企业界还没有一个统一的定义。总结国内外学术界和企业界的多种观点，结合目前客户管理的一些新特点，本书对客户管理的定义如下：客户管理是指经营者在现代信息技术的基础上收集和分析客户信息，把握客户需求特征和行为偏好，有针对性地为客户提供产品或服务，发展和管理与客户之间的关系，从而培养客户的长期忠诚度，以实现客户价值最大化和企业收益最大化之间的平衡的一种企业经营战略和措施。

（一）客户管理的含义

根据客户管理的定义，我们可以将这个定义进行扩展，客户管理的含义可以描述如下：

（1）客户管理不是一个简单的概念或方案，而是企业的一种管理理念和经营战略，贯穿企业每个部门和经营环节，其目的在于理解、预测、管理企业现有的和潜在的客户。越来越多的企业管理人员意识到客户管理不仅仅是营销部门和客户服务部门的责任，而是贯穿整个组织内的、跨越不同职能部门的一个根本性经营战略。客户管理涉及企业战略、过程、组织和技术等方面的变革，使企业能更好地围绕客户行为来有效地搞好自己的经营。

（2）客户管理是现代管理思想与科技的结合。信息技术的引入使得客户信息的积累和共享更为有效，如一些新技术（知识发现技术、数据库技术、数据挖掘技术等）有效地促进了数据获取、客户细分和数据挖掘。

（3）客户关系管理（CRM）是客户管理的一部分。CRM 始于对客户行为和特性的深入分析，以取得对客户偏好、愿望和需求的完整认识，然后应用这些信息去制定营销战略、编制营销计划和发起营销活动。同样，客户管理也必须以与客户之间的互动接触为基础。

（4）客户管理的目的是实现客户价值最大化和企业收益最大化之间的平衡。事实上，客户价值最大化和企业收益最大化是一对矛盾统一体。坚持以客户为中心、为客户创造价值是任何客户关系管理战略必须具备的理论基石。企业是以盈利为中心的组织，追求利润最大化是企业存在和发展的宗旨。客户价值最大化意味着穷尽企业的资源和能力去全面满足所有客户的需求，这样做必然会增加企业的成本，降低企业的利润。不过，为客户创造的价值越多，越可能增强客户的满意度、提高客户的忠诚度，从而实现客户挽留，增加客户为企业创造的价值，使企业收益最大化。

【案例】格力空调的客户管理

经销商与厂商之间应该建立利益共同体，一切按制度办，不存在谁控制谁，这是格力空调的原则。一天，有一个年销售额达 1.5 亿元的大经销商来格力厂家要求特殊待遇，语气中透出不容商量的傲慢，格力非但没有理会他，反而狠狠反击，将其移出了格力经销网。对此，格力的理由是，许多空调厂家往往纵容销售商，允许其跨地区经营，这样本地小经销商根本竞争不过，也就把市场搞乱了。格力这样做可以让经销商们产生无论实力大小格力均平等视之的感觉，等于给众多的小经销商们吃了一颗定心丸。

为了更好地帮助经销商、发挥经销商的作用，格力规定，凡格力营销业务员不允许拿回扣，拿一分钱就立即开除。业务员只负责协调，不负责发展网络。格力对业务员的考核不以销售额来衡量，而是看业务员与其经销商沟通的工作量、市场调研的工作量、价格监督的工作量以及诸如重视客情维护、为经销商建立档案等。同时，格力把经销商分为一级、二级，每个地区都只有有限的几个一级经销商，由一级经销商发展二级经销商，并针对不同的规模制定不同的返利标准。

这样企业与经销商之间的关系就更加协调和紧密了，格力的经销网迅速膨胀，销量也跃居全国市场前列。

（二）客户管理的原则

（1）客户管理是一个动态的过程。因为客户的情况是不断变化的，所以客户的资料也要不断加以更新。

（2）客户管理要突出重点。企业对重点客户或大客户要予以优先考虑，配置足够的资源，不断加强已建立的良好关系。

（3）灵活有效地运用客户的资料。企业对数据库中的客户资料要善加利用，在留住老客户的基础上，不断开发新客户。

（4）客户管理最好的办法是由专人负责，以便随时掌握客户的最新情况。

客户是一个企业的利润中心，管好了客户就是管好了"钱袋子"。客户管理的核心是制度化、日常化、规范化、专人负责。企业只有这样才能落实到实际工作中去，也才能真正管理好客户。

（三）客户管理的内容

客户管理的基本过程是对客户信息进行分析处理并做出决策的过程。因此，客户管理最主要的内容包括以下三个部分：

1. 营销过程管理

在现代客户管理中，营销过程管理是非常重要的部分，营销过程决定着营销结果，没有过程的结果是没有用处的。一般来讲，营销过程可以通过日程表、周计划和月计划来进行阶段性管理。日程表主要报告当天的事情进展如何，周计划主要报告客户的状态有没有改变，月计划主要报告有没有完成计划。日、周、月3个阶段的工作都是可以量化的，根据这些量化的数据，我们可预测下个阶段的工作。在营销管理中注重管"过程"，并不是说不管"结果"。在客户管理的理念中，将最终结果分割成为阶段性的结果，上一阶段的结果就是下一阶段开始的前提，周而复始、不断循环。从这个意义上说，客户关系管理只有分号，而没有句号。

2. 客户状态管理

除了管理过程，对客户状态的分析与管理在客户管理中也非常重要，这实际上可以看成营销过程管理的基础。企业通过客户管理，深入分析和了解处于动态过程中的客户状况，从而清楚不同客户的利润贡献度，使得营销员能够选择应该供应何种产品给何种客户，以便在合适的时间，通过合适的渠道去和客户做交易。

3. 客户成本管理

现代客户管理创造的全新的商业模式将彻底改变客户服务的作用。只有真正准确地预测客户服务的成本，才能估算出每一元钱的回报。企业预先知道每一位客户能产生多少业务、可能购买什么以及建立和维护与其客户关系的成本是多少，使得企业可以根据每个客户盈利的潜能来管理客户。

传统的理念认为，"客户就是上帝"，而现代客户管理的理念则认为，"客户并非都是上帝"。统计数据表明，有相当比例的客户是会让企业产生亏损的，如服务费用过高的客户，形成呆账、死账的客户，带来诉讼的客户等。在有些企业，其20%的客户带来的收入是平均花费成本的6倍以上，而最底层的20%的客户花费的成本却是其带来收入的3~4倍。

四、客户管理的任务及流程

（一）客户管理的任务

客户管理的任务主要体现在市场营销、销售实现、客户服务和决策分析四个方面，这些都是客户与企业发生关系的重要方面。从这几个方面着手才能保证客户管理业务的实现，从而实现资源的整合和协调，确保客户体验的一致性。

1. 市场营销

客户管理中的市场营销不仅包括对传统市场营销行为和流程的优化及自动化，还包括商机测量、获取和管理以及营销活动管理和实时营销等，贯穿于整个营销过程。个性化和"一对一"成为营销的基本思路与可行做法。企业最初在与客户接触中需要实际测量客户的需求，针对具体目标群体开展集中的营销活动。营销既要符合互动的规范，又要针对客户的喜好和购买习惯。实时营销的方式转变为电话、传真、电子网站等的集成，旨在使客户以自己的方式，在方便的时间获得其需要的信息，形成更好的客户体验。营销部门在获取商机和客户需求信息后，及时与销售部门合作以激活潜在的消费行为，或者与相关职能人员共享信息，改进产品或服务，从速、从优满足客户的需求。

2. 销售实现

客户管理拓展了销售的概念，从销售人员的不连续活动到涉及企业各职能部门和员工的连续进程都纳入了销售实现中。销售人员及其他员工与潜在客户的互动行为、将潜在客户发展为现实客户并保持其忠诚度是关系到企业能否盈利的核心工作。因此，客户管理对于销售实现是十分重要的，在具体流程中被拓展为包括销售预测、过程管理、客户信息管理、建议产生及反馈、业务经验分析等一系列的作业。

3. 客户服务

客户管理与传统商务模式相比，最明显的改进之一就是把客户服务视为最关键的业务内容，视同企业的盈利来源而非纯成本开支。企业提供的客户服务已经超出传统的帮助平台，成为能否保留并拓展市场的关键。企业只有提供更快速和周到的优质服务，才能吸引和保持更多的客户。客户服务必须能够积极、主动地处理客户各种类型的询问、信息咨询、订单请求、订单执行情况反馈。同时，客户服务中心已经超出传统的电话呼叫中心的范畴，向可以处理各种通信媒介的客户联络中心演变，接受并使用如电子邮件、网络及其他任何客户喜欢使用的方式。越来越多的客户通过网络查询产品、发出订单，而且对企业提供自助服务的要求也越来越高。

4. 决策分析

客户管理的一个重要方面在于创造和具备了使客户价值最大化的决策与分析能力。第一，企业可以通过对客户数据的全面分析来规范客户信息，消除交流和共享的障碍，并测量用户的需求、潜在消费的优先级，衡量客户满意度以及评估客户带给企业的价值，提供管理报告、建议完成各种业务的分析。第二，在统一的客户数据基础上，企业将所有业务应用系统融入分析环境中开展智能性分析，在提供标准报告的同时提供既定量又定性的即时分析，并将分析结果反馈给管理层和企业各职能部门，这样增加了信息分析的价值，以便企业领导者权衡信息，从而做出全面、及时的商业决策。

(二）客户管理的流程

客户管理首先应当对客户进行识别和选择，以支持企业在合适的时间和合适的场合，通过合适的方式，将价格合适的产品和服务提供给合适的客户。客户管理的基本流程如下：

1. 客户信息资料的收集

客户信息资料的收集主要是指收集、整理相关资料，分析谁是企业的客户，客户的基本类型及需求特征和购买愿望，并在此基础上分析客户差异对企业利润的影响等问题。收集、整理和分析客户信息的目的是分辨一般客户、合适客户和关键客户，这是客户管理的基础。企业与合适客户和关键客户建立深入联系，并根据客户信息制订客户服务方案，从而满足客户的个性化需求，提高客户价值。

2. 客户信息分析

客户信息分析不能仅仅停留在对客户信息数据的分析上，更重要的是对客户的态度、能力、信用、社会关系进行评价。具体包括以下内容：

（1）客户是关键客户还是合适客户。

（2）哪些客户在什么期间导致了企业成本的增加。

（3）企业本年度最想和哪些企业客户建立商业关系。

（4）本年度有哪些合适或关键客户，其对企业的产品或服务提出了几次抱怨。

（5）上一年最大的客户是否本年也购买了不少产品。

（6）哪些客户已把目光转向别的企业。

3. 客户信息交流与反馈管理

客户管理的过程就是与客户交流信息的过程，实现有效的信息交流是建立和保持企业与客户良好关系的途径。客户反馈可以用来衡量企业承诺目标实现的程度，对及时发现客户服务过程中的问题等方面具有重要作用。

4. 客户服务管理

客户服务管理的主要内容有服务项目的快速录入，服务项目的安排、调度和重新分配，客户的分类分级管理，搜索和跟踪与业务相关的事件，生成事件报告，服务协议和合同，订单管理和跟踪，建设客户服务问题及其解决方法的数据库。

5. 客户时间管理

客户时间管理的主要内容有进行客户管理日程安排，设计程序使客户与活动计划发生冲突时系统可以即时提示；进行客户服务时间和团队时间安排；查看团队中其他人的安排，以免发生冲突；把时间的安排通知相关的人；做好任务表、预算表、预告与提示、记事本、电子邮件、传真以及配送安排等。

第二节　客户关系管理的定义与特征

一、客户关系管理的定义

客户关系管理，其字面意思是对客户关系的管理，但其深层的内涵却有许多的解释。不同的研究主体基于不同的角度和自身的研究需要，从各个层次给出其认为较为合理和全面的客户关系管理的定义。总体来看，客户关系管理的定义可以概括为以下三类：

第一类：客户关系管理是遵循客户导向的战略对客户进行系统化的研究，通过改进对客户的服务水平，提高客户的忠诚度，不断争取新客户和商机；同时，以强大的信息处理能力和技术力量确保企业业务行为的实时进行，力争为企业带来长期稳定的利润。这一类概念的主要特征是它们基本上都是从战略和理论的宏观层面对客户关系管理进行界定，往往缺少对明确的实施方案、方法的思考。

第二类：客户关系管理是一种旨在改善企业与客户之间关系的新型管理机制，它实施于企业的市场营销、销售、服务和技术支持等与客户相关的领域，通过对业务流程的全面管理来优化资源配置、降低成本、增加市场份额。这一类概念的主要特征是从企业管理模式、经营机制的角度进行定义。

第三类：客户关系管理是企业通过技术投资，建立能收集、跟踪和分析客户信息的系统，或者建立可增加客户联系渠道、客户互动以及对客户渠道和企业后台的整合功能模块。客户关系管理的主要范围包括销售自动化、客户服务和支持、营销自动化、呼叫中心等。这主要是从微观的信息技术、软件及其应用的层面对客户关系管理进行定义，在与企业的实际情况和发展的结合中往往存在偏差。

客户关系管理从字义上看，是指企业管理与客户之间的关系。客户关系管理是选择和管理有价值客户及其关系的一种商业策略，客户关系管理要求以客户为中心的商业哲学和企业文化来支持有效的市场营销、销售与服务流程。如果企业拥有正确的领导、策略和企业文化，客户关系管理将为企业实现有效的管理。

客户关系管理既是一种崭新的、国际领先的、以客户为中心的企业管理理论、商业理念和商业运作模式，也是一种以信息技术为手段，有效提高企业收益、客户满意度、雇员工作效率的具体软件和实现方法。

二、客户关系管理的内涵

对客户关系管理（CRM）的重视来源于企业对客户长期管理的观念，这种观念认为客户是企业最重要的资产。客户关系管理的应用将为企业提供竞争优势，并提高客户忠诚度，最终提高企业的利润。客户关系管理的方法在注重 4P 关键要素〔产品（Product）、价格（Price）、渠道（Place）、宣传（Promotion）〕的同时，表现为营销体系中各种交叉功能的组合，其重点在于赢得客户。客户关系管理把营销重点从客户需求进一步转移到客户保持上，并且保证企业把适当的时间、资金和管理资源集中在有价值的客户身上。

  西方工业界不断用各种工具和方法进行产业升级：流程、财务、信息技术和人力资源，目前进展到最核心的堡垒——营销，而客户关系管理就是以客户为中心的营销的整体解决方案。客户关系管理的实施就是通过对企业业务流程的全面管理来降低企业成本，通过提供更快速和周到的优质服务来吸引和保持更多的客户。

  如图 1-2 所示，CRM 管理理念、实施途径与技术支持三部分构成 CRM 稳固的三角。

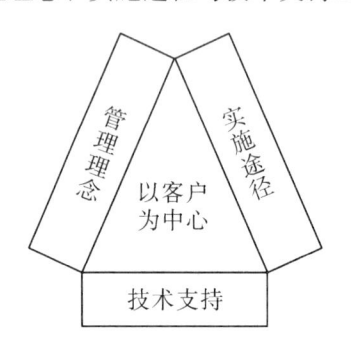

图 1-2 CRM 关系图

  从图 1-2 中可以看出，CRM 的核心是"以客户为中心"，这显然是 CRM 的精髓所在，体现在 CRM 的方方面面。

  作为一种新型管理机制，CRM 极大地改善了企业与客户之间的关系，广泛应用于企业的市场营销、销售、服务与技术支持等与客户相关的领域。CRM 理念主要来自关系营销学，其核心思想可以归纳为企业根据客户终生贡献利润能力的大小，充分调配可用资源以有效地建立、维护和发展同客户的长期互利合作关系。客户关系管理的目的是实现客户价值最大化与企业价值最大化之间的平衡。任何企业实施客户关系管理的出发点都是为客户提供更多的价值，实现企业与客户的双赢。为客户创造的价值越多，越有助于提高客户满意度与忠诚度，从而达到维系客户关系的目的，最终为企业创造更多利润，使得企业收益达到最大化。

  图 1-2 中，三角形的右边线为 CRM 的实施途径，也可以认为是企业实现"以客户为中心"的转变方式，其内涵是通过按照"以客户为中心"的原则对企业组织内部的业务流程进行重组，同时在此基础上应用相应的 CRM 软件应用系统。CRM 软件应用系统是计算机软件人员针对营销、销售、客户服务、客户交互和客户分析等面向客户的业务领域而设计出的各种软件功能模块的组合，最大限度地支持 CRM 经营理念在企业范围内的具体实践。CRM 经营理念通过 CRM 软件具体贯彻到企业。我们必须要了解，企业购买的某

CRM 软件提供的功能模块不一定都能用到，或者也还需要其他软件、平台的集成，同时 CRM 软件也不是一种交付即用的工具，需要根据企业具体的组织情况来实施。CRM 的实施也是非常复杂的，要求企业按"以客户为中心"的原则对其原来的一系列流程进行变革和改造。这一过程需要企业高层支持、上下通力合作，只有在取得各种支持之后，才能按照一定的步骤，一步一步地进行，从而取得成功。

图 1-2 中的三角形的下边线是 CRM 的技术支持，即信息技术。信息技术是已经成为当代社会进步的推动力之一。对于客户关系管理而言，信息技术也是关键因素之一，如果没有信息技术的发展与应用，CRM 可能还停留在早期关系营销与管理的理论阶段，无法将管理思想真正落实到实际应用中。CRM 系统实施的实质就是将 CRM 管理理念通过信息技术的手段集成在软件里，继而应用到企业的日常运作中。信息技术的发展与使用，使得企业能够大量地收集信息、分析信息，并形成知识，也使得这些信息与知识在企业内部进行共享成为现实。通过对客户行为和特性的分析，企业能够形成对客户及其消费倾向、偏好、需求等的完整的和统一的认识，同时还能辅助企业识别具有不同特征的客户关系，并针对不同的客户采取不同的策略，提供有个性的服务，从而提升客户价值。技术的应用还同时简化了企业的各项业务功能，促进了企业与客户的动态响应。CRM 软件应用系统中，集合了许多最新的信息技术，它们包括互联网技术、多媒体技术、数据库和数据挖掘、专家系统和人工智能、呼叫中心等。

CRM 的最终目标是提高客户的满意度与忠诚度，实现客户价值与企业收益最大化的平衡。在现实生活中，客户价值和企业收益是一对矛盾体，客户价值的提高意味着企业会增加各方面的支出成本，带来企业短期利润的下降。CRM 则是缓解这种矛盾的有效途径之一，它针对不同客户的需求特征，分别提供对客户来说效用最大的产品或服务来提高客户的价值，同时缩减销售周期和销售成本，增加企业收入，在为企业扩展市场的同时提高客户价值、客户满意度、客户忠诚度和盈利性。

三、客户关系管理的主要特征

在吸收和借鉴国内外专家学者的观念、思想与方法的基础上，客户关系管理的运作框架应该至少具备以下三个特征：

（一）面向顾客

客户关系管理的运作首先从了解客户的价值链开始，包括客户的价值、偏好和期望；其次开发让客户感觉有价值的服务内容；然后以最小的成本将这些服务"有质量"地传递给客户；再次将以上的行为程式化，持续为客户提供有价值的服务；最后监控以上进程的运作与变化。整个客户关系管理的流程应该面向客户，以客户为中心。

（二）战略性

客户关系管理活动作为企业经营活动的重要组成部分，应该与企业的战略保持一致，

必须有助于企业战略目标的实现。整个客户关系管理活动应该具有全局观和战略性视角，兼顾企业与客户的长远利益，将客户关系作为一种资产来经营，基于客户的终生价值发展与客户的关系，进行客户关系的周期性管理。

（三）整合性

客户关系管理不应该只是营销部门的责任，需要跨越部门与职责的界限，在企业内部与外部之间形成通畅的沟通，要求企业在组织结构、企业文化、业务流程、经营策略与信息化程度等方面进行"面向客户"的变革，实施全员营销，将所有的资源整合在一起，为客户关系管理的关键活动提供支撑，共同实现企业价值最大化和客户价值最大化的平衡。

在以上原则的指导下，我们依然借鉴波特的价值链理论，将面向客户的客户关系管理流程分为两个部分：核心流程与支撑平台。核心流程包括客户组合分析、客户信息积累、客户价值设计、客户价值传递、客户周期管理和绩效评估。核心流程运行的质量有赖于企业信息化程度、内部组织变革和流程优化等基础性工作，即支撑平台。通过核心流程与支撑平台的整合，企业为客户提供持续的效用和满意等价值，并因此获得利润和客户忠诚（见图1-3）。

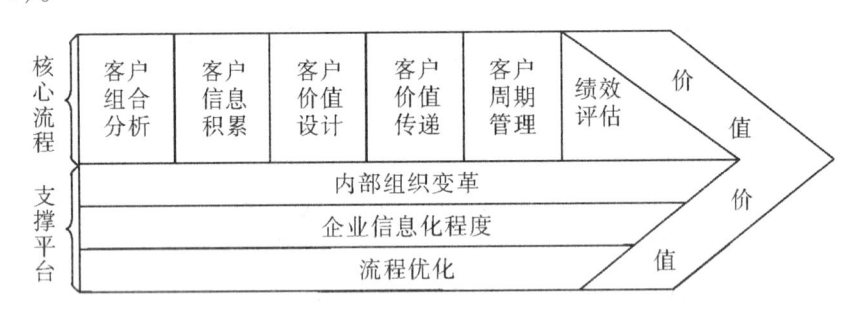

图1-3 客户关系管理价值链

第三节 客户关系管理的内容与作用

一、客户关系管理的主要内容

客户关系管理的内容主要包括以下几个方面：

第一，如何建立客户关系，也就是对客户的认识、选择、开发（将目标客户和潜在客户开发为现实客户）。

第二，如何维护客户关系，包括对客户信息的掌握，对客户的分级，与客户进行互动与沟通，对客户进行满意度分析，并想办法实现客户的忠诚。

第三，在客户关系破裂的情况下，应该如何恢复客户关系、如何挽回已流失的客户。

第四，如何建设、应用 CRM 软件系统，如何应用呼叫中心、数据库、数据挖掘等现代化技术工具来辅助客户关系管理。

第五，如何进行基于客户关系管理理念下的销售、营销以及客户服务与支持的业务流程重组，如何实现 CRM 与其他信息化技术手段（如 ERP、OA、SCM、KMS）的协同与整合。

客户关系管理的发展无论从理论还是从应用情况来看，都是为解决问题而存在的。从管理的内容来看，客户关系管理围绕着企业关于客户的各类活动而开展。例如，企业在选择对待客户的方式上可以得到收益；企业开展整体营销管理，是以客户为导向的企业营销管理的系统工程，有一系列相互支持的模块；企业实施以客户为中心的经营策略，以信息技术为手段，对企业功能进行重新设计，并对工作流程进行重组；企业以低成本获取客户和实施有效手段留住客户；等等。这些活动都是企业进行客户关系管理的主要内容。

如图 1-4 所示，可以看出，客户关系管理可以解决企业营销大环境的各业务协调工作。在许多企业，销售、营销、客户服务和支持部门之间很难以合作的姿态对待客户，前台的业务领域与后台部门是分开进行的，而客户关系管理的理念要求企业完整地认识整个客户生命周期。客户关系管理提供与客户沟通的统一平台，提高员工与客户接触的效率和客户的反馈率。

客户关系管理围绕识别、选择客户、获取客户、保持客户以及客户价值扩展四大环节来开展客户关系管理工作，其重在对现有客户的维护与开发，借助现代信息手段可以高效率地实现这些目标。客户关系管理将成为更多企业客户管理的内容。

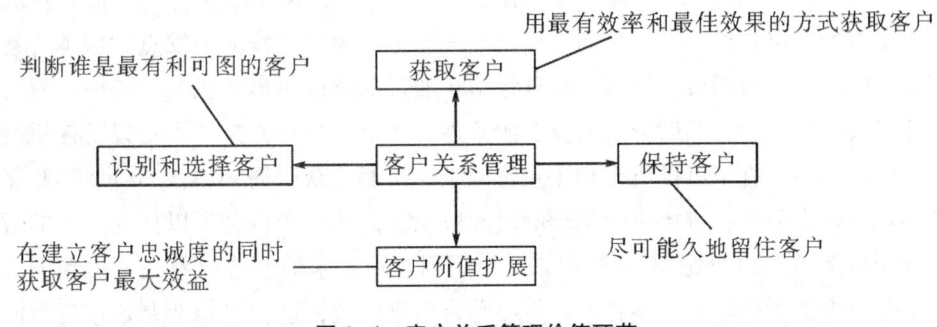

图 1-4　客户关系管理价值环节

二、客户关系管理的作用

客户关系管理通过采集和分析客户的各种信息掌握客户的真正需求，把销售、营销和客户服务整合到一起，使整个企业协同起来满足客户的需要，不断改善客户的关系，提高客户的满意度和忠诚度，并从现有的客户中获取更大的利润。因此，实施客户关系管理，能够提升企业的竞争能力。

客户关系管理的作用主要体现在以下几个方面：

首先，良好的客户关系管理可以使企业获得成本优势。客户管理系统能够对各种销售活动进行跟踪，并对跟踪结果进行评判，从而增加销售额和客户满意度，降低销售和服务成本，缩短销售周期，增加企业市场利润。

其次，通过客户资源管理，企业可以对客户信息进行全面整合，实现信息充分共享，保证为客户提供更为快捷与周到的服务，从而优化企业的业务流程，提高客户的满意度和忠诚度，增加客户保持率。

最后，客户关系管理可以提高企业的收益水平。客户关系管理赋予了企业提高经营水平的三种能力，即客户价值能力（Customer Value）、客户交往能力（Customer Interaction）和客户洞察能力（Customer Insight），客户关系管理为企业带来的收益主要是通过这三种能力来实现的。

总之，客户关系管理有利于企业营销合理化和实现客户与企业的良好沟通，使企业规避市场风险，提高竞争力。

第四节　客户关系管理的理论发展

一、客户接触管理理论

20世纪80年代以前，管理学中的所谓竞争分析主要是市场结构分析，而企业战略的定位仅仅是市场定位过程。市场导向战略是指一种把市场定位作为出发点和根本考察对象而制定出来的战略。根据市场导向战略理论，企业资源条件与市场机会的均衡过程可以描述为企业寻找市场机会，然后分析自身资源条件，如果自身资源条件不足以把握机会，则重新寻找市场机会，直至市场机会和企业资源条件均衡。众所周知，在20世纪60年代以前，市场环境较为稳定，市场机会延续的时间较长，因此市场机会可以作为企业的战略机会加以利用。然而，20世纪70年代以来，市场因客户需求的渐进以及技术创新的发展而呈现出变化程度加剧的趋势，各种市场机会总是稍纵即逝，这就对企业制定市场导向战略提出了挑战。在这种情况下，20世纪70年代后期，美国的许多企业便开始专门收集客户与企业联系的所有信息，即所谓的"接触管理"，以便制定市场导向战略。这种原始的客户接触管理，可以说是客户关系管理的萌芽。

二、客户服务理论

随着客户需求的不断提高和科学技术的快速发展，市场不仅变化程度加剧，而且竞争也日益激烈。20世纪90年代初的市场基本特征推动了传统的"客户接触"向"客户服务"转变。最初,"客户服务"被定义为以长期满足客户需求为目标,从客户递上订单到客户收讫订货,在此期间提供一种连续不断的双方联系机制。为此,企业还专门应用电话呼叫中心系统来辅助企业更好地为客户服务。后来,人们对客户服务的定义在很大程度上有了扩充和拓展,而且不同的企业对客户服务都抱着各自不同的态度,对客户服务的理解也不尽相同。但总体来说,这种传统的"客户服务"往往是被动的,客户没有要求,企业就不会开展客户服务,而且这种客户服务仅仅局限于售后服务的范围,即只有客户购买了企业的产品或服务之后才有可能享受到企业的客户服务。

三、客户关系管理理论

客户关系管理理论主要包括客户关系管理思想和客户关系管理技术两个方面。客户关系管理思想是选择和管理客户的经营思想和业务战略,目的是实现客户长期价值最大化,它要求企业经营以客户为中心,并构建在市场、销售及支持、客户服务等方面协调一致的新型商务模式。客户关系管理技术主要包括网络技术、呼叫中心技术、数据库技术、数据挖掘技术以及商业智能技术等。这两方面结合就形成了客户关系管理应用系统。

四、客户联盟理论

客户联盟理论主要是从管理思想的角度发展了现行的客户关系管理理论。最成功的企业往往是那些与客户建立了紧密的双赢关系的企业。美国学者弗雷德·威尔斯马将这种被众多企业广泛接受并建立起来的客户与供应商之间的新型关系定义为"客户联盟",并在其《客户联盟》一书中全面阐述了客户联盟理论。客户联盟理论的核心是三种典型的客户联盟模式:定制模式、引导模式和合伙人模式。定制模式通过提供给客户更深入、更广泛、最合适的解决方案,从而在客户和供应商之间结成最坚实的纽带。引导模式在指引客户走向成功的同时拓展自己的市场领域。合伙人模式可以进一步划分为合作设计、同步运作以及业务结合等模式。其中,在合作设计模式中,客户和企业从各自的专业知识领域出发,共同设计出新的产品和服务;在同步运作模式中,企业和客户同步运作,以确保合作设计的产品和服务被及时与有效地交付;在业务结合模式中,企业和客户结合自己的业务机制,双方一起重新设计运作模式,以创造共同工作的全新方式。

五、客户关系型组织理论

目前,对客户关系型组织理论的研究相对较少,比较具有代表性的研究有美国的罗纳德·S. 斯威福特对 CRM 市场营销组织的研究;美国的罗兰·T. 拉斯特等人对顾客资产型组织理论的研究;美国的雷·迈肯兹对关系型企业的研究;等等。应该说,这些研究者都在不约而同地探讨有关 CRM 的组织理论,将现行的客户关系管理理论研究推进到一个新的领域——客户关系型组织理论。

【案例】优衣库的客户关系管理

1984年，优衣库（Uniqlo）在日本广岛（Hiroshima）成立，优衣库这个名字意为"独特的服装库"——对于一家以服装著称的制造商来说，这是个颇具讽刺意味的名字。一个人可以穿着这家公司从袜子到开襟羊毛衫的产品，而不用宣称自己是该品牌的拥趸。在一个以标签和品牌为导向的行业，这样的匿名似乎不利于成功。但如今优衣库却在十多个国家和地区拥有2 000多家门店。它的所有者柳井正（Tadashi Yanai）是日本首富，它的母公司迅销公司（Fast Retailing）是世界上最大的五家服装零售商之一。

尽管优衣库只有一小部分门店位于美国，但对于美国某些特定的——年轻、都市、专业、实用——消费者群体，优衣库的基本款基本霸占了他们的衣橱。在美国的沿海城市，优衣库在波士顿、纽约和旧金山的店面总是挤满了顾客。

优衣库如此受欢迎，部分原因在于成本。由于其低廉的价格——牛仔裤零售价40美元（1美元约合6.98元人民币，下同），连帽衫零售价30美元，该品牌的标志性羽绒服零售价70美元——优衣库经常被用来和Zara、H&M等其他快消时尚品牌做比较。Zara努力为大众重现最新的时装潮流。巴黎世家（Balenciaga）推出了一款厚底运动鞋，售价为795美元，而类似的款式在Zara的售价为34.99美元。H&M是一家一站式的时尚产品——天鹅绒长裤、串珠毛衣、亮片吊带裙——商店，由于其价格低廉，所以很容易由于好替代而过时。

优衣库并不追求潮流，它的那些款式——多功能的黑色裤子、可靠的鞋、松脆的棉质袜子——年复一年，月复一月都能买到。我们可以用盖璞（GAP）来进行类比，在20世纪90年代的鼎盛时期，GAP通过让基本款服饰变得很酷从而彻底改变了美国零售业，但该公司最终成为自身成功的受害者。《零售系统研究》（*Retail Systems Research*）的执行合伙人史蒂夫·罗文（Steve Rowen）说："当GAP试图从获取声誉进一步发展到进入美国每个城镇的每一家商场时，这个品牌就失去了优势。"GAP服装成了郊区父母服饰的代名词。尽管GAP努力改善卡其裤的松松垮垮和衬衫的纤薄的问题，但没人愿意再入GAP的窠臼，尤其是当人们可以在优衣库买到更便宜的基本款服装时。

优衣库现在面临的问题是，它能否在继承GAP"天命"的同时避免重蹈覆辙。要做到这一点，优衣库必须说服全国各地的消费者接受一个对时装业来说非常激进的观点：不过时和买得起可以共存。

优衣库从美国社会的变化中获益，其中一些变化乍看之下似乎与时尚无关。千禧一代的消费者进入就业市场时，可供给他们的工作岗位减少，但同时他们背负着的学生债务也更多，这就导致他们中的许多人花在衣服上的钱变少了（他们进入了一个比以往任何时候都更能适应便装的工作环境：在过去需要西装的地方，如今斜纹棉布裤、带纽扣的衬衫、牛仔裤和连帽衫就足够了）。这种节俭促成了一种文化转变，在这种转变中，明显昂贵的服装不再受欢迎。零售咨询师詹·罗格斯·尼芬（Jan Rogers Kniffen）说："我们正在经历品牌标识的消亡时期，没有人愿意为哪个品牌特意做广告和推广了，优衣库的顾客正是顺应了这个趋势。"

这些观念的转变为美国市场打开了一个缺口，而像优衣库这样根植于日本美学历史的公司，完全有能力填补这个缺口。哈佛商学院（Harvard Business School）教授竹内弘高（Hirotaka Takeuchi）专门研究过优衣库："在西方，服装与身份和地位有关。"在日本，服装传统更加标准化。直到 19 世纪末，即使西方的影响在日本变得更加普遍，不同年龄和阶级的日本人依旧普遍穿着和服——只是和服会因穿着者是否有能力负担得起精致的布料或刺绣而有所不同，但西方的富人们用精致的服装风格来彰显自己的地位，这种信号要微妙得多。竹内弘高认为优衣库将这种日本的旧时尚观念带入了美国市场。

这并不是说在优衣库买衣服的人不在乎自己的外表。优衣库意识到，顾客可能不想花高价买裤子，但他们确实希望裤子合身。消费者在优衣库买的一条休闲裤肯定没有花 200 美元在高端服装店买的那么精致。但由于优衣库提供免费裁缝服务，这条裤子看起来可能也不会像是只花了 40 美元就买到的那样。优衣库可能对客户的财务状况很敏感，但也对他们的愿望很敏感。优衣库还提供丝绸衬衫和开司米毛衣。近年来，亚历山大·王（Alexander Wang）、高桥盾（Jun Takahashi）、托马斯·迈尔（Tomas Maier）和吉尔·桑达（Jil Sander）都与优衣库合作推出限量版设计，显然他们希望能在现在就得到下一代的拥趸。优衣库对于这种合作当然乐见其成，因为这表明高级定制界的领军人物也欣赏其廉价的袜子和 T 恤。

品质并不是快消时尚产品的典型特征，但优衣库在耐用性方面的声誉同样颇佳。竹内弘高认为，在美国，和优衣库比较相似的品牌是 L.L.Bean。考虑到这家历史悠久的缅因州零售商向来为顾客提供规规矩矩的法兰绒衣服和帆布靴，这种说法可能显得有些奇怪。但竹内弘高认为的相似性主要体现在哲学方面而不是美学方面。L.L.Bean 让其客户相信，他们购买的产品将伴随他们一生。优衣库无法保证自家的产品也达到这样的寿命，但在一个一次性时尚的时代，一件由优质材料制成、裁剪风格永恒的优衣库服装，同样能给人一件投资品的感觉。竹内弘高认为"从某种意义上说，它就像是现代版的 L.L.Bean"。

另外，优衣库在其服装中使用了一系列标志性技术。羽绒服采用了"超轻羽绒"隔热材料，据称这种羽绒服可以在不牺牲保暖的前提下，减少体积，便于打包；同时还有用于各种产品——袜子、内衣、打底裤、裤袜——的吸湿排汗技术，使它们比竞争对手的产品更舒适、更有弹性。

在亚洲，优衣库无处不在。优衣库在日本有 800 多家门店，据其估计，优衣库在日本服装市场的总份额约为 6.5%。近年来，优衣库的国际业务增长主要来亚洲的其他国家，包括中国和韩国。

优衣库如果想要实现在美国服装市场上的主导地位，就需要大幅扩展业务。几年前，柳井正计划，到 2020 年在美国的 200 家门店实现 100 亿美元的销售额，但目前，优衣库在美国的 50 多家门店处于亏损状态。内华达大学（University of Nevada）研究零售企业的一位教授表示，与 H&M 或 Zara 相比，优衣库在美国市场的表现有些不佳，优衣库的品牌知名度较低。很多美国人从来没有听说过优衣库，或者不知道这家店的名字如何发音。

这可能是一个给人留下良好第一印象的机会，但正如优衣库刚登陆美国时所了解到的那样，第一印象很难把握。优衣库在美国最初的三家门店位于新泽西州的购物中心，优衣库很快就在那里遇到了包括体型在内的几个障碍（平均看来，美国消费者比日本消费者更高更胖），优衣库在一年之内就关闭了这三家门店。

优衣库继续在郊区市场苦苦挣扎。史蒂夫·罗文表示，优衣库应该密切关注城市，因为那里才是它能取得最大成功的地方，因为那里才是它的核心客户所在，这也将帮助它避免 GAP 的命运。

GAP 并不是优衣库近年来面临挑战的唯一竞争对手。J.Crew 由于顾客对其奇特审美的抱怨和中等质量产品的高价而出现了销售额的下滑；Old Navy（与 GAP 同属一家母公司）尽管销售强劲，但其服装却以俗气和单薄著称；Madewell 和 Everlane 都提供了一种轻松而优雅的外观，尽管价格略高。对于那些手头稍微宽裕点儿的人来说，迅销公司自己的奢侈品牌 Theory 能够提供设计简单、剪裁精良的商品，这些商品比处境相似的品牌服装更不引人注意。

考虑到迅销公司的规模和国际实力，它有能力不把优衣库逼得太狠。詹·罗格斯·尼芬说："它可以做任何想做的事情，它是一家健康的大公司。"尽管优衣库在美国的门店迄今为止总体上表现平平，但该公司 2018 年在日本以外的营业收入同比增长 62% 以上，而利润仅增长了 25% 多一点。

综合练习

【简答题】

1. 什么是客户？客户类别有哪些？
2. 客户与消费者的区别是什么？
3. 什么是客户管理？它与市场营销管理的关系如何？
4. 客户管理的任务和流程有哪些？
5. 简述以客户为中心的管理理念的实质是什么？
6. 如何理解客户关系管理的内涵？
7. 营销学专家詹姆斯·穆尔说："现代企业的命运掌握在客户手中，客户是企业利润的最终决定者。"谈谈你对这句话的理解。

第二章　客户关系管理的产生与发展

> **学习目标**
>
> 　　了解客户关系管理的产生和演变；
> 　　了解客户关系管理的发展现状及趋势；
> 　　掌握客户关系生命周期管理的概念；
> 　　了解客户关系生命周期各阶段的特征。

第一节　客户关系管理的发展阶段

客户关系管理起源于美国，最早由美国高德纳咨询公司（Gartner Group）于1997年正式提出。随着管理学和市场营销学理念的不断发展与演变，客户关系已成为企业界和学术界共同关注的热点，世界范围内的客户关系管理（Customer Relationship Management，CRM）市场也正处于快速增长之中。1997—1999年，全球CRM市场平均每年呈现出91%的增长率，同时期的信息技术（IT）行业的增长率仅为12%，CRM无疑是全球增长最快的领域之一。CRM的主要应用领域是制造业、电信业、公共事业、金融服务业和零售业等，网上商场和一些新兴的与互联网联系紧密的企业已经率先成为CRM的受益者。

CRM于1999年传到我国，但我国真正开始大规模的关于CRM的研究是在2000年的下半年。2000年年末，供应商甲骨文（Oracle）公司邀请合作伙伴惠普（HP）、易安信（EMC）和普华永道在北京共同举办了"想客户所想"客户关系管理应用研讨会；2000年10月才从朗讯科技拆分出来的亚美亚（Avaya）公司也举办了一场沸沸扬扬的"CRM论坛"；国际商业机器公司（IBM）将12月定为"CRM月"，同时利用公司网站进行解决方案的"热卖活动"。我国举办了首届客户关系管理国际研讨会，从而掀起了客户关系管理研究与应用的热潮。研究机构纷纷撰文探讨CRM概念、内涵、实施与应用方面的问题，Oracle、IBM、思爱普（SAP）、席贝尔（Siebel）等开发商纷纷介入中国市场，国内软件行业如用友、金蝶、连成互动、创智等竞相推出本土的 CRM 解决方案，一时间在我国形成了 CRM 的开发热潮。

系统了解客户关系管理思想的起源与发展轨迹，对于我们深刻认识和把握客户关系管理理念的真正内涵有着重要的作用。实际上，早在 20 世纪 60 年代，管理学界的泰斗彼得·德鲁克就指出，"企业经营的真谛是获得并留住客户"，这是学术界有关 CRM 理论基础论述的较早记载。1983 年，美国学者瑟尔多·李维特的一篇被誉为关系营销领域里程碑式的文章 *After the Sale Over*，拉开了工业市场关系营销研究的帷幕。李维特指出："买卖双方的关系很少在一笔交易结束后终止。相反，交易结束之后这种关系反而得到加强，并影响买方决定下一次购买时的选择。重点应该怎样从推销转移到保证客户在销售结束后持续地感到满意。"该文章在推销观念盛行的时期提出了"仅仅做一名优秀的推销员是不够的，发展持久的关系才是公司最重要的一项资产"的观念，给后继的研究者带来了深远的影响。随后，美国学者贝里首次提出"关系营销"概念，并将其引入服务的范畴，正式揭开了理论界研究客户关系问题的帷幕，他对关系营销进行了初步的界定，即吸引、保持以及加强与客户的关系。1984 年，埃弗斯和里尔芒斯提出了"客户生命周期"的概念，分析了客户生命周期不同阶段的特征以及客户需求的变化，为企业分析客户消费行为、掌握客户消费心理提供了有章可循的规律性理论。这一概念的提出可以说在相当程度上推动了客户关系管理观念的发展，使得企业开始重视客户关系与企业长久利益之间的联系，因此被视为客户关系管理思想的萌芽。

实际上，客户关系管理是在早期数据库营销以及后来的关系营销、一对一营销等基础之上发展起来的。

回顾商业发展的历史，客户关系对我们来说似乎并不陌生。实际上，自人类有商务活动以来，客户关系就一直是商务活动中的一个核心问题，也是商务活动成功与否的关键之一。世界级 CRM 专家斯威夫特（Swift）在 2001 年 NCR 公司的 Teradata 数据库年度大会中，谈到"CRM 在中国已经有 5 000 年的历史了"。在几千年以前的中国，那些走街串巷的小商贩们深谙客户关系管理的精髓，他们可以记住周围很多客户的需求与喜好，并据此来给客户送上合乎他们心意的产品。随着科学的进步与发展，信息技术的发展帮助了这些从业人员，使其更省力地记录更多的客户信息，并能更快地处理它们，同时还可以挖掘出某些有用的隐含信息，来更有效率地服务于更多的客户。

在 20 世纪 80 年代的数据库营销阶段，企业意识到丰富的客户数据信息能为自己带来丰厚的收益，于是纷纷建立客户数据库，同时进行"接触管理"（Contact Management），即专门收集整理客户与公司联系的全部信息，并存储在客户数据库中，这就是最早期 CRM 的雏形。到 20 世纪 90 年代后，企业意识到营销的关键在于通过长期引导客户行为，强化企业与客户的联系，建立并有效地管理客户与企业的关系。越来越多的企业意识到，只有"以客户为中心"的发展战略才能顺应当前经济发展的要求。随着各种现代生产管理思想和生产技术的提升，产品同质化的现象越来越严重。毕竟在技术文明高度发达、网络信息不断更新发展的今天，每个企业都能够快速地利用不断更新的技术知识，通过产品差别来塑造企业的核心竞争力，已经变得越来越困难。互联网的发展更是使市场营销得到了迅猛的发展。面对全球的产品过剩、产品同质化和产品的多样化，消费者有了更多的选择余地。这就形成了买方市场，也迫使企业的认识从产品价值转到了客户价值，开始意识到客户的个性化需求的重要性。企业的运营只有彻底围绕"以客户为中心"才能满足客户的个性化需求，从而真正赢得客户。在这样的需求下，CRM理论得到了进一步发展，并不断走向成熟。总体而言，客户关系管理（CRM）的产生和发展与客户价值选择的变迁、企业战略中心的转移、营销观念的发展和科学技术的进步有着密切的、不可分割的联系。

最终消费者随着社会物质和财富的不断丰富，其消费价值选择的变迁经历了理性消费时代、感觉消费时代和感情消费时代三个阶段，消费者的价值选择标准也从"好"与"差"转变到"喜欢"与否，再到"满意"与否。

从企业管理的发展历程来看，其管理理念的变迁大致经历了产值中心论、销售中心论、利润中心论和客户中心论四个阶段，如表2-1所示。随着市场环境的变化，企业管理理念逐渐从单纯关注内部管理转向内外兼顾，管理的重心从企业内部生产逐渐向企业外部的市场和客户转移。满足客户个性化的需求、提高客户让渡价值以提升客户忠诚度，成为企业经营的新思路。"以客户为中心"成为当今企业管理的核心理念。

表2-1　企业管理理念的演变过程

演变阶段	企业关注的重点	企业采取的相应活动
产值中心论	产量	扩大生产规模
销售中心论	销售额	大型促销、质量控制
利润中心论	利润	成本控制
客户中心论	客户满意度、忠诚度	客户关系管理

第二节　客户关系生命周期管理

一、客户关系的生命周期

（一）客户关系生命周期理论

在企业管理实践中，企业常常会思考，客户关系发展中是否呈现生命周期的现象？企业投入维系客户关系的资源与真正的客户反应之间有没有密切的关联？当企业相信这种投资可以达到自己的目标时，企业就会寻求与消费者、客户及供应商确立和维持特定的关系。人们往往会用生命周期的概念来描述这样的关系。一般来说，企业与客户关系的发展和巩固过程大致经过这样的过程：企业通过识别客户的需求，采用特定的营销手段来吸引客户的注意，使得客户逐渐对企业及企业提供的产品或服务形成一种知晓。在持续认知的基础上，客户开始考虑是否购买企业的产品或服务，关系进入了探测阶段。在探测阶段，参与者尝试吸引对方的注意，讨价还价，理解对方的期望、规范和权力。一旦客户决定购买该企业的产品或服务，那么潜在的客户就成为实际的客户。如果企业能够实现有效的挽留，则客户就会不断地选择购买该企业的产品，关系得以长期延续并不断拓展。相应地，企业对特定客户的关系投入也不断增加。

（二）客户关系生命周期的内涵

在传统的市场营销理论中，有关生命周期的观点多以产品生命周期及客户生命周期发展最为成熟。客户生命周期，也称客户关系生命周期，是指从企业与客户建立业务关系到完全终止关系的全过程，是客户关系水平随时间变化的发展轨迹。客户生命周期动态地描述了客户关系在不同阶段的总体特征。客户生命周期可分为考察期、形成期、稳定期和退化期四个阶段。考察期是客户关系的孕育阶段，形成期是客户关系的快速发展阶段，稳定期是客户关系的成熟阶段和理想阶段，退化期是客户关系水平发生逆转的阶段。

二、客户关系生命周期的阶段划分

在客户关系的不同生命周期阶段，客户的关注重点和企业的管理是存在差异的。一般而言，考察期的客户群往往关注商品品牌的丰富性，产品与服务质量，企业对商品、服务或价格的价值观认识的一致性以及提供商品以外的免费服务等非物质利益；形成期的客户群一般重视商品品牌的丰富性、产品与服务质量及提供商品以外的免费服务等；稳定期的客户群对商品品牌的丰富性、间接的互动和沟通接触等方面十分关注；退化期是客户关系水平逆转的阶段，客户可能开始关注其他企业的品牌产品。

（一）客户生命周期各阶段特征

1. 考察期

考察期是客户关系的探索和试验阶段。在这一阶段，信任与投入程度都相对较低，客户追求消费习性的一致性和心理品位的一致性。双方相互了解不足、不确定性大是考察期的基本特征。评估对方的潜在价值和降低不确定性是这一阶段的中心目标。在这一阶段客户会下一些尝试性的订单，企业与客户开始交流并建立联系。因为客户需要了解企业的业务，所以企业要对其业务予以相应的解答。某一特定区域内的所有客户均是潜在客户，企业投入是对所有客户进行调研，以便确定可开发的目标客户。此时，企业有客户关系投入成本，但客户尚未对企业做出大的贡献。

2. 形成期

形成期是关系的快速发展阶段。双方关系能进入这一阶段，表明在考察期双方相互满意，并建立了一定的相互信任和依赖。在这一阶段，双方从关系中获得的回报日趋增多，依赖的范围和深度也日益增加，逐渐认识到对方有能力提供令自己满意的价值或利益，并愿意履行其在关系中担负的职责，因此愿意承诺一种长期关系。在这一阶段，随着双方了解和信任的不断加深，关系日趋成熟，双方的风险承受意愿增加，由此双方交易不断增加。当企业对目标客户开发成功后，客户已经与企业发生业务往来，且业务在逐步扩大，此时已进入客户成长期。企业的投入与考察期相比要小得多，主要是发展投入，目的是进一步融洽与客户的关系，提高客户的满意度、忠诚度，进一步扩大交易量。此时客户已经开始为企业做贡献，企业从客户交易获得的收入已经大于投入，开始盈利。

3. 稳定期

稳定期是关系发展的最高阶段。在这一阶段，双方或含蓄或明确地对持续长期关系做了保证。这一阶段的特征有：第一，双方对对方提供的价值高度满意；第二，为能长期维持稳定的关系，双方都做了大量有形和无形投入；第三，大量的交易。因此，在这一时期双方的交互依赖水平达到整个关系发展过程中的最高点，双方关系处于一种相对稳定状态。此时企业的投入较少，客户为企业做出较大的贡献，企业与客户交易量处于较高的盈利时期。

4. 退化期

退化期是关系发展过程中关系水平逆转的阶段。关系的退化并不总是发生在稳定期后的第四阶段，实际上，在任何一个阶段关系都可能退化。引起关系退化的可能原因很多，如一方或双方经历了一些不满意或需求发生变化等。退化期的主要特征有：第一，交易量下降；第二，一方或双方正在考虑结束关系甚至物色候选关系伙伴（供应商或客户）；第三，开始交流结束关系的意图等。当客户与企业的业务交易量逐渐下降或急剧下降，客户自身的总业务量并未下降时，说明客户已进入衰退期。此时，企业有两种选择：一种是加大对客户的投入，重新恢复与客户的关系，进行客户关系的二次开发；另一种是不再做过多的投入，渐渐放弃这些客户。企业有两种不同的做法，自然就会有不同的投入产出效益。当企业的客户不再与企业发生业务关系，且企业与客户之间的债权债务关系已经理清时，意味着客户生命周期的完全终止。此时企业有少许成本支出而无收益。

（二）企业在客户关系生命周期各阶段的管理

在客户生命周期不同阶段，客户对企业收益的贡献是不同的，管理的重点也不同。

在考察期，企业只能获得基本的利益，客户对企业的贡献不大。客户在此阶段重视商品品牌的丰富性，重视产品与服务质量，比较看重双方对商品、服务或价格的价值观认知的一致性。对企业来说，其要为客户提供商品以外的免费服务等非物质利益。

在形成期，客户开始为企业做贡献，企业从客户交易中获得的收入大于投入，开始盈利。在此阶段，客户在行为和心理方面明显高于考察期的信任程度，客户与企业的关系开始达到平稳状态，愿意进行尝试性购买。企业应重视与客户间接的互动与沟通的接触机会。

在稳定期，客户愿意支付较高的价格，带给企业的利润较大，而且由于客户忠诚度的提高，企业将获得良好的间接收益。在此阶段，双方关系建立最长久，心理与行为都表现出很高的客户忠诚，关系强度最高，客户对商品和企业形成了高度的信任，客户比较重视人员服务。企业应重视与客户的间接接触和沟通，为客户提供商品以外的免费服务等非物质利益。

在退化期，客户对企业提供的价值不满意，交易量回落，企业利润快速下降。有些客户有尝试做出改变的心理，消费行为可能有妥协的倾向，客户有转换供应商的打算。

根据客户生命周期理论，客户关系水平随着时间的推移，从考察期到形成期和稳定期直至退化期依次增高，稳定期是理想阶段，而且客户关系的发展具有不可跳跃性。同时，企业利润随着客户生命周期的发展不断提高，考察期最小，形成期次之，稳定期最大。因此，面对激烈的市场竞争，企业应建立客户联盟，针对客户生命周期的不同特点提供相应的个性化服务，进行不同的资源投入，使企业获得更多的客户价值，从而增强企业的竞争力。

(三) 客户生命周期各阶段的客户特点

从客户成为企业的潜在客户开始，客户的生命周期就开始了，客户服务的目的就是要使这个生命周期不断延续下去，使这个客户成为忠诚的客户。对客户生命周期的划分可以进一步分析客户生命周期阶段的特点。

1. 潜在客户阶段的特点

最初，当一个客户在询问企业的业务时，他就表现出对该业务的兴趣，他就成了该企业的潜在客户。他们的特征就是询问。

在这个阶段，客户因需求产生了需求意识。当客户对某种产品或服务的需求意识产生之后，就会对有关这种产品或服务的各种信息感兴趣，会通过媒体的广告、商品的展示、他人的推介、本人的经历等多种途径去收集信息，为自己的购买决策提供依据。然后客户将收集到的各种信息进行处理，包括对不同企业生产或提供的同类产品或服务进行相互对比、分析和评估。在这个阶段，客户最需要的就是建立对企业业务或产品的信心，其对业务或产品的信任程度或认可程度决定了他上升为新客户的可能性，但也可能就此丧失信心，从而让企业失去这个客户。以下一些因素对客户进入下一阶段有影响：

(1) 外界评价。对该企业业务评价的高低将会影响客户对企业业务的信心和兴趣大小。

(2) 客户的层次。客户所属的层次越高，对企业业务了解得越多，就越能明确自己的行为，受到外界的影响就越少，越容易在询问之后确定使用。

(3) 客户的所属行业。客户的行业与企业业务有联系，就有助于客户了解其选择的业务，有助于客户得出结论。

2. 新客户阶段的特点

当客户经过需求意识阶段、信息收集阶段、评估选择阶段后，对企业业务有所了解，或者在别人的推荐和介绍之下会将某种产品和服务的期望同属于自己的价值观念密切联系在一起，客户决定使用或购买某一企业的某个产品或服务时，他就由潜在客户上升为新客户。

在这个阶段，客户还是需要逐步培养对该企业业务和产品的信心与信任感，同时也为其继续使用该企业业务进而使用更多业务奠定基础。对新客户的呵护和培养，目的是让新客户继续消费产品，是客户生命周期的前提。此时客户的购买经历、使用体验以及客户对这次购买的价值评判产生了客户对质量的实际感受和认知（客户对质量的感知）；对所支付的费用和所达到的实际收益的体验（客户对价值的感知）将影响客户进入下一个时期。以下几个因素对新客户有影响：

（1）客户对产品质量的感知。对产品质量的感知包括对产品功能的感知和对产品形式的感知。如果这两方面都满足客户对产品的功能和形式需求，客户就会继续使用这种产品和服务，实现客户的升级；如果无法满足，客户就可能转向其他企业。

（2）客户对产品服务质量的感知。对服务质量的感知是指客户在产品购买和使用过程中对外延需求方面满足程度的感受和认知。客户对产品服务质量的感知通常由服务满足个人需求的程度、服务的可靠性和对服务质量的总体评价三方面组成。如果企业对客户的服务效果很好，就会满足客户的情感需求，就可能延长客户的使用周期；反之则反是。

（3）客户对价值的感知。客户对价值的感知是指客户在购买和消费产品或服务过程中，对所支付的费用和所达到的实际收益的体验。客户感知的价值核心是价格，但不仅仅是价格。从广义角度考虑，客户对价值的感知体现在三个方面：客户总成本的感知、质量与价格之比的感知以及价格与质量之比的感知。客户对价值的感知会使客户考虑这次购买是否值得，如果值得，会产生下次购买；反之则反是。客户的价值感知取决于客户的价值取向，而处在不同需求层面的客户自身的价值观念又影响着客户的价值取向。

（4）企业竞争者的资费信息。如果竞争者提出更适合客户的资费信息，就可能使客户在使用产品之后很短的时间就转向新的企业。

（5）客户需求的情况。如果客户的需求在此期间上升，现有的企业业务无法满足需求，客户就可能转向新的竞争对手。

3. 老客户阶段的特点

在这个阶段，用户对企业有了基本的信任感，使用该企业的业务也持续了一段时间，从而成了该企业业务的老客户。这时候，用户的满意度、忠诚度和信用度是企业关心的焦点，这意味着能否将此客户发展成为忠诚客户，争取更多的客户钱包份额，同时能否让他在有或还没有使用本企业新业务的需求之下，对新的业务感兴趣，通过交叉销售扩展客户的盈利性。影响老客户的主要因素如下：

（1）企业的服务情况。企业持续、良好的客户服务有助于保持老客户，因为这个时期最重要的是情感上的满足，客户服务的具体和详尽程度可以决定客户日后的选择。

（2）客户新的业务需求。如果客户有新的业务需求，并且这项需求该企业可以提供，客户极有可能仍然选择现有的企业，进而实现客户的升级。

（3）企业竞争者的信息。如果竞争者会提供更为质优价廉的服务和业务，那么客户是否转向同样存在风险。

4. 新业务的新客户阶段的特点

这里所指的新业务的新客户，是由原来的老客户发展而来的，即原有的老客户由于建立起对该企业业务的信任感，进而使用了该企业的新业务，这时的使用是建立在一种相互的信任上，不同于一个纯粹新客户对新业务的接受。影响新业务的新客户的主要因素如下：

（1）老业务的运行情况。如果业务运行得不尽如人意，就可能影响客户对新业务的信心，使生命周期运行到此就终止。

（2）新业务的发展情况。新业务的发展好坏影响着客户对企业的信心高低，也会影响客户继续使用的决心大小。

（3）客户的满意程度。在这个阶段，客户是在进行一项尝试，如果客户对此不满意，就可能终止生命周期的继续。

（4）企业的发展状况。在这个时期，客户一般都愿意与企业建立长期的合作关系，如果企业的发展状况达不到客户的预期和期望，客户就可能转向他认为更有前途的运营商。

当客户进入这一阶段时，客户的生命周期就进入了循环阶段，客户的潜力也被发挥得淋漓尽致，延长了客户的使用期，从而保持了客户，节约了成本。当然，这种生命周期的划分可能会有重叠的部分，企业客户服务的目的就是要使客户在接受企业服务的那一天，或者是在有这种需求的开始，就能持续不断地沿着这种生命周期发展，从而节约成本，创造更多的利润。

总之，在整个生命周期中，各个环节的各个因素互相作用和影响，对客户产生着综合的作用。无论是内部还是外部的信息，都会对客户是否持续其生命周期有影响，客户是从整体的效果和发展状况来考虑持续的必要性和盈利性的，只有在客户认为这是双赢的状态和服务满足需求的情况下，客户的生命周期才可以延续下去，使得企业降低成本，获得盈利。面对激烈的市场竞争，企业必须了解与掌握客户生命周期不同阶段客户的消费行为和特点，从而制定出适合不同阶段的个性化服务，提高客户的忠诚度和满意度，为企业带来丰厚的利润和利润的上升空间。

第三节　客户关系管理的发展趋势

一、客户关系管理研究现状

围绕客户关系管理而展开的相关研究非常多，但总体来说，大致可以分成两大阵营。一类是学术界和实业界的探索，其关注的主要是客户关系的有效管理与运用，主要包括四种流派：一是 CRM 是一种经营观念，是企业处理其经营业务及客户关系的一种态度、倾向和价值观，要求企业全面地认识客户，最大限度发展客户与企业的关系，实现客户价值的最大化。二是 CRM 是一套综合的战略方法，用以有效地使用客户信息，培养与现实的、潜在的客户之间的关系，为企业创造大量价值。三是 CRM 是一套基本的商业战略，企业利用完整、稳固的客户关系，而不是某个特定产品或业务单位来传递产品和服务。四是 CRM 通过一系列过程和系统来支持企业总体战略，以建立与特定客户之间的长期、有利可图的关系，其主要目标是通过更好地理解客户需求和偏好来增加客户价值。另一类是 CRM 方案平台开发商的实践，其强调的是从技术角度来定义 CRM，将其视作一个过程，强调庞大而完整的数据库和数据挖掘技术等高级支持技术，目的是使企业能够最大化地掌握和利用客户信息，增强客户忠诚度和实现客户的终生挽留，并通过 CRM 应用软件的形式加以实现。

二、客户关系管理的发展趋势

近些年，客户关系管理的概念已经渗透到各个领域、各个角落。实施客户关系管理可以提高客户满意度、维持较高的客户保持率，对客户收益和潜在收益产生积极的影响。这些利益对企业来说都有很大的诱惑力。无论从技术还是从市场方面看，CRM 都具有广大的发展空间。

（一）从技术方面来看客户关系管理的发展趋势

CRM 的广泛运用还必须建立在与企业新的管理思想充分整合的基础上。近年来，供应链管理（SCM）、企业资源计划（ERP）等新的管理理念和思想不断提出，许多企业将 SCM 能力视为一种重要的竞争资源，ERP 系统反映的系统化管理思想也得到了越来越多企业的肯定。在这种形势下，CRM 只有与 SCM、ERP 充分整合，才会增加企业的核心竞争力，为企业有效利用自身资源和在市场竞争中取胜奠定良好的基础。从技术方面看，未来 CRM 的发展趋势主要体现在以下几个方面：

1. 客户关系管理与数据库、数据挖掘技术的日渐融合

借助数据库技术，越来越多的企业拥有了大量的客户数据，当这些数据的规模趋向海

量时，数据挖掘技术在 CRM 中的应用就成为必然。如果说过去是因为企业掌握的客户数据太少而对客户行为无从把握，今天则是由于企业获得的客户数据太多而使企业无所适从。很显然，在浩如烟海的数据中淘金，仅靠人力是无法做到的。数据挖掘就是从客户数据的"矿山"中挖掘出潜在的、尚不为人知的趋势或模式，从而使企业能更好地进行客户关系管理。数据挖掘能帮助销售人员更准确地定位销售活动，并使活动紧密结合现有客户和潜在客户的需求愿望与状态。数据挖掘软件能自动地从庞大的数据堆中分析得出好的预测客户购买行为模式。统计、邻近、聚类、决策树、神经元网络、规则归纳等数据挖掘技术能在客户盈利能力分析、客户获取、客户保持、客户细分、交叉营销等方面体现出重大的商业价值。在客户关系管理中，数据挖掘正起着导向作用，只有应用数据挖掘技术，大企业才能将客户数据库的大量数据转变成描述客户特征的一些图像。数据库和数据挖掘都是 CRM 中不可或缺的重要内容，没有两者的结合应用，CRM 系统就不可能发挥其全部功效。

2. 客户关系管理与电子商务的紧密结合

电子商务的发展将客户关系管理推到了新的高度。弗雷斯特（Forrester）研究所把基于互联网平台和电子商务战略下的客户关系管理系统称为电子客户关系管理（eCRM）。eCRM 是一个把跨通信渠道、跨事务功能的客户关系统一在一起的网络中心方法。表面上看，电子商务与客户关系管理并没有必然联系，两者似乎是两个不同层面的问题，但电子商务与传统的商务模式有着诸多不同，电子商务是建立在现代信息技术之上的"非接触经济"，交易双方越是"非接触"，客户关系管理就越显得重要。电子商务环境下企业的客户不再以地理位置为界限，客户数量远远大于传统商务模式下的规模。电子商务模式下客户访问企业的时间是 24 小时，客户不再以某一地区的日出日落为作息时间。空前的客户规模和即时对客户行为做出反应，这一切要求电子商务企业必须有良好的客户关系管理系统提供支持。因此，客户关系管理应用在企业电子商务应用架构中承担着关键角色，即客户关系管理的成功与否直接决定企业电子商务实践的成败。客户关系管理与电子商务整合可以获得快捷性、廉价性、普遍性、可塑性、自动记录、低边际成本、个性化等优势。

3. 客户关系管理与 ERP、SCM 呈现集成趋势

随着 CRM 理论的逐渐成熟及在商务中应用的日渐广泛，关于 CRM 与 ERP、SCM 集成问题的相关研究也引起了人们的关注。CRM 注重改进企业和客户的关系，ERP 注重企业的内部作业流程，SCM 注重企业间协作和上下游的供应链关系，三者的结合将更有利于提高企业的核心竞争力。

在 CRM 诞生之前，很多欧美大中型企业已实施了 ERP，而且正是在独立依靠 ERP 已无法取得独特竞争优势的大背景下，CRM 才在这些国家盛行起来。CRM 与 ERP 的相互渗透十分重要，任何资源分配最终都将成为重要的约束条件融入 CRM 系统，进而优化客户的利润。著名的管理咨询公司杨基集团（Yankee Group）指出，尽管 CRM 与 ERP 通过不

同途径去实现客户的价值,但能把企业前台管理与后台管理完全融合在一起的公司将最终取得成功。

CRM 与 SCM 的集成范围一般包括销售管理、采购管理、客户管理等多方面,能使企业更有效地管理供应链,从而实现成本的节约和服务的改善,进而使大规模定制成为可能,实现需求和供应链上的资源的最优化配置,获得长久的竞争优势。CRM 与 SCM 整合,能真正实现企业实时响应客户的需求,能为企业提供创造高附加值的方法和途径。

(二)从市场方面来看客户关系管理的发展趋势

进入 21 世纪后,全球的 CRM 市场一直处于爆炸性的快速增长之中。目前,我国的 CRM 市场也已启动,CRM 开始在我国的信息技术行业内流行起来。不管是投资商、用户还是国内外软件厂商都开始关注它。经过几年的发展,我国的 CRM 市场已经呈现出自身特有的特点。

1. 国内 CRM 市场处于萌芽时期

无论是从产品结构、区域结构、行业结构,还是从销售渠道来看,国内整个 CRM 市场形态都还不健全。市场区域主要集中在经济发达地区,CRM 的应用行业以邮电、金融等经济实力较强、信息化程度较高的行业为主,一般都是国家重点行业,拥有强大的资金后盾,而且信息化建设已初具规模。我国加入世界贸易组织(WTO)后引发的经济格局的变化,给这些行业带来了巨大冲击,它们在感受新机遇的同时也感到了竞争的压力。在机遇与竞争的双重作用下,很多颇具发展眼光的用户选中了能提高营业额、拓展新商机的 CRM 产品。

2. 客户关系管理的市场需求量大

对客户关系管理系统的认识,在国内已有较长一段时间,客户关系管理系统也逐渐被国内众多的企业熟悉和接受。在竞争激烈的信息化时代,客户关系管理系统有提高产品营业额、扩大市场占有率以及提高客户忠诚度等功能,使得很多企事业单位用户对此产品情有独钟,因此市场需求加大。因为市场中真正的 CRM 产品很少,适合国情的产品更是少之又少,所以市场上呈现出供不应求的现象。

随着计算机和网络技术的快速发展,我们逐渐进入了信息化社会,迎来了信息爆炸的时代。现在的客户关系管理融合了现代管理理念和信息技术支持,重视客户关系的动态维持,围绕客户需要和需求、重新设计企业及其业务流程的信息技术驱动的概念,将一系列方法、软件以及互联网接入能力同企业的以客户为核心的商业战略相结合,致力于利润、收益和客户满意度的提高。在经济全球化日益激烈的市场竞争中,企业若想获得先机、占领高地,就必须与互联网接轨,引进先进的管理模式和方法,实现企业管理与业务运作的信息化和自动化。对企业而言,"电子化客户"的时代也悄然而至,客户关系管理已经成为企业发展绕不过去的一个重要环节。

【案例】金丰易居网的客户关系管理战略

金丰易居网有限公司是中国内地 A 股上市公司，是提供住宅消费市场服务的专业电子商务平台，其业务范围包括房地产置换品牌、租赁、买卖、装潢、建材、物业管理等完整服务。目前，金丰易居网形成一个遍布上海 108 家置换连锁店及 150 多家各类其他连锁店的经营体系，且拥有庞大后台服务支援的完整电子商务平台。其房地产置换业务已在全国 30 多个城市开展。

金丰易居网提供的服务包含实体的营销中心与虚拟的网站，但因缺少强有力的平台将客户资料加以整合，使得客户管理系统在置换连锁店的庞大经营规模下，面临以下问题：

(1) 客户服务中心没有建立。
(2) 客户资源无法有效利用。
(3) 关系管理系统与内部管理系统各自独立。
(4) 客户的流失率高。

在竞争激烈的房地产业，实施有效的客户关系管理对提高客户忠诚度、发掘客户潜在价值以及降低销售和管理成本等方面具有重要意义。因此，对于要提高竞争力的房地产商，CRM 的应用是必然的发展趋势。上海金丰易居网集租赁、销售、咨询等综合房产业务于一身，在公司迈向电子商务时，决定实施有效的客户关系管理，达到以客户为中心的"即时一对一行销"（Real-Time One to One Marketing）经营模式。

客户关系管理系统实施后的成效主要如下：

(1) 即时有效的客户服务，增强客户忠诚度与企业知名度。由于金丰易居网已建立统一联络中心，可以在客户要求服务的第一时间提供服务。在目前要求速度与服务品质的电子化时代，更可以加强客户对企业的满意度，进而提升客户忠诚度。

(2) 统一服务平台可节省人力、物力，提高服务效率。金丰易居网建立统一客户服务中心，设立统一标准问题库和统一客户服务号码，利用问题分组及话务分配，随时让客户找到适合回答问题的服务人员，得到满意的答复。客户服务人员之间也可以利用统一联络中心的电子公告板交流信息。

(3) 利用电话行销主动对外销售，挖掘客户的潜在价值以增加收益。金丰易居网通过该系统使得客户资料在企业内部可以共享，利用该系统的 PTP（Product To Product，产品关联性）与 PTC（Product To Customer，产品与客户关联性）分析，对不同需求的客户进行分组，找到特定产品的目标客户群。

(4) 部门间可即时沟通以提高工作效率，整合企业客户关系管理及内部资源管理系统，降低管理成本。

(5) 减少网上客户流失的问题。金丰易居网通过该系统可以提供即时且多样化的服务，如及时捕捉网页上客户要求服务的信息，将客户浏览网页的记录提供给服务专员。该系统可以使客户选择其最方便的联络渠道，如专员可通过公共交换电话网络（PSTN）或网络电话，并可借助影像交谈，与客户同步浏览网页以及与客户共用应用软件等方式，同时提供文字、语音、影像等多媒体的在线即时功能，与客户进行互动或网上交易，以减少上网放弃率。

综合练习

【简答题】

1. 客户生命周期由哪些阶段组成？谈谈你对客户生命周期的理解及认识。
2. 结合实际讨论客户生命周期各阶段的特点。
3. 举例说明客户生命周期理论的应用。

【技能训练】

实训内容：理解客户关系管理对企业的重要作用。

实训地点：教室。

实训目的：加深学生对客户关系管理的认识和理解，通过案例分析讨论客户关系管理对企业的作用。

背景材料：客户向比萨店订餐的故事。

（叮零零，比萨店的电话铃响了，客服人员拿起电话）

客服：东东比萨店，您好！非常高兴为您服务，请问您有什么需要？

客户：你好，我想要……

客服：先生，请把您的会员卡号码告诉我。

客户：嗯，请等等，123456789。

客服：陈先生您好，您是住在××街×号×单元×楼，您家的电话是×××，公司的电话是×××，您的移动电话是×××，您现在是在用手机通话吧？

客户：为什么你们知道我所有的电话号码？

客服：陈先生，因为我们有联机的 CRM 系统。

客户：我想要一个海鲜比萨。

客服：陈先生，海鲜比萨不适合您。

客户：为什么？

客服：根据您的医疗记录，您有高血压并且胆固醇偏高。

客户：那——你们有什么可以推荐的？

客服：您可以试试我们的低脂健康比萨。

客户：你怎么知道我会喜欢吃这种的？

客服：哦，您上个星期一在本市图书馆借了一本《低脂健康食谱》。

客户：好！我要一个家庭号特大比萨，要多少钱？

客服：这个足够您一家五口吃，390元。不过要提醒您，您的母亲应该少吃，因为她上个月刚刚做了大手术，正处于恢复期，需要汤水调养。

客户：……

客户：可以刷卡吗？

客服：陈先生，对不起，请您付现金，因为您的信用卡已经透支了，您现在还欠银行×××元，而且还不包括房贷利息。

客户：嗯，那我先去附近的提款机取钱。

客服：陈先生，根据您的记录，您已经超过今日提款机的提款限额了。

客户：算了，你们直接把比萨送来吧，我这里有现金，你们多久会送到？

客服：大约15分钟，如果您自己来取会更快些。

客户：为什么？

客服：根据CRM系统的全球定位系统的车辆行驶自动跟踪系统记录，您正在开着车号为×××的别克轿车，即将从我们店门口经过。

客户：……

实训过程设计如下：

(1) 让学生用20分钟时间思考下面几个问题：

①如果你是这位客户，能够感受到该CRM系统的什么好处？

②案例中的CRM系统给销售带来了什么便利？

③具体谈谈上述对话中客户关系管理的内容与作用都有哪些？

④据你了解，你认为案例中的场景在国内的哪些企业的服务中实现了？

(2) 学生自由发言，教师点评。

第二篇
网络客户关系管理实践

第三章　网络客户关系管理基础

> **学习目标**
>
> 了解电子商务环境的特征；
>
> 了解网络客户的特征；
>
> 重点掌握网络客户关系管理的特点和内容。

第一节　网络客户的特征

一、电子商务环境的特征

在信息技术快速发展以及互联网经济模式不断完善的时代，低成本、高效率的电子商务经营模式应运而生。电子商务经营模式继承了互联网思维的一切优势，通过资源、业务与技术的有效整合，使企业能够更加从容地应对客户的多样化需求。在企业成本大幅降低的同时，电子商务经营模式还可以兼顾客户需求，不仅实现了科学规范的销售模式，也让客户对企业的业务能力留下一个好的印象。如今，依托电子商务环境下的客户关系管理，留住现有客户，不断发展新客户，通过挖掘客户价值为企业带来最大化的利益，成为企业取得长足发展的又一有力支撑。

随着互联网技术的蓬勃发展，电子商务成为世界经济发展的新趋势。运用计算机网络技术，实现对客户关系的全方位管理，从而提高工作效率、降低业务成本，这已成为企业强化市场竞争能力的保障。国内借助电子商务这股东风发展壮大的公司比比皆是，阿里巴巴、京东、小米的成功，都对电子商务模式起到了推广作用。受此影响，许多企业开始尝试着将实体销售与网络销售相结合。在当前环境下，企业与客户建立起的沟通渠道为双方带来诸多便利，借助数据分析，挖掘客户潜在价值，为企业建立更密切的客户关系提供了支持。

以互联网为依托的电子技术平台为传统商务活动提供了发展空间,其突出的优越性是传统媒介手段无法比拟的。电子商务市场表现出的特征主要有以下几个方面:

(一) 无实体店铺营销

电子商务将传统的商务流程电子化、数字化,一方面减少了人力、物力,降低了成本;另一方面突破了时间和空间的限制,使得交易活动可以在任何时间、任何地点进行,从而大大提高了效率。互联网使得传统的空间概念发生了变化,出现了有别于实际地理空间的虚拟空间或虚拟社会。处于世界任何角落的个人、公司或机构,可以通过互联网紧密地联系在一起,建立虚拟社区、虚拟公司、虚拟政府、虚拟商场、虚拟大学或虚拟研究所等,以达到信息共享、资源共享、智力共享等。

企业在网络市场上进行营销活动,不需要开设店面、进行装潢、摆放样品和招募大量服务人员。例如,亚马逊、当当网等网上书店并没有真实的零售网点,但通过互联网,这些网上商店的商品销往世界各地。

(二) 零库存定制

企业在网络市场中无需将商品陈列出来,只要在网页中出示货物图片和相关数据以供客户选择,并且可以在接到客户订单后,根据订单来组织生产和配送。这样企业就不会因为存货而增加成本,还可以最大限度地满足客户的个性化需求。

(三) 低成本运营

电子商务使企业能够以较低廉的成本进入全球电子化市场,使得中小企业有可能拥有和大企业一样的信息资源,提高了中小企业的竞争能力。电子商务重新定义了传统的流通模式,减少了中间环节,使得生产者和客户的直接交易成为可能,从而在一定程度上改变了整个社会经济运行的方式。具体来说,其体现在以下几个方面:

1. 降低销售成本

企业在网络市场的销售成本主要涉及网页站点建设成本、软硬件费用、网络使用费以及维持费用。实体企业在经营中需要店面租金、装潢费用、水电费、人事管理费用等,而网站销售方式相对来说成本要低得多。

2. 降低管理费用

企业通过互联网可以及时有效地传递相关信息,在经营中可以实现无纸化办公,购物订单过程的成本可以缩减80%以上。在美国,中等规模的企业一年要发出或接收的订单在10万张以上,大企业则在40万张左右。因此,对企业,尤其对大企业来说,采用无纸交易就意味着节省少则数百万美元,多则上千万美元的成本。

3. 全天候经营

在网络市场中,企业可以通过网络市场实施"7×24"经营模式(每周7天,每天24小时),并且不需要增加额外的经营成本。因为客户可以进行自助咨询、下订单和采购,无需人工干预,只需利用计算机自动完成即可。这对于平时工作繁忙的人来说有很大的吸引力。

4. 无空间限制

互联网创造了一个即时全球社区，消除了同其他国家和地区的客户做生意的时间与地域障碍。面对提供无限商机的互联网，国内的企业可以加入网络行业，开展全球性营销活动。电子商务一方面破除了时空的壁垒，另一方面又提供了丰富的信息资源，为各种社会经济要素的重新组合提供了更多的可能，这将影响社会的经济布局和结构。21世纪是信息社会，信息就是财富，而信息传递的快慢对商家而言可以说是生死攸关。互联网以其传递信息速度的快捷而备受商家青睐。例如，浙江省海宁市皮革服装城加入了计算机互联网络，搭上通向世界的信息高速列车后，很快就尝到了甜头。该服装城把男女皮大衣、皮夹克等17种商品的式样和价格信息输入互联网，不到两小时，就分别收到英国威斯菲尔德有限公司等10多家海外客商发来的电子邮件和传真，表示了订货意向。该服装城通过网上交易仅半年时间，就吸引了美国、意大利、日本、丹麦等30多个国家和地区的5 600多个客户。

5. 扁平化渠道

在网络市场中，中间商的作用被削弱，取而代之的是网络直销，因此网络市场的渠道逐渐缩短，趋于扁平状态。企业可以利用互联网上的销售网站直接向客户销售，客户也可以直接登录相应网站购买。通过这种网络直销方式，企业可以利用数据库和网络跟踪系统掌握客户的第一手资料，通过对这些资料的分析和挖掘，企业能更及时地把握客户不同的需求，并提供有针对性的产品或服务来满足客户的个性化需求。

（四）销售机会增加

互联网具有互动性。通过互联网，商家之间可以直接交流、谈判、签订合同，客户也可以把自己的建议直接反映到企业或商家的网站，而企业或商家则要根据客户的反馈及时调查产品种类及服务品质，做到良性互动。

企业可以通过自己的网站收集访问客户的资料，建立客户数据库，有针对性地进行销售。网络可以对特定客户进行"一对一"销售，使企业比较容易获得客户的个人资料。网络可以根据客户的消费偏好进行有针对性的促销，激起客户潜在的购买欲望。

（五）为客户提供更有效的服务

电子商务的无店面交易，不仅可以最大限度地降低运营成本，增加销售，而且可以通过提供多样化的延伸服务，巩固客户群体。据统计，在戴尔网站采购的客户中，30%的客户从没有看过戴尔的广告，80%的个人和50%的小企业以前从未购买过戴尔的产品，而且这些客户的平均购买量比戴尔传统用户的平均购买量还要大，这都取决于戴尔公司在网站上为客户提供的服务和技术支持。

（六）电子商务网站成为企业网络贸易的平台

企业网站相当于企业网上门户，是客户接触企业的一个重要平台。电子商务企业网站在企业运营和发展中起着重要作用，是企业开展网上营销、客户关系管理的窗口。网站可以通过客户网页浏览的顺序，停留的时间长短为这位客户建立个人档案，识别出具有相似浏览习惯的客户。同时，电子商务前端的客户关系管理应该和企业的内部管理系统连接起来，不管客户从哪个渠道进来，都可以跟后台的企业管理系统连接起来。

网站的一切工作都应围绕着客户需求这一中心，要符合客户的浏览习惯，充分考虑到客户在网上碰到困难时可能需要的帮助和技术支持，开展网上自助服务，客户根据自己的意愿，随时随地上网查询，自行解决问题，以帮助降低成本。网站可以为客户定制在线购物经验、定制广告、促销活动和直接提供销售报告。因此，将电子商务和客户关系管理一体化，构造新型的客户关系管理模式是企业在"赢家通吃"的网络经济环境下成为赢家的基础。

企业网站的重要作用主要体现在以下几个方面：

（1）网站内容随时更新对于现代企业来说很重要。例如，企业的新产品发布、新广告宣传、企业发展战略动向、决策变化等，可以通过企业网站随时更新，让客户第一时间了解企业的产品和服务。

（2）网站信息容量大。网站上的信息可以用海量来形容，即便有虚拟主机的空间限制，但是在可控空间容量中发布的文字、图片、视频信息的内容还是非常巨大的。这是以往的企业画册和产品手册所无法比拟的。一本画册充其量做到几十页，但网站却可以做到成百上千页。例如，在介绍一个项目的时候，在画册上最多就是放上一两张照片，一段简短的文字介绍，但在网站上却可以详细介绍项目的背景、技术难度、施工情况等，这种效果显然比画册好很多。

（3）提高客户接受度。如果一个大企业连网站都没有，或者网站做得很差，给客户的感觉就不是一个现代企业。

（4）网站没有时空限制，可随时、随地实现沟通。

（5）网站可以帮助企业寻找潜在客户。通过搜索引擎、网站链接等手段，企业可以将信息传到世界各地，找到潜在客户。

（6）如果把网站功能进一步扩大，网站还有帮助企业提高效率、减少中间环节、规范管理、降低管理成本的作用，这种例子在全世界比比皆是。例如，华为、海尔、联想等通过全球性的网络化管理，真正获得提高效率、降低成本的好处。

（7）网站可以做到真正的双向沟通、非面对面的沟通，客户到网站上看了后，产生进一步洽谈的意向可即时联系，增加成功的概率。另外，客户对企业的意见或建议也可以通过网站得以收集等。

一个好的企业网站所起的作用是不可估量的，但一个不好的企业网站（如界面简陋、功能单一、设计不规范等）也会在相当程度上破坏企业的形象。在企业宣传、营销活动中，企业网站既是体现现代企业形象的标志，又是企业管理非常实用的工具。将企业的宣传、营销方式灵活运用，能促进企业发展。

总之，网络市场具有传统的实体化市场所不具有的特点，这些特点正是网络市场的优势。对现代企业而言，利用网络市场实现企业的目标价值链是现在和未来最佳的选择。

二、网络客户的心理特征

在电子商务环境下，客户在产品服务渠道和沟通等方面的选择余地空前增大，转移成本不断降低。客户已经成为企业网络价值链的关键组成部分，因此开展电子商务的企业应当积极研究电子商务客户的消费心理，针对客户网络购物的心理特征组织营销策略。

在传统的商务活动中，客户仅仅是商品和劳务的购买者，对于整个流通过程的影响往往只在最后的阶段才能显现出来，而且影响的范围较小；而在电子商务环境中，每一个客户首先是一个活跃在不断变化的虚拟网络环境之中的"冲浪者"，一方面扮演着个人购买者的角色，另一方面扮演着社会客户的角色，起着引导社会消费的作用。因此，网络客户的消费行为是个人消费与社会消费交织在一起的复杂行为。

（一）客户需求积极主动

传统的商务活动中客户只能被动地接受企业提供的有限的产品服务信息。即使在许多日常生活用品的购买中，大多数客户也缺乏足够的专业知识对产品进行鉴别和评估，但其对于获取与商品有关的信息和知识的心理需求并未因此而削弱。随着客户人文素质的提高，维权意识的逐渐强烈，他们会主动通过各种可能的途径获取与商品有关的信息并进行比较。这些分析也许不够充分、准确和专业化，但客户却可以从中获取心理上的平衡，减少风险感，增加对产品的信任和争取心理上的满足感。

在电子商务活动中，商务媒体是开放和资源高度共享的互联网，因此客户完全可能了解所购产品的全部信息以及该产品的相关企业和技术信息。由于这些信息是客户主动去获取的，因此客户会认为可信度高，必将影响其购买行为、能加强其选择能力，在选择企业和产品时将会变得更加主动和积极。互联网也是一种很好的学习和获取知识的途径，客户能在浏览商务网页的过程中获得信息、开阔视野、接触新知识和技能，从而进一步促使其需求的明朗化，并起到主动的作用。

（二）消费行为理性化

互联网使客户获得了无限选择的机会，客户的购买行为变得更加冷静、成熟和理性。在电子商务环境条件下，客户面对的是电子商务系统，可以避免嘈杂的环境和各种影响与诱惑，商品选择的范围也不受地域和其他条件的约束，客户可以理性地规范自己的消费行为。客户的理性消费行为包括理智的价格选择和主动寻找产品及服务。

（三）对购买方便性的需求与对购物乐趣的追求并存

一部分工作压力较大、紧张程度较高的客户会以购物的方便性为目标，追求时间、精力和劳动成本的节省，特别是对于需求和品牌选择都相对稳定的日常消费品，这一点尤为突出。然而另一部分客户则相反，由于劳动生产率的提高，可供自由支配的时间增加，一些自由职业者或家庭主妇希望通过购物来消遣时间，寻找生活乐趣，保持与社会的联系，减少孤独感，因此愿意多花时间和精力去购物。这两种相反的心理将在今后较长的时间内并存和发展。

（四）重个性消费

网民年轻化，受教育程度在提高，高收入网民的数量也在持续增加。随着人们收入的增加，越来越多的人开始崇尚个性化的消费理念，而电子商务较容易达到个性化消费的要求。个性化客户可以直接通过互联网的互动功能参与产品设计和指导生产，向提供商主动表达自己对某种产品的需求，定制化生产将变得越来越普遍。心理上的认同感已成为客户做出购买品牌的决策时的先决条件，个性化消费正在也必将再度成为消费的主流。

（五）客户忠诚度下降

由于电子商务客户对自己需求的认识更加深入细致，并能通过互联网获得更多的信息和灵活的选择机会，因此电子商务活动中客户购物反而会变得更加现实。客户会更加关注自己需要产品的效用价值，同时客户追求新产品、新时尚的能力和购买冲动都会加强。互联网使用成本越来越低，导致客户转换成本越来越低，进而引起客户忠诚度下降。

第二节 网络客户关系管理概述

互联网的迅速发展将整个世界经济带入了从未有过的高速增长期，随着网络技术的成熟，电子商务的概念已经逐渐深入人心，电子商务大潮正在全球范围内急速改变传统的商业模式。在线购物、B2B、B2C已经成为大家谈论的焦点。在未来的20年，电子商务的膨胀将形成指数式增长。

电子商务系统提供了一种商家与客户进行交流的新方式，但电子商务带来的冲击是革命性的，对传统企业提出了严峻的挑战：要求企业管理者以全新的思维来看待未来的客户、未来的竞争对手、未来的技术工具，仅仅把现有的商业流程实现数据处理自动化，并不意味着可以在"新经济"时代取得成功。电子商务要求的是与之相匹配的管理思维的更新和革命。这对已经建立起特定规模的传统企业来说并非易事。

一、网络客户关系管理的特点

电子商务环境下的客户关系管理是在传统商务环境下的客户关系管理的基础上，以信息技术和网络技术为平台的一种新兴的客户管理理念与模式。其主要特点有以下几个方面：

（一）实施以客户为中心的商业策略

互联网及时的沟通方式有效地支持客户随时、准确地访问企业信息。客户只要进入企业网站，就能了解企业的各种产品和服务信息，寻找决策依据及满足需求的可行途径。同时，营销人员借助先进的信息技术，及时、全面地把握企业的运行状况及变化趋势，以便根据客户的需求提供更为有效的信息，改善信息沟通效果。电子商务客户关系管理必须制定以客户为中心的商业目标，才能找到和客户双赢的机会。

（二）较低的客户关系管理成本

在电子商务模式下，任何组织或个人都能以低廉的费用从网上获取所需要的信息。在这样的条件下，客户关系管理系统不仅是企业的必然选择，也是广大在线客户的要求。因此，在充分沟通的基础上，相互了解对方的价值追求和利益所在，以寻找双方最佳的合作方式，无论对企业还是对在线客户，都有着极大的吸引力。

建立长期关系是企业利润的主要来源。电子商务网站的访问者就是企业潜在的客户群，企业可以通过客户的网上行为，如浏览了哪些商品、对比了哪些参数等，也可以通过网站对客户进行调研和访谈，了解客户的喜好、习惯、行为特征。先进的信息技术使得客户信息的收集、资料处理、潜在内容挖掘更容易，这样可以迅速建立信任，及时挽回客户忠诚。另外，企业借助先进的信息技术可以对忠实的大客户进行差异化、个性化服务，提高客户忠诚度和保持度。

（三）利用新技术支持

在当今的信息时代，技术革命一日千里，企业可以利用新技术来帮助其管理客户关系，建立局域网或广域网，建立大规模的数据库，使用更先进的软件技术等。

客户关系管理的核心思想就是"以客户为中心"，为了达到这个目的，就必须准确把握客户的需求，提供个性化的服务，提供及时的、必要的客户关怀。因此，企业需要建立一个集中统一的客户信息数据库，有效地管理客户数据。数据库保存着客户与公司进行联系的所有信息，包括客户的购买交易、电话、评价、退货、服务电话，甚至客户的不满等，也保存着公司主动接触客户的有关信息，包括促销优势、信件、电话以及个别访问等。

企业运用管理心理学、消费心理学、统计学、市场调研等知识，利用数据库对这些客户数据进行统计分析，得出客户的购买行为特征，并可以据此调整企业的经营策略、市场策略，让整个经营活动更为有效。对于能带来效益的用户，企业可以为他们提供更多的服务，也可提供一些其他的东西来吸引他们继续作为本企业的客户。对于那些不能带来效益的，甚至是来窃取商业机密的用户，企业可以不提供服务或提供收费服务。这些措施都能使企业与客户保持一个良好的关系。

（四）集成的CRM解决方案

在电子商务模式下，为了使企业业务的运作保持协调一致，企业需要建立集成的CRM解决方案。该方案应使后台应用系统与电子商务的运作策略相互协调，使客户能够通过电话、传真、互联网、电子邮件等渠道与企业联系并获得快速的响应。

语言是人类进行交流的媒体，人们喜欢谈话。许多人选择的工具是人类的语言，而不是键盘，对此企业必须做出反应，建立基于传统电话的呼叫中心。呼叫中心是企业用来与客户进行直接交谈、发现客户的需求、劝说客户达成交易、确保客户的需求得到满足的场所。电话管理是双向的，包括企业打给客户的对外营销和客户打给企业的对内营销，它还是建立和维持对话的一个重要部分，是客户关系管理的关键因素。

网络客户关系管理要求把电子邮件、电话和在线交流系统整合在一起，这样才能发挥系统的最大作用。网络客户关系管理系统能够根据市场变化，促使企业迅速进行资源重新配置，迎合业务模式的改变，避免传统客户关系管理的灵活性差的问题。集成性要求系统内各个部分必须有着紧密的联系，达到流程的顺畅，才能使企业通过互联网来改善与客户、伙伴和供货商的关系，创造更大的效益。

二、网络客户关系管理的内容

电子商务的迅速发展给企业的客户关系管理带来了无限的发展空间。电子商务客户关系管理不同于传统客户关系管理，主要指企业借助网络环境下的信息获取和交流技术，对客户信息进行收集和整理；充分利用数据库和数据挖掘等先进的智能化信息处理技术，把大量客户资料加工成信息和知识，以提高客户满意度和忠诚度；运用客户关系管理系统和客户管理理念为客户提供优质服务；将企业现有资源进行有效整合，采用企业应用集成（EAI）技术使 CRM 与企业资源计划、供应链管理整合。电子商务客户关系管理的最终目标是利用企业现有资源创造最大的利润价值。因此，电子商务客户关系管理的内容包括以下几个方面。

（一）电子商务客户信息管理

客户信息管理是客户关系管理的一个重要组成部分，可以通过提供的客户信息，以正确的方式，向正确的客户，在正确的时间，提供正确的服务，最后满足客户的个性化需求，达成长期合作意向。客户信息库可以帮助企业减少竞争，抓住客户，提供更多的交易机会，提高客户忠诚度，增加盈利，是电子商务客户关系管理其他环节实现的基础。电子商务客户信息管理主要包括以下内容：

1. 电子商务客户信息收集

企业利用电子商务网络平台，结合电话、短信、面对面等方式，为建立客户资料库提供原始资料。

2. 建立客户资料库

企业使用客户资料卡和数据库技术，将收集来的客户资料进行清洗、抽取、分离，形成结构化的客户数据库，为客户信息分析打下基础。

3. 客户信息整理

客户信息整理主要是根据企业需要对客户数据库中的数据进行有针对性的分组、筛选、整理、更新。例如，按照客户创造利润分类或按地区分类。

4. 客户信息分析

企业的资源有限，如果企业与任意的客户都进行电子商务活动，在时间上、人力上和硬件条件上都是不可能的。企业可以通过对客户数据的分析，找出哪些对企业来说是重要的客户，哪些是需要争取的客户，哪些是可有可无的客户，进行有针对性的管理，使企业获得尽量多的利润。

5. 电子商务客户信息安全管理

客户资料以电子形式储存在客户信息库中，客户是企业最宝贵的财富，因此客户信息库是企业的无形资产，其安全性必须受到重视。安全的信息保存、处理、分析环境，不仅能保护企业资产，还能取得客户信任，带来商机。

（二）电子商务客户满意度和忠诚度管理

在电子商务模式中，客户对商品的需求，已不再是单纯的数量和质量上的满足，情感的需求也成了标准之一，客户越来越追求在商品购买与消费过程中心灵上的满足感，于是"满意"与"不满意"成为客户消费价值的选择标准。菲利普·科特勒认为，满意是指一个人通过对产品的可感知的效果与其期望值相比较以后，形成的愉悦或失望的感觉状态。一般来说，客户满意是指客户在消费了特定的商品或服务以后感受到的满足程度的一种心理感受。这种心理感受不仅受到商品或服务本身的影响，还受到客户的经济、观念、心理等自身因素的影响。电子商务环境下客户满意度管理的内容、衡量指标、方法发生了一定的变化和革新。电子商务环境下不仅要注重传统的满意度管理方法，还需要结合网络环境的方便、快捷优势，合理把握客户期望，提高客户感知，以达到维持和提升客户满意度的目标。

同时，在电子商务环境下，客户面临的交易机会增多，供应商选择壁垒减弱，客户选择性更大，这也削弱了客户的忠诚度。客户关系管理的目标就是要形成客户的忠诚，只有忠诚的客户才是企业长期利润的来源。企业的目标就是要让企业的客户从满意到忠诚，并且程度越来越深，越是忠诚的客户对企业的贡献就越大。客户的忠诚是需要维护和强化的，电子商务的发展提供了更多和客户沟通的技术，电子商务企业可以通过很多虚拟的工具和客户进行有效和充分的沟通，及时挖掘客户潜在的需求，使客户不断感到满意，实现对企业长期的忠诚。企业不能以为从满意到忠诚后就可以放松对这些客户的投入，客户关系管理是一个连续的、长期的、循环的过程，千万不要急功近利，否则就会前功尽弃，被客户抛弃。

（三）电子商务客户服务管理

客户服务管理首先是一种管理理念，其核心思想是将企业的客户（包括最终客户、分销商和合作伙伴）作为最重要的企业资源，通过完善的客户服务和深入的客户分析来满足客户的需求，保证实现客户的终生价值。客户服务又是一种旨在改善企业与客户之间关系的新型管理机制，实施于企业的市场营销、销售、服务与技术支持等与客户相关的领域，要求企业从"以产品为中心"的模式向"以客户为中心"的模式转移。也就是说，企业关注的焦点应从内部运作转移到客户关系上来。电子商务客户服务管理是客户关系管理实现目标的关键环节和内容。

1. 客户服务是现代企业的核心竞争武器与形成差异化的重要手段

在现代企业标准化程度增强、差异逐渐消失、附加价值较小的情况下，企业唯有通过加入服务要素寻求更大差异化，并增加自身的产品附加值。服务业务在很多企业中创造的价值日益增加。

2. 优质的服务是降低客户流失率和赢得更多新客户的有效途径

现代营销观念已发展到以满足消费者需求为中心的市场营销观念的阶段。在此阶段，消费者需求成为企业经营和营销活动的一切出发点和落脚点。因此，降低客户流失率和赢得更多的新客户对企业的持续发展尤为重要，提供良好的服务是实现这一目的的有效途径。

3. 提供良好的服务促进企业利润持续增长

良好的服务能够使企业有效地巩固现有的客户，赢得更多的新客户，获得客户的长期忠诚，这样自然就会获得客户的重复购买机会，从而促进企业的销售额不断增长。根据著名的"80∶20"法则。注重提高服务质量有助于企业进入占有80%的市场份额的约20%的优秀企业行列。此外，一个企业80%的利润来源于20%的销售机会，而拥有良好的服务有助于企业把握住20%的销售机会，赢得能够给企业带来大多数利润的少数大客户。

4. 提供良好的服务有助于使企业获取反馈的信息，指导决策

在客户服务的过程中，消费者提供的不仅仅是抱怨，更有对企业的发展有积极促进作用的忠告和其他市场信息，发现产品在质量、性能等方面的缺点或不足，从而为企业进一步的产品开发、服务、创新、市场竞争力等方面采取新措施提供决策指导。良好的售后服务有助于企业了解客户对产品和服务的真实意见，包括客户的潜在需求，从而为企业的产品开发、服务创新、市场竞争提供决策上的指导。

（四）电子商务客户关系管理系统

电子商务环境要求客户关系管理系统必须将互联网信息技术处于CRM系统的中心，只有真正基于互联网平台的CRM产品，在构建其客户服务应用的根本的技术上，才能够支持未来企业全面电子化运营的需要。电子商务客户关系管理系统的主要核心组件由销售自动化系统、营销自动化系统、服务自动化系统、呼叫中心、电子商务网站组成。

三、网络客户关系管理的现状与发展趋势

（一）网络客户关系管理存在的问题

客户关系管理为企业在市场竞争中带来优势的案例不胜枚举，但是也存在问题。我国

对电子商务环境下的客户关系管理概念的引入虽然比较晚，但发展速度非常快。在快速发展的同时，众多中小企业在应用过程中暴露出一些问题。

1. 管理层对客户关系管理的内涵缺乏了解

随着客户关系管理概念的引入和电子商务的快速发展，国内企业对客户关系管理有了一个新的认识。一些企业在尝试进行客户关系管理的过程中，由于对客户关系管理概念缺少了解，在一定程度上影响了客户关系管理的效果，特别是在产品销售以及需求预测方面忽略了对客户关系的有效管理。一些企业对客户需求信息不能在第一时间进行处理，使客户对企业的第一印象受到一定程度的影响，甚至还会使管理系统出现混乱。这些现象反映了企业客户关系管理思路不清晰，使得企业先前的规划出现偏离。

在电子商务大环境下，客户关系管理除了系统上的更新，还有对人员的培训以及系统的调整，只有这样才能实现企业组织、系统、人员的有效协作，才能达到客户关系管理的理想效果，才能为企业的市场竞争提供支撑。恰恰有很多企业忽视了这一点，虽然花费大量资金进行客户关系管理，却发挥不出应有的价值，这也是企业实施客户关系管理却达不到预期效果的重要原因。

2. 部门间缺乏沟通导致管理系统功能不畅

在电子商务环境下，企业进行客户关系管理，离不开部门间的相互协作，这就好比盖房子要先立桩的道理，两者相互联系、相互支撑。目前，国内有许多企业虽然采用了客户关系管理系统，但是忽视了部门协作在整个系统运行中的关键性，造成企业数据处理的应对能力不足，客户关系管理考虑不够全面。各部门间缺乏沟通和联系，客户关系管理系统就不能真正发挥作用，也让客户对企业的印象大打折扣，使企业花费大量资金建立的客户关系管理系统达不到理想效果。

3. 管理系统与企业的客户数据库融合不畅

实施客户管理的首要前提就是对客户资料进行收集，通过对收集来的资料进行筛选，从而形成企业的客户数据库，借助客户关系管理与数据库分析，为顾客带来更好的消费体验。但是，真正能利用好客户数据信息的企业很少，很多数据资料都被白白浪费掉了。经常出现数据库与客户关系管理系统不能有效结合的情况，严重的不仅会影响顾客的消费体验，还会给企业造成惨重的经济损失。

4. 电子商务环境下客户信息存在安全隐患

客户关系管理的大规模运用，使得客户信息安全成了一个不得不重视的问题。例如，报名参加某些考试，或者在网站上购买商品后，就会频频接到相关电话或短信等，很多人对此不胜其烦。层出不穷的客户信息泄露事件，让用户对企业的信息安全保障措施持怀疑态度。因此，对客户信息的保密工作十分重要。如果由于企业的不慎或防范工作不够严密而导致用户信息泄露，那么企业辛苦建立起来的企业形象就会顷刻倒塌，用户的忠诚度自然随之降低。

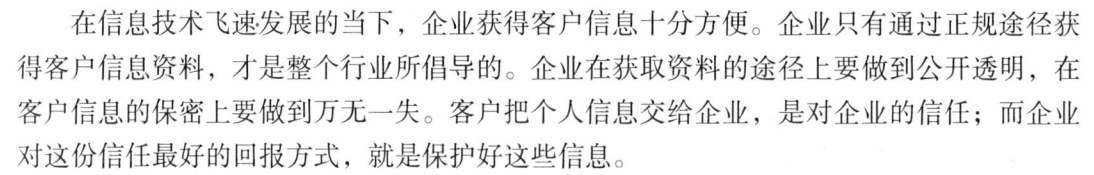

在信息技术飞速发展的当下，企业获得客户信息十分方便。企业只有通过正规途径获得客户信息资料，才是整个行业所倡导的。企业在获取资料的途径上要做到公开透明，在客户信息的保密上要做到万无一失。客户把个人信息交给企业，是对企业的信任；而企业对这份信任最好的回报方式，就是保护好这些信息。

（二）网络客户关系管理的发展趋势

1. 顺应网络时代，把握核心理念

针对一些企业对客户关系管理概念缺乏了解的问题，最好的解决办法就是把握核心理念，而贯穿客户关系管理概念的核心就是"以客户为中心，满足客户需求"。只有在这一核心思想的引导下，企业才能实现客户关系的有效管理，才能将客户关系管理的优势充分发挥出来。在电子商务时代，企业要想实现长远发展，就必须把客户放在企业战略的重心上来。

在当前多样化的市场竞争中，客户群体越广泛，客户忠诚度越高，企业在竞争中就越有主导权。企业拥有庞大的客户群体，就掌握了市场，也就掌握了财富源泉。以产品为主导的思想已经不再适应互联网时代的消费市场，运用客户关系管理实现客户信息的有效利用，才是企业进行市场竞争的有力保障。将潜在用户转变为忠诚用户，是我们应用客户关系管理系统的重要目的之一。对一个企业而言，真正掌握客户关系管理的核心理念，是企业前行的根本保障。企业要通过优化内部资源，科学规范地对客户的消费意向做出分析，紧紧把握市场风向标，在客户关系管理系统帮助下为客户提供满意的服务。

2. 实现部门之间信息的无缝对接

企业需要将部门间的业务协作作为一种工作常态，加强部门间相互协作、相互弥补的能力，实现部门间的信息无缝链接。企业通过部门间的信息传达、协作交流，以高效率的工作方式提升客户对企业的满意度。

大数据时代和互联网技术的普及，让信息传递变得十分高效，也让企业部门间的交流协作更为便捷。企业需要各部门通过有效的系统管理和分析，使企业形象以及客户对企业服务的满意度都有大幅度的提升。企业借助客户信息管理系统，建立及时有效的呼叫中心制度，使客户在购买企业产品时能够简单、方便地同客户服务部门取得联系。对于顾客遇到的问题，客户服务部门要及时予以解决，进一步提升客户满意度和忠诚度。

3. 重视企业内部应用数据的集成

客户关系管理同数据库不能有效融合的问题，最好的解决方法就是完善企业内部应用数据的集成。企业通过库存系统与供应链以及订单处理系统的数据集成，使各系统数据共享，连为一体，在提高系统运作效率的同时，也能有效避免产品出库同订单不一致的问题。

实时的数据处理也是实现数据集成的必要前提。企业通过客户关系管理系统能够实现企业对客户"一对一"的服务，客户通过网站、电话、信息等形式向企业销售服务部门发出购物需求，销售服务部门在接收到购物需求后能够第一时间将信息传递给生产部门或仓库，使得整个体系运作更加紧密连贯，可节省大量的仓库出货时间。企业管理实现实时的数据处理，可以优化企业部门间的信息共享，缩短业务处理时间，同时加速库存商品的周转，使企业无需再为保管库存商品付出大量成本，帮助企业节约大量资金。

4. 加强系统维护，防止信息泄露

客户信息安全不仅关系到用户的隐私，也关系到企业的形象与利益。一个对客户隐私不能提供有效保护的企业，必然得不到客户的信赖。企业设立固定的系统检修人员，定期对系统进行检测和维护，能够有效防止客户信息泄露等问题的出现。

客户关系管理概念的引入以及越来越多的企业开始应用，转变了企业传统的经营理念，以产品为中心的经营模式早已成为过去，以用户为中心的新经营理念已经成为市场经营的必然方向。

【案例】赫兹的客户管理

2019年10月16日，赫兹（纽约证券交易所上市代码：HTZ）宣布，在君迪（J.D. Power, 2019）北美租车满意度调查中，该公司获得了总排名第一。除了在整体客户满意度方面获得最高得分外，赫兹租车在几个关键类别中也位居榜首：预订流程、取车流程、还车流程以及成本和费用。

赫兹总裁兼首席执行官凯瑟琳·玛丽妮罗（Kathryn Marinello）女士表示："在工作中，我们将客户的体验放在首位，现在客户使我们位列第一，获此殊荣。赫兹的员工们始终关注于对客户最重要的事情。我们一直在倾听客户的意见，并根据反馈采取相应措施，以改善客户的整体体验。我们将继续发扬赫兹享誉北美和全世界的优良服务的传统。"

在过去的六年里，君迪（J.D.Power）对北美休闲和商务客户进行的年度调查显示，赫兹的客户整体满意度得分超过其他所有汽车租赁品牌。赫兹始终致力于提供体贴周到和个性化的服务以及一流的车辆，并投资以客户为中心的技术以改善出行体验，从而赢得了2019年的总排名第一。

赫兹通过重新设计移动应用程序并引入行业领先的创新技术，使租车变得比以往任何时候都更快捷、更方便。例如，客户可以享受特殊优惠和快速服务，包括无需柜台等候的免费赫兹金卡会员福利以及通过"任心选"服务（Ultimate Choice）从赫兹的高端车队中选择心仪的车辆。

凯瑟琳·玛丽妮罗（Kathryn Marinello）女士表示："员工是我们开展一切工作的核心，如果没有他们，我们提供卓越体验的承诺将无法实现。十分感激每一位员工的辛勤付出，也很荣幸能够与他们和客户共同庆贺这一殊荣。"

赫兹将在北美地区的各个门店为员工们举办庆祝活动，并在社交媒体上发起一项竞赛，以答谢客户们帮助其赢得来自君迪（J.D.Power）的这项荣誉。2019年10月16日起，赫兹在2019年的余下时间里，每天发放一张面值200美元的租车抵值券用于奖励一名客户。客户仅需在社交媒体上以文字描述、照片或视频的形式分享关于赫兹租车的卓越租车体验，并加上"#1Hertz"即可有机会获得租车抵值券。

赫兹是全球最知名的品牌之一，目前在君迪（J.D.Power）的客户满意度排名中位列第一。长期以来，赫兹一直致力于提供快速便捷的租车体验，旨在令每一次旅程都与众不同。赫兹从提供令每一位旅行者满意的顶级车辆着手，配合体贴周到和个性化服务，包括屡获殊荣的赫兹金卡会员福利、"任心选"服务、移动Wi-Fi等。除了汽车租赁业务，赫兹还是美国前十大二手车销售商之一，在全美拥有80多家赫兹汽车零售门店。无论何时何地，赫兹都致力于始终满足客户的出行需求。

综合练习

【简答题】

1. 企业网站的重要作用主要体现在哪些方面？
2. 电子商务环境的特点是什么？
3. 电子商务环境下客户的心理特征是什么？
5. 电子商务客户关系管理的内容包括哪几个方面？

第四章 网络客户关系的建立：客户沟通

> **学习目标**
>
> 了解网络沟通的特点；
> 掌握网络客户沟通的方式；
> 了解网络客户沟通的构成要素；
> 掌握网络客户沟通的流程。

第一节 网络沟通概述

菲利浦·科特勒在其题为《迈向品牌与全球化之路》的重要演讲中，对现代市场营销理论基石的 4P 模型进行了修正，提出了最新的市场营销模型——CCDVTP。所谓 CCDVTP，是指创新（Create）、沟通（Communicate）、价值传递（Deliver Value）、目标市场（Target）和获利（Profit）。CCDVTP 模型就是针对目标市场，通过创新、沟通和价值传递，实现赢利。与以前的 4P 模型比较，科特勒将"促销"转化为"沟通"。

一、网络沟通的特点

网络有着自身鲜明的特点，如内容海量、形式多样、信息传递速度快、关系交互化、范围全球化。人们今天的生活和网络息息相关，人们通过网络空间交流信息、知识、思想和情感。和传统社会交往相比较，网络交往具有个性化与群体化相交融以及符号化和短暂性等特点。网络交往不是一种新的交往，也不意味着人们的交往内容发生了质的变化，而是人们在新的交往平台上发生的互动关系，网络交往拓展了我们交往空间的时间和维度，丰富了交往观的内容，体现了网络化时代的鲜明特点。

（一）内容数字化

数字化是互联网络传播存在的前提，这一技术的发展大大促进了信息的交流和传播。

数字化技术的优势，使网络传播不仅便于复制和传输，而且便于不同信息之间的相互转化，可以在文字、声音和图像之间方便地相互转换。数字化又赋予网络"海量"信息。由于互联网特有的超文本和超链接特征，网络信息不仅量大，而且形式丰富多样，网民不仅在网上可以看到最新的新闻信息，而且还可以搜索相关报道、相关资料乃至相关网站。由于数字化传播的领先优势，时效性成了网络区别于其他媒体无可比拟的特征，特别是在一些突发事件的报道中，网络具有得天独厚的优势。

（二）方式多样化

因特网传播速度快和超文本链接的特征使得传播与接收几乎没有时间差，在实效性上远远超越传统媒体。同时，由于数字化传播的特点，网络集中具备了报纸、广播、电视三大媒体的综合优势，实现了文字、声音、图片、影像等手段的有机结合。时下流行的"流媒体"技术，更是把广播、电视节目完整地搬上了网络，以"数字流"的方式向网络用户传输信息，其接收便捷，选择自由度高。这种多媒体技术的传播特点极大地改变了人民接受信息的方式，同时还使人们之间的交流方式发生了革命性的变化——面对面的口头传播逐渐减少，取而代之的是"虚拟化个人传播"方式。

（三）双向交互性

交互性是指围绕新闻事件，媒介与网络用户之间的信息双向沟通和传输，反映着网络用户对社会生活的关注度和参与度。互联网从根本上改变了传统交流的单向传播态势，取而代之的是双向互动传播态势。一是网络用户的主动权大大增加，用户不但可以主动地选择自己需要的信息，主动地与媒介沟通，提出自己的要求，表达自己的愿望，而且可以就接收到的信息发表自己的评论，提出自己的意见，已经变"push"为"pull"。交互性是网络媒体区别与传统媒体最大的优势之一。尼葛洛庞帝曾对网络作过形象的描绘：数字化会改变大众传播媒体的本质，推送比特给人们的过程将改变为允许大家或他们的电脑拉出想要的比特的过程。这是一个剧烈的变化，因为我们以往的媒体的整个概念是通过层层过滤之后，把信息和娱乐简化为一套要闻或畅销书，再抛给不同的网络用户。与其他三类媒体相比，匿名化带来的平等性特征使得交互性在网上大放异彩。在网上，凡有电子公告板、聊天室、在线游戏等的任何一处，你会发现都是人来人往，不亦乐乎。网上论坛就是发挥网络互动功能、增强网民参与意识、了解社情民意、加强舆论引导的重要手段，也是互联网的独特优势。交互性同样给网络媒体注入了不少活力，使其在沟通方面无论是内容和形式都有了新的发展和突破。利用网络双向互动的特性，客户能直接与运营商对话。企业利用这一特性，能使客户与企业之间的关系变得越来越紧密，企业对客户的了解越来越深入，客户对企业也会越来越信任。

（四）沟通的间接性

在数字化世界里，人与人之间面对面的沟通减少，人们通过电子邮件和网络来交流思想、观点，传递感情，未来社会可能被夸张地形容为"网络社会"。在其中，人与人之间的交往更具有人本主义色彩，交际虚幻，人的内心世界被掩藏起来。个人更加注重自我，人与人之间互动的选择性增强，人们可以有选择地拒绝他人的网上访问，也可以通过网络一夜之间寻访到成千上万的朋友。人们购物、工作、开会、学习、求职和看病等都可以通过网络来完成。

二、网络沟通的优势

（一）共享的信息平台

网络传播的结构中没有固定的信息发布源和接收源，传播者与接受者的界限模糊，无论是传播者还是接受者都可以看成网络传播中的一个点，每一个点都可以向其他点发送信息，同时每一个点也都可以向发送信息的点传回反馈信息。整个网络传播呈现出"一对一""一对多""多对一""多对多"相互交织的网状结构，而且随着网络覆盖面的扩大而不断扩大，如图4-1所示。

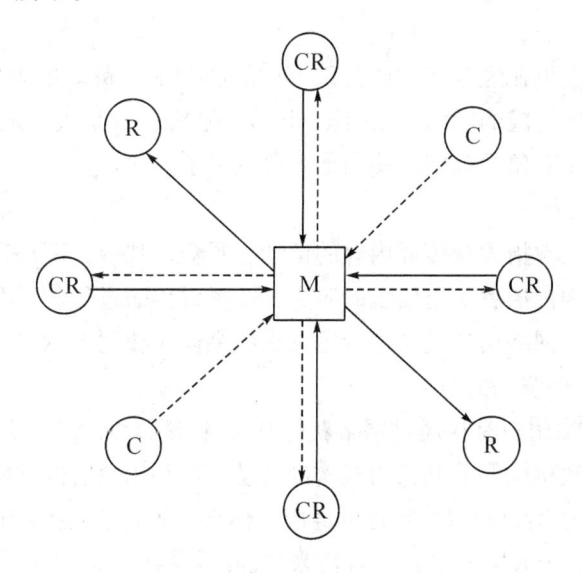

M：信息交换平台　　C：传播者　　R：受众

图4-1　网络传播方式

随着网络技术的不断升级和完善，与网络用户的沟通已经逐步成为网络传播中不可或缺的重要环节。与面对面的传统媒体不同的是，网络用户对网络信息的反馈仍然通过网络媒介传递给传播者，在将自己反馈信息传递给传播者的同时，网络用户还可以通过"信息交换平台"和别的网络用户进行意见、态度、观点的碰撞，碰撞的结果常常会形成新的"信息流"和"意见流"。同时，无论是传播者还是网络用户，都可以利用同一渠道进行"传"和"受"的活动，传播者将新闻信息汇集到平台上，网络用户可以通过平台自由选择接受这个或那个传播者的信息。传播、反馈都通过这一信息交换平台完成,实现理论意义上的"面对面"交流。

(二) 沟通更加便捷、经济

互联网络使企业与客户的沟通更容易。网络的空间几乎是无限的,企业可以利用文字、声音、影像等多种技术在网上全方位地展示产品,介绍其功能,演示其使用方法,建立征询系统,甚至可以让消费者参与产品的设计,向客户传达企业提供的各种服务。同时,客户可以随时从网上获得这些信息,且在网上存储、发送信息的费用都远远低于印刷、邮寄或电话的费用。企业可以在网站中设置专门窗口,帮助解决客户的常见问题,减少客户服务人员的重复劳动,腾出时间和人手为客户及时解决更复杂的问题。电子邮件服务是网上最常用同时也是最传统的功能。作为信息时代的新型联络方式,电子邮件与信件、电话、电报等沟通方式相比,具有快捷、安全、廉价、可传递多种媒体等传统沟通方式无法比拟的优点。

(三) 沟通对象扩大化

现实的沟通往往发生在经常互动或关系密切的朋友中,费孝通先生曾指出:"社会范围是一根根私人联系所构成的网络。"亲缘、地缘、业缘一直是人们之间沟通的主要范围。网络沟通则扩展了交流对象的范围,使沟通对象发生了变化。

(四) 传播主体变更

所谓网络用户,通常指大众传播内容的读者、听众、观众,网络用户不仅是传播结构的要素之一,而且作为传播者发送信息的对象,或者说传播过程的归宿,占据着特别重要的位置。网络传播中的网络用户是网络传播真正的主体,在网上网络用户享有与信息发布者完全相同的权利。这些权利包括:

(1) 知晓权。网络用户有权通过网络获得有关自身所处环境及其变化的信息,了解国家的立法、司法和行政机构等公共权力机构的活动,如利用政府网站察知政务。

(2) 传播权。网络用户有权将自己的经验、体会、思想、观点和认识通过网络特有的方式(如微信、BBS、个人网站等)表现出来并加以传播。

(3) 传媒接近权。这项权利赋予了传媒向公众开放的义务和责任,网络用户有权通过网络阐述主张、发表言论、开展各种社会文化活动,如参加网络媒介组织的各类讨论。传统传播主体是依托于启蒙主义的理性观的基础之上的,强调个体是理性的、自律的、中心化的和稳定的人。后现代社会培养的身份形式与现代社会的身份形式存在差异甚至对立。网络后现代性的交往实践构建的是不稳定的、多重的和分散的主体。按吉姆·柯林斯的说法,后现代理论中富有意义的一个拓展,就是认识到必须发展一种新的主体理论,这种主体就是一种多元而矛盾的主体。

网络传播加速个人传播的发展趋势,为网络用户提供了一个个人传播平台。网络技术使大众传播过程中的互动非常容易,并以其开放式结构和海量存储能力为各种信息意见的进入提供了包容空间。例如，在博客虚拟社区中，每个人都可以凭借简单的网络知识注册一个"属于自己的"空间，依据博客提供的平台，自由地编辑和发布自己的信息和作品，也可以说网络对传播最大的改变首先表现在"传"和"受"关系上的嬗变。对于网络用户来说，网络技术最大的意义在于它改变了传播者与传播工具之间的关系，提高了他们在传播过程中的地位，他们由被动的接受者变成主动的参与者。网络用户与传播者站在了"平等"的位置上。网络用户上网，犹如进入一个偌大的信息超级市场，信息不是从传播者那里"推"向接受者，而是由接受者从传播者那里"拉"出来。互联网上的信息发布者可以根据自己的需求和条件如思维方式、兴趣爱好、资料类型等任意分层组织自己的信息，而网上的信息获得者可以根据自己的需要和兴趣任意选择其中每一条信息。网络中的传播者与接受者相互承认、相互沟通、相互理解、相互影响，共同分享着信息和经验。社会阶层的变迁，利益主体的分化，加之消费时代网络用户对传媒的心理期待升值，造就了价值体系的多元化，进而促进网络用户需求的分化与多元化。

第二节 网络客户沟通的方式

一、电子邮件

电子邮件（Electronic Mail，简称 E-mail，标志为@，也被大家昵称为"伊妹儿"）又称电子信箱，是一种用电子手段提供信息交换的通信方式，是互联网应用最广的服务。通过网络的电子邮件系统，用户可以用非常低廉的价格（不管发送到哪里，都仅需负担电话费和网费即可），以非常快速的方式（几秒钟之内可以发送到世界上任何指定的目的地），与世界上任何一个角落的网络用户联系，这些电子邮件可以是文字、图像、声音等各种方式。同时，用户可以得到大量免费的新闻、专题邮件，并实现轻松的信息搜索。这是任何传统的方式所无法比拟的。正是由于电子邮件的使用简易、投递迅速、收费低廉、易于保存、全球畅通无阻，使得电子邮件被广泛地应用，它使人们的交流方式得到了极大的改变。另外，电子邮件还可以进行"一对多"的邮件传递，同一邮件可以一次发送给许多人。最重要的是，电子邮件是整个网间网以至所有其他网络系统中直接面向人与人之间信息交流的系统，它的数据发送方和接收方都是人，因此极大地满足了大量存在的人与人通信的需求。

二、即时通信

即时通信（IM）是指能够即时发送和接收互联网消息等的业务。自 1996 年面世以来，特别是随着近几年的迅速发展，即时通信的功能日益丰富，逐渐集成了电子邮件、博客、音乐、电视、游戏和搜索等多种功能。即时通信不再是一个单纯的聊天工具，它已经发展成集交流、资讯、娱乐、搜索、电子商务、办公协作和企业客户服务等为一体的综合化信息平台。最典型的即时通信工具有QQ、微信。

三、网络广告

网络广告是确定的广告主以付费的非人员交流的方式通过因特网媒体向公众传达企业信息的一种传播活动。我国网络广告最早出现于1997年，发展迅速。随着互联网的进一步普及，网民数量的进一步增加，网络广告越来越展示出其无与伦比的魅力。网络广告具有网络特有的传播面广、传播速度快等特点，相比传统广告，它还具备一些独特的优势，如制作成本低、更新速度快，传播方式多样、信息量大，效果可测量，非强迫性和交互性等。

四、网络社区

社区的本质是人和人的互动关系，而各种互联网服务体现这种互动关系的趋势可以被称为社区化。社区的发展有其历史背景，在互联网时代的早期，电脑实现的是人与操作界面的互动，随着互联网的诞生，传统的用户与服务之间简单按需响应的人机互动已经不能满足用户的需求，而用户与用户之间的交流和沟通逐渐成为趋势，针对同一个主题进行交流、互动的用户之间的关系将越来越密切，并产生以虚拟关系为基础的互联网社区。技术以及需求的发展，促进了人机互动向人际互动的发展，也催生了网络社区。

第三节 网络客户沟通的构成要素与流程

一、网络客户沟通的构成要素

网络沟通涉及三个构成要素，即参与者、内容以及沟通渠道。

（一）参与者

网络沟通的参与者包括信息的发出方与接受方，统称为参与者。在沟通模型中参与者具体包括网络客户、企业、网络媒体以及意见领袖。网络客户是信息的接受者，他们主要通过搜索引擎获取需要的信息。企业网站提供的主要信息服务包括企业介绍、产品服务介绍、企业动态新闻、售后服务技术支持、行业新闻、招聘信息、友情链接、行业解决方案、行业报告、电子期刊等。网络媒体是通过互联网传播数据的综合信息发布平台。这个平台的信息呈现为经过一定编辑制作和系统加工的界面表现方式，并可为不同电子终端所接受。市场的不同需求形成不同的网络媒体，主要是综合性门户网络媒体和垂直专业性网络媒体，以新闻信息发布为主和以其他商务、游戏、生活信息为主的网络媒体。网络媒体从最初的电子版，到网络版，再到综合性门户信息发布平台，经历了一个逐步成熟、专业化、媒体化和网络化的过程。今天，网站已成为一个功能多样的政治性强、技术性强，各种资本力量大碰撞，经济盈利意味浓厚，具备意识形态色彩，无论年轻人还是年长者都离不开的综合信息发布平台。

意见领袖源自两级流动传播理论。该理论认为，来自媒介的消息首先抵达某一群人，他们再将其所见所闻传递给其他人，前者被称为意见领袖，而后者则叫作追随者，前者对后者观点的形成具有影响力。传统意义上的意见领袖大都是在圈子里有威望、见多识广、能力强且比追随者能更为方便、更多接触媒介的人，他们可以传播一些并不为人知的信息，也可以就某件事实发表自己的见解和意见，对他人的看法产生较强的影响和引导。意见领袖及其影响力的形成因素主要有六个：

（1）价值。意见领袖是追随者愿意追随和模仿的。

（2）信息来源。一般来说，意见领袖比那些被他影响的人有更多的兴趣与机会接触传播媒介的内容，意见领袖较非领导者信息的来源广，获取的信息更早、更多。

（3）知识面。意见领袖要对追随者产生影响力，不仅要信息来源广阔，还要有较强的解释与理解能力，在某些专门的问题上要有较多的研究和较丰富的知识。

（4）责任感。意见领袖有同情心和责任感，能积极为他人提供有价值信息，因此容易获得集团内或小群体内成员的好感与信赖。

（5）人际交往。通常意见领袖有较强的人际交往和社会活动能力以及关系协调能力，并且善于表达，也乐于表达。

（6）社会地位。社会地位既指意见领袖在其活动的群体内拥有的社会地位，也指在群体之外可以获取各种所需信息的社会关系，而这两点往往与其经济地位的优越与否密切相关。只要一个人不只在群体内也在群体外有较好的社会地位，那么他的意见就能对其追随者产生较大的影响力。时空条件的变换、人际关系的变化、社会地位的升降、信息参与频率的增减、人员背景的改变等，都可能促使意见领袖转变为被影响者。

（二）内容

网络平台上的信息是主要的沟通内容。信息包含信息传播者希望传播的知识或意义，它可以是语言的、口头的，也可以是非语言的、书面的或象征性的。网络信息可以是文字、图片、动画等多媒体效果的。

（三）沟通渠道

沟通渠道包括人员渠道和非人员渠道。人员渠道，即直接的人际沟通；在非人员渠道中，信息是同时传递给多人的。在传统沟通中，仅有人员渠道具有良好的交互性；而在网络环境下，人员渠道和非人员渠道共同发挥作用，打破了传统沟通渠道中人员渠道的时间、空间交流限制，使人员渠道这一具有良好沟通效果的方式在网络环境中起到建立沟通的主要作用。

二、网络客户沟通流程

网络沟通，即传播者通过网络平台这一沟通渠道与接受者进行信息沟通的过程。

传统沟通活动，如广告、促销、直接营销等的主要目的是形成或影响客户认知。但客户因个人因素及时空因素等，所能接触到的信息极为有限。在信息超载的今天，客户面临的选择更多，导致其只收集和处理"足够"他们应付购买决策的信息。研究表明，人际沟通对消费者的影响较其他传播方式更大。人们更倾向于经由朋友或熟人的介绍形成对企业产品或服务的态度，相对于其他传播方式，口头传播虽然具有主观性，但因受干扰的影响较小，所以更容易进入客户的记忆，如图4-2所示。

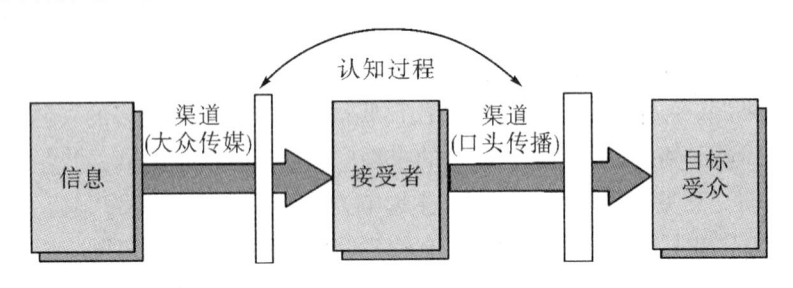

图4-2 传统沟通模型

在网络沟通流程中，影响客户认知的是信息来源的真实性和可靠性。客户可以及时通过网络渠道获取所需产品或服务信息。具体流程如下：商品生产者通过传统渠道或互联网发布产品或服务信息，传统渠道有各种媒体广告、公共关系活动、营业推广策略与人员推销等，网络方式有网络广告、电子邮件、友情链接、网站等，主要目的是吸引消费者的注意，引导消费者使用。一些早期采用者使用产品后，往往通过互联网发布购买心得和使用感受，这类人群属于意见领袖，他们愿意且有能力尝试新产品或服务，并乐意积极传播。他们中很多属于人际关系广泛者、推销人员、行业专家、产品创新采用者或技术权威，企业促销时往往将其有效资源集中用于这四类人身上。意见领袖的价值认可和示范是口传渠道传播的核心内容，这些真实用户的价值认可比企业单方面宣传可信度高许多，而且经用户语言翻译后的产品信息更易于理解。真实用户的应用示范降低了目标用户的理解门槛和接受门槛，为企业开辟了市场空间。

【案例】波司登致消费者的一封信

"双十一"售后"糟心"已经成为魔咒，消费者维权之路越来越艰难。但在2019年11月17日，波司登面对售后问题的做法可以称得上是"双十一"的一股清流，不少人直呼"给波司登点赞"（波司登的处理声明如图4-3所示）！

波司登
畅销全球72国

关于部分产品标识字母制作错误的处理声明

致尊敬的波司登消费者：

　　首先，非常感谢广大消费者对波司登的信任与支持。由于工厂的工作失误，导致部分产品的标识出现一个英文字母制作错误的问题，具体货号为 B90142036、B90142042、B90142048、B90142050。我们高度重视，对此给消费者带来的不便与困扰，表示诚挚的歉意。

　　针对上述问题，我们第一时间进行了全面排查，并明确了解决方案，具体如下：

　　1. 即刻下架全渠道所有在售的问题产品，并召回所有已经售出的问题产品。

　　2. 即日起，开通"专属客服通道"，将服务时间延长至每日 8：00—24：00，由专业人员为您服务，我们将提供以下两种服务平台：

　　· 天猫旗舰店客户服务；

　　· 品牌客户服务中心，联系电话：400-8035-888。

　　3. 已购买相关产品的消费者，可根据自身需求选择以下任意一种方式进行处理：

　　· 更换错误产品，并补偿一件同价位段产品（吊牌价在问题产品上下浮动10%的价格之内）；

　　· 办理退货，并补偿一件同价位段产品（吊牌价在问题产品上下浮动10%的价格之内）；

　　· 如果您愿意继续保留产品，我们也将为您办理退款。

　　注：消费者因退换货而产生的快递费用均由我司承担。

　　4. 持续优化并加强对工厂的管理。

　　波司登43年来一直努力做好每一件羽绒服，此次问题的发生，让我们充分意识到波司登在服务消费者过程中仍然存在的不足。我们将对此问题负责到底并以此为契机，进一步加强产品品质管控，为消费者提供更优质的产品与服务。

　　为了寒风中的您，波司登会一直努力下去，我们祝您永远温暖，幸福！

波司登羽绒服装有限公司

2019 年 11 月 17 日

综合练习

【简答题】

1. 网络沟通的特点是什么？
2. 网络客户沟通的方式是什么？
3. 网络客户沟通的流程是什么？
4. 网络客户沟通与传统沟通的异同是什么？

第五章　网络客户关系的维持：信任建立

> **学习目标**
>
> 了解网络信任的概念及特征；
> 掌握网络客户信任的基本要点，提升网络客户信任的方法；
> 了解网络客户信任的问题及优势。

第一节　网络客户信任概述

一、网络信任的提出

在虚拟的网络空间中，其行事者和实践者仍旧是现实社会生活中的个体，尽管网络的匿名性和时空压缩的特性有可能改变个体在网络中的自我呈现的面貌，但是完全脱离现实社会生活的网络成员是不存在的。现阶段，现实社会仍旧是网络空间人际互动和信任的最大脉络，因而作为人类社会生活基本事实的信任关系，在网络空间中同样是存在的。对于网络信任，目前尚无一个统一的定义，各种不同的见解大致可以归纳为以下三种具有代表性的观点。

第一种观点认为，网络信任是一种技术上的信任体系。在网络的发展过程中，为了避免网络中存在的各种缺陷，同时取得网络用户的认可，以便更好地发展电子商务，网络技术专家从技术角度出发，提出了网络信任的概念。这一种观点的网络信任有两方面的含义：一方面，保证网络的信息安全，网络信息不能被任何未经信息者授权的用户窃取；另一方面，保证网络中各种信息的可靠性，确保其完全可以确定信息来源、时效性和完整性。"在线信任"是对网络上网站可信程度的一种信任。

第二种观点认为，网络信任是一些网站在具体的电子商务活动中追求的用户信赖，它在更大程度上与我们日常生活中企业的信用接近。

第三种观点认为，网络信任同我们日常社会生活中人与人之间通过交往而建立起来的人际信任一样，指的是网络人际交往过程中的信任关系。在网络人际交往过程中，这种信任关系主要表现为网络用户之间相互的心理认同。对人际交往中信任关系的研究，从另一个侧面也反映了该人际交往所处社会情景中的技术和制度的完善程度。

由以上对网络信任的分析，我们发现网络信任主要涉及网络中人对于他人、信息、制度的信任。本书主要研究网络中客户信任问题，后称其为网络信任。

二、网络信任存在的问题

（一）消费者权益问题

网络消费欺诈是指经营者以非法占有为目的，在网络上实施的利用虚构的商品和服务信息，或者其他不正当手段骗取消费者财物的行为。在网络环境下，销售者对其身份信息披露不全或虚假，购买者很难认证或无法判断销售者的真实身份。在销售商品服务时，销售者对购买者无告知销售动机的义务，购买者只是凭借经验和习惯对销售者的销售动机进行主观判断，购买者很难断定销售者是真实销售商品还是借销售商品之名进行欺诈。网络的特性和相关法律的缺失使网络经营者和消费者之间产生大量的纠纷。当消费者发现自己权益遭受侵害后，其常因无法得知经营者的真实身份，或者经营者处于其他地区而无法或不便寻求救济。而且过高的诉讼成本、举证的困难性、网络交易纠纷的管辖权与法律适用的不确定也导致消费者容易放弃救济权。网络与电子商务的发展速度越来越快，如何更好地保障网络交易的发展，保护网络消费者的合法权益，保证网络消费者在遭受侵权后迅速、方便地寻求救济，这成为立法工作面临的新问题。另外，网络中消费者权益受到侵犯的案例不断曝光导致网络客户对网络不信任。在网络消费中，大量的私人信息和数据等被信息服务系统收集、储存、传输，消费者的隐私权不可避免地受到威胁。

（二）网络安全问题

网络技术安全的权威尚未建立起来。网络病毒的肆虐、黑客行为的频频发生、网络犯罪的侵袭，对网络安全构成威胁，严重危及网络环境的安全。加上网络安全技术发展的滞后和网络服务商安全意识的淡薄，使人们对网络技术安全缺乏必要的信任，甚至有人把网络技术视为不安全技术的代表。由于黑客、网上窃听的存在，客户认为在网站上提供个人信息会被第三方窃取，是不安全的。

（三）信息把关人缺失问题

1947年，美国社会心理学家库尔特·卢因在《群体生活的渠道》中首次提出"把关人"概念。他认为，在群体传播过程中存在着一些把关人，只有符合群体规范或把关人价值标准的信息内容才能进入传播的渠道。在互联网时代，"把关人"的权力逐渐瓦解，个人化、匿名的传播者主体出现，在网络空间里掌握一定的"话语权"。网络主体具备虚拟性，除了角色代码和纯文本之外，无可视性身份特征。网络主体在虚拟中通过想象创造着自我身份，并且使这种身份表现为多样性、随意性。

第二节　网络客户信任优势

一、给企业带来的优势

（一）企业价值提升

客户信任会影响客户认知态度和消费行为，信任企业的客户会产生价值认同和行为依恋，从而产生长期、频繁、大量购买或消费行为，给企业带来长期、稳定的利润。同时，客户信任是客户满意和客户忠诚的前提，只有当客户对企业产生信任时，客户才会产生认知满意和行为忠诚，最终成为企业的客户资产。

（二）降低新客户开发成本

有些学者基于信任的满意客户的研究发现，吸引一个新客户的成本或费用是保持老客户的成本的一倍，而向老客户推销新品的成功概率是向新客户推销新品的成功概率的一倍。可见，客户信任具有显著的成本节约效应。网络客户信任的态度认同、重复消费行为以及由此而产生的强大的"口碑效应"，使企业产品及形象很快传播开来，其对新客户的吸引力比企业网络广告或传统促销手段大得多，降低了客户开发成本，间接给企业贡献利润。

（三）数据库技术帮助企业维护网络客户信任

利用数据库技术，企业可以有针对性地以目标市场的客户信息为对象，采集、处理、挖掘有价值的信息，有的放矢地与目标客户进行沟通。企业应该建立客户数据库系统，系统主要包括信息的输入和输出、计算机网络、数据库、数据挖掘、系统交流平台，其中最重要的基础工作是建立客户数据库。客户数据库可以实现以下功能：

（1）将每一个现存或潜在客户作为一个单独记录存储起来，通过每个个体的信息来细分市场，挖掘总体数据，发现市场总体特征。

（2）每个客户记录既包含客户一般的信息，如姓名、性别、电子邮箱及地址、职业、电话等，还要包含客户需求和需求特点，如客户登录企业网站的时间、次数、频率、查询内容等统计信息。

（3）数据库中应包含客户对企业采取的营销沟通或销售活动的反应信息，如企业发送折扣商品信息或新商品信息后，客户是否登录相关网页查询信息。

（4）向客户推销产品时，数据库应该用来保证与客户进行协调一致的业务关系发展数据库，完成企业市场调研的部分工作，如测试客户对所进行的营销活动的响应程度。

个性化的产品和及时性的服务是促进客户信任的两个决定性因素。个性化的产品能增强客户的认知体验，从而培养客户的认知信任；及时性服务能使客户产生依赖，进而培养

情感信任。只有个性化的产品和及时性的服务都能适应客户的需求变化时，客户才会变为行为信任。

二、给客户带来的优势

（一）增加客户价值

客户是价值最大化的追求者，他们形成一种价值期望，并据此展开行动。客户会了解商品是否符合他们的期望价值，这将影响他们的满意度和再购买的可能性。客户让渡价值理论认为，客户实际得到的价值等于企业提供的各项价值（包括产品、人员、形象、服务价值等）中得到的利益减去为得到这些利益而花费的成本（包括货币、时间、体力、精力等）的余额。在激烈竞争的市场上，企业为了争取获得和维持更多的客户，必须想方设法为客户着想，促使客户让渡价值最大化。

（二）掌握沟通主控权

在传统面对面的接触渠道中，客户往往扮演被动接受角色。客户只能无选择地接受企业传递的产品信息，整个过程缺少互动性，客户很难根据企业显性或潜在的信任特征表现判断其是否符合自己的信任特点。接触的质量难以提高，接触的时间也难以维持长久，往往在客户关系生命周期的第一阶段，客户信任就会终止或延迟。在互联网络技术的支持下，客户完全可以自主地浏览查询企业的详细信息，对企业的实力、规模、资源、使用等相关因素进行考证，并可以对多家企业进行比较，从中选择出那些具有能够给自己的信任带来利益，并且能够履约等信任特征的企业，做出信任决策。

（三）互动合作、提升互信

互联网技术为客户参与企业生产、营销过程，从被动产品接受者变为"生产者"提供了条件。客户的理性和知识性使其可以直接参与所需产品的设计和生产，从而最大限度地满足自己需求。企业通过互联网能够以低廉的成本为客户提供这种个性化的服务，实现企业和客户共创价值。这样一来，一方面能减少企业产品开发的盲目性，降低企业的市场风险；另一方面企业与客户不再是传统交易中的对立面，而是合作者，在追求各自利益最大化的目标下，提高彼此的互信便成为企业和客户共同追求的目标。

（四）客户需求价值得以快速响应

客户价值是个动态的过程，随着内外环境的变化，客户的需求价值也会发生变化，如果企业不能快速响应客户的需求价值，客户信任就会受到影响，甚至终止。因此，利用互联网络技术，通过对市场分析和需求预测，及时捕捉和发现客户需求价值，能动态地快速满足客户需求价值，为企业赢得信任。

第三节　网络客户信任提升对策

影响客户网络信任主要有个人、环境、商业和技术四个因素。技术因素信任是指网络用户对于网络基础设施的发展及网站发展状况的信任。技术因素包括网站系统的稳定性、网站技术的先进性、信息下载的速度、网页设计的方便与实用性、网站有无权威的网络安全认证、网络支付系统的安全与否、访问网页有无病毒侵扰等。环境因素指整个社会道德水准的高低，社会上是否建立有权威的企业信用评估体系等。商业因素指企业品牌的知名度、可供选择商品的种类、商品质量的可靠性、商品的价格因素、有无详尽的产品介绍和客观评价、购物流程是否方便、网络支付方式是否方便多样、物流配送是否周到、有无明确的退货保障等。个人因素指是否担心个人资料会得到不妥当的处理，有无朋友或权威第三方的介绍和推荐以及过去的网上购物经历等。在这四个因素中，技术因素、环境因素和商业因素都可通过个人因素影响客户的网络信任。技术因素和环境因素可以影响商业因素，进而影响客户的网络信任。

一、利用企业网站建立信任

事实上，传统的市场营销和网络市场营销相互之间存在着一种配合互补的作用。从厂商的角度而言，企业可以利用传统的传播媒体，以有效的方式在目标客户心目中建立良好的品牌形象，使客户留下强烈的印象，然后运用网络上的各种方式，在任何时间、任何地点引导客户到网站的平台上，而后使用不同的手段和方法与客户保持良好互动，同时也可以让客户与其他有相同兴趣的客户之间自行互相沟通和推荐，进一步有效提高客户的兴趣，强化客户对于企业的信任，从而产生对企业产品的购买意愿，并能继续提升对品牌的忠诚度，甚至影响其他用户。

企业网站是企业与客户传播和沟通的主要渠道之一，网站的信任度可以表述为网站给访问者带来的可信任程度。网站的信任度是访问者访问网站时产生的一种心理效应，是人们根据网上冲浪经验和生活经验对网站的真实性、权威性等方面产生的一种模糊评价。这种评价可以影响浏览者的浏览行为。虽然网站的信用度无法用具体的单位来衡量，可是网站的确存在着等级差别。信用度高的网站能够赢得稳定的回访量和竞争优势。企业网站对业务产生的效果主要表现如下：

（1）网站树立起企业的可信任性。
（2）网站是发展产品和服务的至关重要的环节。
（3）网站是帮助降低成本的工具。
（4）网站是企业有力的营销工具。

(5) 企业依靠网站实现销售目标。

二、利用口碑促进信任

口碑是一种非常有效的传播方式，家庭成员、同事、同学、亲朋好友之间的往来活动，都会形成口头传播信息，其中两个人以上的面对面的交谈，是口头传播中最重要的形式。口头传播在产品信息传播中起着非常大的作用。调查表明，口碑传播是被中国消费者经常使用且深得信任的信息渠道。由零点调查公司对中国十个城市的 4 800 多位居民进行的调查显示，有 39.5% 的受访者经常和别人交流；35 岁以下的女性相互交流的比例最高；而收入越高、学历越高的消费者越注重交流商品的品牌信息；六成以上的调查者认为口碑传播是最可信任的信息来源。

三、利用虚拟社区加强信任

社会网络内的成员建立在长期的、稳定的相互信任和互惠互利的关系之上，成员间彼此熟悉，来往密切。社会网络理论在研究消费者行为时强调消费者在从事一项消费行为时，固然有自己理性的计算与个人的偏好，但这些都是在一个动态互动过程中做出的消费决定。消费者会在周围的人际社会网中不断地交换信息、收集情报从而影响自己改变偏好，因此行动者的行为既是"自主"的也是嵌入在互动网络之中的，受到社会网络的制约。社会网络具有传播信息的功能，提供的信息可靠性比较高。在完全竞争市场中，人们可以信任制度，制度使投资得到公正的回报，而在不完全竞争市场中，充斥着信息不对称、信息不完全、信息不真实的现象。人们往往会通过身边的社会关系网进行网络内部的沟通交流，传播商品信息，社会网络有利于节省交易成本，消费者依靠社会网络获得的信息不仅可靠、有价值，还可以节省时间。

（一）虚拟社区的界定

虚拟社区是由那些具有相同兴趣和目的、经常相互交流的单位或个人组成的团体。正是由于建立在志趣相投、互惠互利的基础之上，有着共同兴趣的消费者乐于加入这一社区与其他人交流，这样他们将有可能在网站上逗留更长的时间。当一个虚拟社区形成之后，它将拥有两项最宝贵的资产：一是社区成员之间的相互信任以及对社区的忠诚度；二是社区积累的丰富的成员资料，如社区成员的统计信息、消费风格以及购买历史等。前者可以提高虚拟社区的凝聚力，增强成员的归属感；后者则可以帮助企业更准确地把握客户需求，提供个性化的产品及服务，增加客户满意度。

（二）虚拟社区成员心理特征

马斯洛需求层次理论以人类的基本需求为依据，把人类纷繁复杂的需求用直观明了的方式，由下而上地呈阶梯和宝塔形依次划分为人的生理的需求、安全的需求、爱和归属的需求、尊重的需求和自我实现的需求。

1. 爱和归属的需求

人是社会性的动物，总是希望从周围环境中寻求支持，避免陷入孤立状态，这是人的"社会天性"。人总是试图寻找一个社区或团体，以此来获得安全感及归属感。社区或团体的支持会使人变得更积极大胆。这种情况不只出现在现实生活中，也出现在虚幻的网络世界里。群体归属感主要包括三个方面：其一，群体怀有强烈的信念和价值认定，即相信群体是有意义和有价值的；其二，愿意为群体的利益付出努力，即把自己的努力与群体的利益结合起来；其三，有强烈保持群体成员资格的愿望，即看重自己的群体成员身份。归属感让社区中的成员感觉自己属于一个庞大的群体，这使他们拥有安全感和爱的温暖。网上的虚拟社区并非都是给人以虚拟的想象，因为它是建立在个体的利益需要基础之上的。一个社群之所以对其成员具有吸引力，是因为该社群中的交流使成员认为既有意义又很重要。

2. 角色转换

社会心理学认为，角色是指处在一定社会地位的个体，依据社会对个体行为的期望系统，而获得和形成的外在行为模式。社会身份是社会赋予个体的，比如年龄、性别、国籍、职业、财富等。每个个体都会拥有多个身份，在社会心理学中称为"角色丛"。在社会生活的不同场景中，人们必须不断地变换自己的角色，以适应这些场景的特殊要求。网络赋予人们的是一种"虚拟角色"。在网络传播活动中，个体可以自由选择并不停转换角色。网络这一虚拟空间跨越了国界和语言，"我们正在创造一个所有人都可以自由进入的新世界，不会由于种族、经济实力、军事力量或者出生地的不同而产生任何特权或偏见"。在这个独立的网络空间中，任何人在任何地点都可以自由地表达其观点。网络用户的角色随着媒介变化而改变。与以往传统媒介不同，网络这种双向型、去中心化的媒介为网络用户主体构建机制的重新构筑提供了新的可能。在网络世界里，网络用户大多会脱去压抑自己原生态的面具，充分地进行自我表达，扮演着在现实生活中不能扮演的角色。网络给他们提供了一个重塑自我的机会，使其在虚拟的环境中塑造一个全新的自我。

3. 沟通的需要

信息时代，人与人之间的交往日益让位于人与媒体的"交流"，人们越来越频繁地在网上进行互动交流。人有沟通的需求，如果不与他人进行互动，人们会觉得孤独，感受不到自己的存在。网络用户也是如此。在网络上，人们不但能进行情感交流，还能通过互动共享知识、文化，强化活动功能，扩大活动范围，扩展和深化人与人之间的社会联系和交往。

4. 利用虚拟社区提升网络信任

信息对于客户的重要性使企业积极利用网络进行信息传播。一般而言，以下三种信息能促成交易的完成：一是商品信息，即买方需要买什么；二是相关信息，即买方应向谁购买；三是交易信息，即交易的条件是什么。只有产品的信息被客户及时掌握，客户才有可能做出购买决定。在交易的每个阶段，从预售信息发布到产品选择以及售后服务和支持，买卖双方在信息交互中完成交易。客户一般不会仅依赖直接的信息，如商品目录或产品介绍等就做出购买决定，因为这些信息由市场人控制，不能帮助客户全面比较同类产品及厂商的优势。虚拟社区可以高效地实现企业信息的扩散。为了获得更多信息，购买者通常会咨询其他购买者或客观的第三方。

【案例】小米公司的客户信任管理

1. 满足需求的实力

将前沿科技向大众普及，是小米公司最擅长的事情。从过去的智能手机，到智能电视、智能音箱，长期来看，小米公司完全有可能通过智能硬件产品的矩阵，实现对大量核心场景和用户的掌握。因此，小米公司的实力完全可以满足消费者的需求。

2. 企业的公平性

小米公司的性价比打法，很容易在新兴市场取得先发优势。例如，在小米 9 Pro 5G 版的手机上，应用了全球首发的无线闪充技术、一亿像素技术、最新的处理器、线性马达4D 游戏触感技术等新兴技术。可是小米 9 Pro 5G 版 3 699 元的最低售价，在动辄 4 000 元以上的第五代移动通信网络（5G）手机行业里，对于消费者来说是相对公平的，其并没有因为技术的高端，而漫天要价。

3. 网络的安全性

小米公司具有强大的研发能力。2017—2019 年，小米公司对技术研发的投入累计达111 亿元，仅 2018 年就投入了 58 亿元。在 5G 领域的研究，小米公司更是早有布局。小米公司对于技术的投入是有目共睹的，小米公司对技术的研究是消费者觉得小米公司安全可靠的一个原因。

4. 网络的可靠性

信息安全和隐私保护对于小米公司来说是非常关键的。小米公司提早两三年就在为欧洲通用数据保护（GDPR）标准做准备。近期中国政府提出的很多信息安全和隐私保护的法规条例，小米公司都在严格遵守。就比如从小米公司的支付安全的角度来看，小米公司在支付的过程中是使用银联卡下发的虚拟卡号进行交易，完全不担心卡号泄露和密码泄露。

综合练习

【简答题】

1. 什么是信任，什么是网络信任？
2. 网络信任的特征及与一般信任的区别是什么？
3. 网络信任存在的问题及原因是什么？
4. 提升网络信任的对策及路径是什么？

第六章 网络客户关系的实现：价值创造与提升

学习目标

了解客户价值的概念；
掌握网络客户价值的概念及特征，学会识别网络客户价值；
了解网络客户价值矩阵；
学会利用网络客户价值矩阵将其转化为实际的客户价值。

第一节 网络客户价值的识别

并非所有的客户都是有价值的，企业应该根据顾客贡献价值的不同而区别对待。科学识别客户的价值是成功进行客户关系管理的前提，是企业营销实践客观发展的需要。企业并不是一开始就自发地意识到客户价值识别的必要性和重要性，而是在市场环境的不断变迁中逐渐意识到的，逐渐发展成为一种自觉的行为。在对客户价值的研究中，突出的问题有两个：一是客户（尤其是忠实客户）到底能给企业带来哪些价值；二是如何计算一个客户的价值。

一、客户贡献价值的内涵

客户贡献价值是指客户从多个方面为企业的生存与发展做出的贡献。客户（特别是忠实客户）至少在以下几个方面为企业带来价值：保持对企业产品或服务的购买、增加对企业的开支、服务成本的降低、正面的口头传播。我们从财务分析的角度将客户贡献价值分为直接贡献价值和间接贡献价值。

（一）客户直接贡献价值

客户直接贡献价值是指因客户与企业的交易行为而产生的净收益，也可以称为财务价

值、经济价值、直接价值或原生价值,它包括保持对企业产品或服务的购买、增加对企业的开支、服务成本的降低等。客户直接贡献价值是交易收益与交易成本的差额净值,因此客户的交易量越大、交易价格越高、交易越频繁、交易程序越简单,客户的直接贡献价值就越大。

(二) 客户间接贡献价值

客户间接贡献价值是与直接交易无关的价值,也称为非财务价值或非经济价值、间接价值、衍生价值,如正面的口头传播导致吸引新顾客成本的降低和交易量的增加等。有时老客户与员工的私人感情及良好互动,提高了员工工作的积极性和满意程度,无形中也为企业的生存与发展增加了稳定的因素。与直接贡献价值相比而言,间接价值的测量要复杂很多,由于间接价值的效应最终还是会体现在企业的财务绩效中,因此多数情况下,我们都将间接贡献价值的估算放入客户的长期价值测算中。

二、客户贡献价值的传统测算方法

在关系营销的理论和实践尚未兴起之前,对客户贡献价值的测算主要集中在客户经济价值方面。与直接交易相关的经济价值的测量最早起源于客户盈利性方面的研究。管理学家从财务的角度开发出了许多测算客户盈利性的工具和方法,大致可以归纳为两种类型:一种是自上而下型(Top-down Customer Profitability Analysis),另一种是自下而上型(Bottom-up Customer Profitability Analysis)。

自上而下型的客户盈利性分析一般先计算出企业的总利润,然后按照一定的标准将利润(或成本和收益)分摊到细分客户群或每一个客户身上,从而测算出客户的盈利性程度。自上而下型的客户盈利性分析比较典型的方法有 VBC 法和 ABC 法。

(一) VBC 法

VBC 法,即基于产量的成本分摊法(Volume-based Costing),是成本会计学中十分常见的一种成本分摊方法。VBC 法的基本原理是将企业的间接成本或一般管理费用(包括管理费用、销售费用和财务费用等)按照产品生产消耗的直接成本(包括直接人工、直接材料)的比例或产品销售收入的比例来进行匹配。

举例说明,假设 A 公司将目标客户群划分为甲、乙、丙三个细分市场,每一个细分市场的销售总额都为 100 万元,而它们的直接成本分别为 20 万元、30 万元、50 万元。A 公司的管理费用是 50 万元,销售费用是 60 万元(为简化起见,这里假设 A 公司的间接费用只包括管理费用和销售费用)。依据 VBC 法,我们对管理费用按照直接成本的比例进行匹配,对销售费用按照销售收入的比例进行匹配,结果如表 6-1 所示。

表 6-1　VBC 法范例　　　　　　　　　　　　　　　单位：万元

	合计	细分市场甲	细分市场乙	细分市场丙
销售总额	300	100	100	100
直接成本	100	20	30	50
管理费用	50	10	15	25
销售费用	60	20	20	20
成本合计	210	50	65	95
利润	90	50	35	5

由此得出的结果是，细分市场甲的盈利程度最高，属于高价值客户群；细分市场乙的盈利程度较高，属于中等价值客户群；细分市场丙的盈利程度最差，属于低价值客户群。

VBC 法在大生产时代具有它的合理性。由于此时企业以生产为主，直接生产成本占据了企业全部成本的绝大部分，管理费用、销售费用等一般管理费用处于附属地位，数额相对较小；另外客户的个性化需求因为卖方市场的缘故而受到压抑，企业服务客户的形式单一、成本低廉，企业应对客户差异化需求的压力并不强烈，所以依据直接成本或销售收入来分摊间接费用不会产生很大的偏差，基本能保证成本匹配的合理性。同时，VBC 法最大的优点就是信息收集容易、操作简便、运作成本低。

但是由于行业和市场环境发生了一系列变化，VBC 法的缺陷越来越明显，这种略显粗糙的成本分摊方法在很大程度上误导了企业决策的方向。

服务经济和体验经济大行其道，企业的直接生产成本所占比例越来越低，而间接费用所占的比例直线上升。一些知名企业的成本分布甚至从橄榄形向哑铃形转变，它们把核心竞争能力放在产品研发和销售网络上，将生产环节外包，这样更是颠倒了直接成本与间接费用的主次关系。这时依据直接生产成本来匹配间接费用的做法可能会极大地扭曲企业的真实成本构成。

同时，买方市场的出现使得客户个性化的需求得到极大的发挥，客户不仅在产品的功能、特征、形式等方面产生需求差异，与产品消费配套的服务方面也有所不同。这就导致企业为每一个客户服务的成本或者说客户消耗企业的资源都不一样，纯粹按照收入来匹配间接费用的方法并不能准确找出真正的高价值客户和低价值客户。

前例中，如果细分市场甲的客户都属于积极型客户（Aggressive Customer），细分市场乙的客户都属于消极型客户（Passive Customer），那么前者的实际服务成本要远远高于后者的实际服务成本，因为积极型客户喜欢索求更低的价格以及更特殊的包装、运输和售后服务，他们实际上占用了更多的企业资源（见表 6-2）。

表 6-2 VBC 法范例的修正　　　　　　　　　　　　　　单位：万元

	合计	细分市场甲	细分市场乙	细分市场丙
销售总额	300	100	100	100
直接成本	100	20	30	50
管理费用	50	25	10	15
销售费用	60	30	15	15
成本合计	210	75	55	80
利润	90	25	45	20

这样，实际的盈利程度排位是细分市场乙>细分市场甲>细分市场丙。真正的高价值客户是细分市场乙而非细分市场甲。

(二) ABC 法

针对 VBC 法的这些缺陷，管理专家从另一个视角提出了改良的成本分摊方法，即基于活动的成本分摊法（Activity-based Costing，简称 ABC 法），在新兴的会计学分支——管理会计学中，ABC 法又称为作业成本法。

ABC 法分两大步骤：第一，确定生产一个产品或服务一个客户所包含的活动总量；第二，确定每一个活动所消耗的企业资源数量。两者的乘积就是产品生产或客户服务的总成本。

由于成本是基于活动来精细匹配的，ABC 法使得管理者能够很好地区分出哪些客户或细分市场在营销和配套支持方面要求更多，因此需要耗费更多的企业资源；哪些客户或细分市场则相反。在此基础上，结合收益的情况，管理者就可以测算出哪些客户是高价值的、哪些客户是低价值的。ABC 法还有一个极大的益处是它为企业实施企业资源计划（ERD）、业务流程重组（BPR）等奠定了坚实的基础。ABC 法的弊端在于信息收集分析的成本过高，不过随着信息技术的发展和 CRM 的不断深入，这种状况会得到极大的缓解。

(三) RFM 法

自下而上型的客户盈利性分析则直接对每一客户的盈利性程度进行测量或排序。比较典型的方法是源于市场调研技术并在零售业中广泛运用的 RFM 法。

RFM 法是根据每一个客户的光顾间歇（Recency）、光顾频率（Frequency）和消费额（Monetary）三个变量来计算其价值大小的一种方法。有的学者用购买数量（Amount Purchased）代替消费额，因此 RFM 法又可以称为 RFA 法。

光顾间歇是指客户最近一次购买距离现在的时间间隔。距离越近，分值越高。三天前刚刚光顾了商店的客户肯定比三个月前光顾商店其后一直未来的客户得分高。

光顾频率是指客户在一段时期内光顾的次数。次数越多，分值越高。

消费额是指客户平均每次购买的金额。金额越大，分值越高。

RFM 法既可以采用三分制又可以采用五分制，甚至还可以采用七分制，视企业细分的需要而定，但关键在于如何确定分值的界限。产品价值高、购买数量小、购买次数少的行业，其 RFM 分界限应该明显不同于产品价值低、购买数量大、购买频繁的行业（见表6-3）。

表 6-3　RFM 法范例

行业	对比指标	1 分	2 分	3 分
汽车专卖店	光顾间歇	最近一次购买发生在 48 个月以前	最近一次购买发生在 12 个月以前	最近一次购买离现在不超过 12 个月
	光顾频率	在过去 60 个月里只光顾本店一次	在过去 60 个月里光顾本店两次	在过去 60 个月里光顾本店三次或更多
	消费额	平均消费额少于 20 万元	平均消费额为 20 万~40 万元	平均消费额高于 40 万元
零售药店	光顾间歇	最近一次购买发生在 9 个月以前	最近一次购买发生 3 个月以前	最近一次购买离现在不超过 3 个月
	光顾频率	在过去 12 个月里只光顾本店一次	在过去 12 个月里光顾本店两次	在过去 12 个月里光顾本店三次或更多
	消费额	平均消费少于 150 元	平均消费额为 150~450 元	平均消费额高于 450 元

这样，依据已有的数据和建立的标准，每一个客户都有一个对应的 RFM 值，企业不仅可以依据客户的 RFM 值对他们进行排序、分组，确定价值高低，还可以从中发现客户消费行为的动向与趋势，建立市场预警系统。

RFM 法的缺陷在于：第一，不能明显反映出客户服务成本的高低；第二，逐日逐期地计算，没有将客户作为整体来考虑。

综合而言，如表 6-4 所示，三种方法各有利弊，从估算客户贡献价值的准确性而言，ABC 法表现最佳，RFM 法其次，VBC 法则比较粗糙。从操作成本与操作难度来讲，VBC 则表现最优，RFM 法和 ABC 法都需要企业投入大量的资源。

表 6-4　三种方法的比较

准确性	操作成本	操作难度
ABC 法>RFM 法>VBC 法	VBC 法>RFM 法>ABC 法	VBC 法>RFM 法>ABC 法

三、客户终生价值的测算

传统的顾客贡献价值的量化研究，至少存在着两个方面的严重缺陷：第一，主要依据历史数据计算顾客的过去价值和现在价值，没有考虑顾客的未来价值和长期价值；第二，主要集中在计算顾客和企业交易带来的经济价值，没有考虑顾客的非经济价值。

顾客生命价值理论模型的提出较好地弥补了以上两个缺陷。顾客生命价值理论模型认为一个顾客的贡献价值不仅包括其过去价值和现在价值，还包括其未来价值；不仅包括其经济价值，还包括非经济价值。不过这些价值需要企业实施关系营销才能实现，因此顾客生命价值也是顾客关系价值，只有关系维持住了，顾客生命价值才能延续、发展。

顾客生命价值理论是企业经营哲学的一次升华，它给企业经营管理者的重大启示如下：

（1）保持顾客十分重要，一个顾客的流失将是他整个生命价值的流失。

（2）企业需要树立关系营销的观念，具有长期性、全局性的战略眼光，将顾客关系作为一项资产来经营。

（3）企业需要注意顾客生命周期、生命阶段的变化，不能只根据顾客眼前的价值而确定与顾客关系的类型

（4）顾客生命价值并非一成不变，企业需要注意营销战略或策略对顾客关系、顾客资产价值的长远影响。

顾客生命价值（Customer Lifetime Value，CLTV）又称客户终生价值，是顾客未来价值的一个贴现值。它的经典模型[①]如下：

$$CLTV = \sum_{t=1}^{T} P_t / (1 + i)^t$$

式中，n 为顾客与企业保持关系的年限，P_t 为顾客在第 t 年为企业带来的利润，i 为贴现率或称资金成本。

假设一个顾客在未来的四年里每年为企业带来 100 元的利润，资金成本是 10%，那该顾客的生命价值就是 317 元，计算过程见表 6-5。

表 6-5　顾客生命价值计算范例　　　　　　　　　　　单位：元

年限（t）	1	2	3	4
顾客利润（P_t）	100	100	100	100
贴现率/资金成本（i）（%）	10	10	10	10

---

① 拉斯特、赛莫尔和兰蒙（Roland T. Rust，Valarie A. Zeithaml，Katherine N. Lemon）在他们的著作 *Driving Customer Equity* 中对这个经典模型进行了细化，他们列出的估算客户终生价值公式为 $CLTV = \sum_{t=0}^{T} [(1+d)^{-t} \cdot F_t \cdot S_t \cdot M_t]$，其中 t 表示时间；d 是折现因子，F 是每个时间周期内顾客购买该产品品类的期望频次，S 是在时间上顾客对某品牌的期望支出份额，X 是顾客在时间 t 内每笔购买的平均贡献。如果知道每个时间周期内的收入 R 和边际贡献 M，那么计算客户终生价值的表达式还可以变为 $CLTV = \sum_{t=0}^{T} [(1+d)^{-t} \cdot R_t \cdot S_t \cdot M_t]$。

表6-5（续）

年限（t）	1	2	3	4
现值	91	83	75	68
顾客生命价值（$CLTV$）	317			

确定客户终生价值的关键就在于如何准确界定顾客利润 P_t、贴现率或资金成本 i、关系保持年限 n 三个变量。

（一）顾客利润

顾客利润是顾客收入与顾客成本的差额。至于顾客收入与顾客成本的内涵，不同的学者则给出了不同的分析框架。比较传统的做法是用销售收入代替顾客收入，然后将总成本按照一定的准则进行分类、分摊，如前所述的 VBC 法、ABC 法等。由于销售收入在财务报表中可以直接得到，因此它的计算十分简单，但是总成本的归类与分摊存在一定的难度和复杂性。夏皮洛（Shapiro）等（1987）从供应商的角度将顾客成本分为售前成本（宣传促销费用、售前定制服务费用等），生产成本（订单处理、生产、包装、报废等费用），分销成本（运输、储藏、返销等费用），售后成本（培训、安装、维修、技术支持等费用）。

菲利普·科特勒（Philip Kotler）从顾客让渡价值的角度扩展了顾客收入与顾客成本的内涵：顾客让渡价值=顾客总价值-顾客总成本；顾客总价值=产品价值+服务价值+人员价值+形象价值；顾客总成本=货币成本+时间成本+精神成本+体力成本。科特勒的顾客让渡价值理论框架非常全面，但是将之量化并非易事。

（二）资金成本

一般的倾向是选用市场利率或预期的投资报酬率来作为贴现率，实际上两者都不合适。市场利率过于一般，并不能反映企业自身的特殊情况；预期的投资报酬率则相对虚幻，不能反映企业资金的真实成本。比较明智的选择是用企业的资金成本作为贴现率。企业的资金成本是企业债务成本和权益成本的加权平均值。企业的债务成本，即企业支付给债权人的利息；企业的权益成本，即投资者的预期报酬率；权重，即企业的资本结构（负债与所有者权益的比例）。假设企业的资本结构是 4∶6，即 40% 的资产是通过借贷获得，60% 的资产由股东自筹。债务利息为 8%，股东的预期投资报酬率为 12%，则贴现率（资金成本）= 40%×8%+60%×12% = 10.4%。

除此之外，贴现率还要考虑风险的因素。由于客户关系管理是一个长期的过程，其中必然存在一些不可预知的因素，这些因素也必然会影响到顾客的生命价值，如顾客背叛、顾客服务的缺失等。企业可以通过 CRM 中的数据对顾客的交易信用进行评定，从而确定其风险类别和风险概率，然后在此基础上对其贴现率进行相应的处理。基本的原则是：

一般风险顾客的贴现率=公司的资金成本

高风险顾客的贴现率=公司资金成本×(1+风险概率)
低风险顾客的贴现率=公司资金成本×(1-风险概率)

(三) 关系保持年限

预测客户关系生命周期的长短并不容易,因为这其中不可预测的变数太多,比如客户意外死亡,企业破产、解散等,都不是企业所能左右和预见的。因此,企业对关系保持年限只能做一个趋势估算。比较常见的方法是在顾客平均寿命的基础上,依据顾客的信用等级或客户信息库中其他相关信息对关系保持年限进行大致的估算。如果企业的客户拥有客户,那计算客户关系生命周期会变得更加复杂。决定交易周期和规模的一个因素是企业的客户如何服务于客户的客户,必须把这种连锁反应考虑在内。

由于客户关系管理的成效直接影响着关系保持的年限,客户关系管理得当,客户与企业保持交易关系的时间就长,反之则短,因此关键还在于企业能否成功运作其客户关系管理体系。

至此,我们的讨论都是假设在一种静态的竞争环境之中。其实,市场的竞争结构和竞争状况都会影响到顾客的生命价值。新竞争者的进入、现有竞争对手之间的博弈、竞争对手的退出等,会不同程度地引起顾客的偏好、顾客贡献的收入、维持顾客的成本、顾客流失的概率等因素的变化,因此我们必须将顾客生命价值的估算放到一个更大的框架中,即一个动态的市场环境中。

总体来说,准确理解客户的未来价值是不可能的,不存在科学的计算客户终生价值的精确方法,而只能靠大量的估算和判断。这一点并不能抹杀顾客价值估算的必要性。尽管顾客行为不可预测,但是通过客户终生价值的分析,企业可以辨别出不同顾客或顾客群的相对吸引力和相对重要性,更清楚地了解盈利的机会,从而为企业的营销战略奠定更科学、更商业化的决策基础。

第二节 网络客户服务价值矩阵

一、矩阵分析法

客户盈利能力可以分解为客户收益和客户服务成本两个角度。矩阵分析法又称战略-管理难度分析法。矩阵分析法从客户战略重要性和客户关系管理难度两个维度出发,将客户分为关键-容易、关键-困难、不关键-容易和不关键-困难四个层级(见图6-1),分别对应四分法中的铂金层级、黄金层级、钢铁层级和重铅层级,更加具体深入地剖析客户的构成。

	客户战略重要性	
	高	低
客户关系管理难度 高	关键-困难 黄金层级	不关键-困难 重铅层级
客户关系管理难度 低	关键-容易 铂金层级	不关键-容易 钢铁层级

图 6-1　战略-管理难度分析法

（一）评估客户战略重要性的指标

1. 客户购买数量

客户购买产品的数量越多或金额越高，该客户的战略重要性越明显。

2. 客户的潜力和声望

有时，尽管某些客户当前的交易额相对而言比较小，但由于其未来购买能力比较旺盛，或者在行业内拥有崇高的威望和良好的商誉，与之交易能够提高企业的知名度与美誉度，也应该视为关键客户。

3. 客户的市场地位

如果客户是行业内的领导者，即便当前贡献给企业的直接价值非常有限，考虑到其庞大的购买能力以及良好的商誉，也应该视为战略地位非常显著的客户。

此外，在对抗竞争、进入新市场、改善技术和技巧以及影响其他关系方面发挥的作用也是评估客户战略重要性的指标。

（二）评估客户关系管理难度的指标

1. 产品特征

产品特征指产品的创新性、复杂性。一般而言，产品越新颖、越复杂，培训、维修和跟踪服务的工作量则越大，需要企业付出越多的精力进行维护。

2. 客户特征

客户特征包括需求、购买行为、能力、实力、行为视角。客户需求和购买行为越个性化，服务成本越高；客户对产品、企业以及行业了解越充分，讨价还价能力越强，管理难度越高。如果客户属于不忠诚型，经常变换供应商，也会提高企业经营成本。

3. 市场特征

市场特征包括竞争者的数量、实力、优劣势。市场竞争越激烈、竞争的差异化越不明显，企业管理客户的成本则越高。

二、网络客户服务价值金字塔

(一) 二分法

二分法的理论依据是公认的"80:20"法则("二八法则")。该法则认为企业利润中80%的部分是由20%的客户创造的。根据"80:20"法则,企业可以将所有客户大致划分为两个层级:黄金层级和钢铁层级。20%的客户构成企业的黄金层级客户,他们是企业盈利能力最强的客户。其余的客户是钢铁层级客户,他们彼此之间的盈利能力没有明显区别,但是与黄金层级客户的盈利能力有很大的差别。有学者将这种依据"80:20"法则而发展出来的客户层级模型非常形象地称为80/20分布的客户金字塔模型,如图6-2所示。

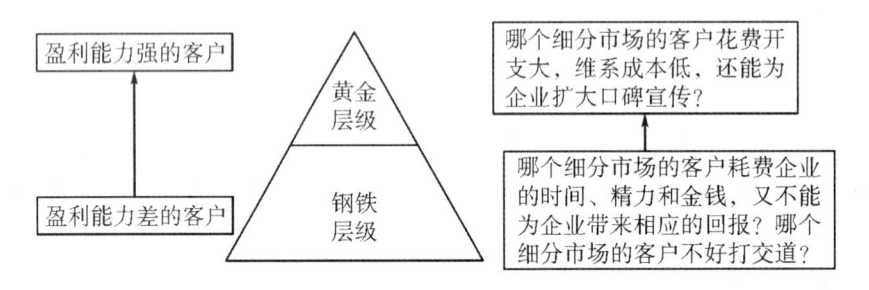

图 6-2 80/20 分布的客户金字塔模型

二分法是当前企业划分顾客价值最普遍采用的一种方法,该方法提供了一个较好的基准,对顾客进行细分,根据顾客重要程度合理分配营销力量,从全局的角度设计持久稳健的顾客发展战略。例如,电信行业的中国移动、中国电信等,普遍将自己的客户划分为公众客户和大客户。其中,月均消费额高于某一个数额的客户称为大客户。这类公司成立专门的大客户事业部,由专门的大客户经理实现"一对一"的服务。对于其他的客户,则由市场经营部负责营销和服务。

(二) 四分法

二分法基本勾勒出了企业客户价值的层级,符合客户关系管理商业化的标准。但是由于它过于简单,而且一般假定两层之中的客户是近似相同的,正如传统市场细分中通常假定同一细分市场中客户是同质的一样。这样如果企业的客户群体比较庞大,或者客户的个性比较突出,那么应用二分法建立的客户层级就显得十分粗浅和不科学。如果企业的客户信息库中有足够的数据,为了更好地分析客户层级,两个层级以上的划分则更容易说明问题。受80/20分布的客户金字塔模型的启发,一些学者发展了扩大的客户金字塔模型,它将客户划分为四个层级(见图6-3),盈利能力最强的客户为铂金层级,其次是黄金层级,再其次是钢铁层级,盈利能力最差的客户称为重铅层级客户。

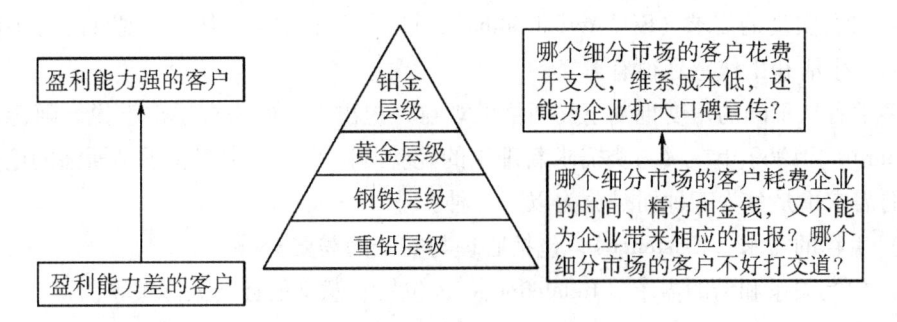

图 6-3　扩大的客户金字塔模型

第三节　网络客户服务价值的实现

一、客户价值创造的源泉

顾客价值来源于提供物给予顾客需求的某种满足。

（一）顾客的基本需求

美国心理学家马斯洛（Abraham H. Maslow）在 1943 年出版的《人的动机理论》一书中提出了需求层次理论。这种理论的构成根据以下三个基本假设：

（1）人要生存，人的需求能够影响人的行为；只有未满足的需求能够影响行为，满足了的需求不能充当激励工具。

（2）人的需求按重要性和层次性排成一定的次序，从基本的（如食物和住房）到复杂的（如自我实现）。

（3）当人的某一级的需求得到最低限度满足后，才会追求高一级的需求，如此逐级上升，成为推动继续努力的内在动力。

马斯洛提出需求的五个层次如下：

（1）生理的需要（Physiological Needs），即个人生存的基本需要，包括人对食物、水分、空气、睡眠和性等的需要。

（2）安全的需求（Safety Needs），表现为人们需要安全、稳定，需要受到保护免除恐惧和焦虑。安全的需求对应于人的求生本能，包括心理上与物质上的安全保障，如不被盗窃和威胁、预防危险事故、职业有保障、有社会保险和退休金等。

（3）爱和归属的需要（Love and Belongingness），人是社会的一员，需要友谊和群体的归属感，人际交往需要彼此同情、互助和赞许。

（4）尊重的需求（Self Esteem），包括要求受到别人的尊重和自己具有内在的自尊心。

（5）自我实现的需求（Self Actualization），即通过自己的努力，实现自己对生活的期望，从而对生活和工作感到很有意义。

许多学者从不同的角度批判了马斯洛的观点，提出自己的需求层次学说。阿德弗（C. P. Alderfer）于 1969 年在《人类需求新理论的经验测试》一文中修正了马斯洛的论点，他认为人的需求不是分为五种而是分为以下三种：

（1）生存的需求（Existence），包括心理与安全的需要。

（2）相互关系和谐的需求（Relatedness），包括有意义的社会人际关系。

（3）成长的需求（Growth），包括人类潜能的发展、自尊和自我实现。

阿德弗的需求论，简称为 ERG 需求理论，与马斯洛需求层次理论的主要区别在于：阿德弗经过大量调查证明，这些需求不完全是天生的。需求层次理论建立在满足－上升的基础上，ERG 需求理论不仅体现满足－上升的理论，而且也提到了的挫折－倒退这一方面。挫折－倒退说明，较高的需求得不到满足时，人们就会把欲望放在较低的需求上。ERG 需求理论认为，需求次序并不一定如此严格，而是可以越级的，有时还可以有一个以上的需求。

美国哈佛大学教授戴维·麦克利兰（David McClelland）进一步论证了环境或社会学习对需求的重要影响，与马斯洛不同的是，麦克利兰特别强调需求从文化中的习得性。据此，他提出了三种需求理论，认为个体在工作情境中有以下三种重要的动机或需求：

（1）成就需求（Need for Achievement）：争取成功，希望做得最好的需求。

（2）权力需求（Need for Power）：影响或控制他人且不受他人控制的需求。

（3）亲和需求（Need for Affiliation）：建立友好亲密的人际关系的需求。这些需求都是个体在幼年时期，在人的社会化过程中习得的。

从以上这些关于需求理论的阐述中，我们可以大致归结出顾客需求的两个基本特性：

第一，顾客需求不仅具有生理性，更具有心理性和社会性。它有时是顾客本能、内在的匮乏所引起的，有时是外在的刺激所导致的，但大多时候是两者的共同作用。顾客对环境和刺激物的学习深刻影响着顾客需求。

第二，顾客需求不仅具有复杂性，更具有可变性。不同的顾客，由于其民族、信仰、生活方式、文化水平、经济条件、生活环境、兴趣爱好以及个人情感、意志、控制力等诸方面的差异，其需求的内容和表现形式都会出现较大的差别。不同的时期、不同的环境和条件下，同一顾客的需求也会出现伸缩、波动和变化。

揣摩顾客的心理和动机是企业成功设计价值的基本前提与保障。一般来说，顾客的消费心理或购买动机可以归纳为两大类：理智动机和感情动机。

理智动机包括：

（1）适用。适用，即求实心理，是理智动机的基本点，立足于商品的最基本效用。在适用动机的驱使下，顾客偏重产品的技术性能，而对其外观、价格、品牌等的考虑则在其次。

(2) 经济。经济，即求廉心理，在其他条件大体相同的情况下，价格往往成为左右顾客取舍某种商品的关键因素。折扣券、大拍卖之所以能牵动人心，就是出于求廉心理。

(3) 可靠。顾客总是希望商品在规定的时间内能正常发挥其使用价值，可靠实质上是"经济"的延伸。名牌商品在激烈的市场竞争中具有优势，就是因为具有上乘的质量。因此，具有远见的企业总是在保证质量的前提下打开产品销路。

(4) 安全。随着科学知识的普及、经济条件的改善，顾客对自我保护和环境保护的意识增强，对产品安全性的考虑越来越多地成为顾客选购某一商品的动机。

(5) 美感。求美动机是指顾客以追求商品的欣赏价值和艺术价值为重要倾向的购买动机。爱美之心人皆有之，美感性能也是产品的使用价值之一。在这种动机的支配下，顾客特别重视商品的颜色、造型、外观、包装等因素，讲求赏心悦目，注重商品的美化作用和美化效果。

(6) 方便。省力省事无疑是人们的一种自然需求。顾客在购买和使用商品的过程中，希望能够省时、便利，可以快速方便地购买到商品，讨厌过长的购买时间和过低的销售效率，对购买的商品要求携带方便，便于使用和维修。

感情动机不能简单地理解为不理智的动机。它主要是由社会的和心理的因素产生的购买意愿和冲动。感情动机很难有一个客观的标准，但大体上来自下述心理：

(1) 好奇心理。好奇是一种普通的社会现象，没有有无之分，只有程度之别。一些人专门追求新奇、赶时髦，总是充当先锋消费者，特别注重商品的款式、颜色、流行性、独特性与新颖性，相对而言，产品的耐用性、价格等成为次要的考虑因素。

(2) 异化心理。异化心理多见于青年人，他们不愿与世俗同流，喜欢标新立异，总希望与别人不一样。

(3) 炫耀心理。这多见于功成名就、收入颇高的高收入阶层，也见于其他收入阶层中的少数人，在他们看来，购物不光是适用、适中，还要表现个人的财力和欣赏水平。他们是消费者中的尖端消费群，购买倾向于高档化、名贵化、复古化。

(4) 攀比心理。社会学家称攀比为比照集团行为。有这种行为的人，照搬他希望跻身其中的那个社会集团的习惯和生活方式。

(5) 从众心理。作为社会的人，总是生活在一定的社会圈子中，有一种希望与他应归属的圈子同步的趋向，不愿突出，也不想落伍。受这种心理支配的消费者构成后随消费者群。

(6) 尊重心理。顾客是企业的争夺对象，理应被企业奉为"上帝"。如果服务质量差，哪怕产品本身质量再好，顾客往往也会弃之不用，因为谁也不愿花钱买气受。因此，企业及其商品推销人员、销售人员、维修人员真诚地尊重顾客的经济权利，有时尽管商品价格高一点，或者质量有不尽如人意之处，顾客感到盛情难却，也乐于购买，甚至产生再光顾的动机。

(二) 顾客需求的新发展

在全球经济日益一体化、买方市场逐渐形成和完善、知识经济和网络经济不断渗透到社会每一个角落的情况下，顾客需求也出现了新的表现形式，它们从顾客需求的基本表现形式中衍生出来，但同时又带有明显的时代特色，逐渐成为 21 世纪消费者的主流选择。这样一些新的需求值得企业予以足够的关注和重视。

1. 方案需求（Solution Need）

科特勒在其《想象未来的市场》一文中指出，未来市场经营者将把注意力从集中于大的群体转移到寻找特殊的、合适的目标。在这些目标所在处，有财富存在。由于消费者需求的特殊性增加，不同消费者在消费结构、时空、品质等诸多方面的差异自然会衍生出特殊的、合适的目标市场，这些市场规模会缩小，但其购买力并不会相对减弱。目标市场特殊性的强化预示着消费者行为的复杂化和消费者的成熟。

买方市场和互联网络的出现，促进目标市场由特殊性向个性化、自主化发展。首先，科学技术的迅猛发展，极大地提高了人们的生活水平和消费意识，人们越来越关注企业的行为，越来越渴望获取有关消费的各种信息和知识，人们不再是过去那种"有什么就买什么、不赶紧买就买不着"的被动式消费，而是积极主动地向企业询问有关产品的各种情况，在众多的备选产品中寻找最合适的对象，大胆地向企业表达他们的想法、观点和态度。在电子商务飞速发展的今天，比价及比价网也开始出现。它们为消费者网上购物找到最便宜、最合理的商品价格提供了极大的便利，很多知名购物网站都有提供比价服务（如一淘、安图搜、爱购网、就爱买等）。只需通过购物比价，顾客将不再需要长时间的调查，或者是向众多亲朋好友咨询，只要手指一点，几分钟的时间就成为业内专家。其次，在顾客学习的过程中，顾客的个性也不断地表现出来。顾客在信息结构中已经从弱势地位中脱离出来，在信息量、信息深度等方面不逊于卖方，能够做出相对理性的购买决策。顾客喜欢与提供者进行互动式的交流与沟通，喜欢将自己的想法融入卖方提供给自己的商品中。

随着供求双方的合作和竞争向纵深层次发展，顾客提出了更加个性化和自主化的需求——方案需求。单纯的产品或服务已经满足不了顾客的需求，他们需要的是有形产品、服务和信息（知识）的组合体，是企业提供给顾客用以解决问题、创造更高价值的一揽子方案。这种方案不同于捆绑式销售，尽管它同样可以满足顾客一系列的需求或一段时期的需求，但它是顾客与供应商平等交流、共同协商的结果，是建立在供求双方充分了解、熟悉的基础之上，是顾客关于消费的信息和知识不断增多和顾客需求不断个性化、自主化的结果。在与供应商非常密切的关系状态下，顾客希望与供应商进行充分的互动式沟通，全方位地展现自己的需求，共同制订出量身定做的、能体现自己所有重要需求特征的整体价值方案，满足其简单、适用的初衷，更符合其个性和特色。同时，顾客还希望供应商能全程跟踪其方案的使用过程，根据需求的变化及时对方案的内容进行升级，不断补充新的信息和知识。一些软件制造商可以说已经开始向方案营销转变，他们和客户一起设计、开发仅供客户使用的专门软件，并反复调试，直到客户满意为止。在随后的使用过程中，当客户发现问题或有了新的需求时，他们及时地对软件进行修补和升级。他们最大的盈利基础不是装载软件的光盘，而是由软件、服务和知识组合（尤其是知识的出售）的独特方案。

方案需求是将顾客与企业紧密捆绑在一起的客观基础，是企业实施以长期交易为目的的关系营销的重要源泉。

2. 体验需求（Experience Need）

约瑟夫·派恩和詹姆斯·吉尔摩在《体验经济》一书中指出，体验事实上是当一个人达到情绪、体力、智力甚至是精神的某一特定水平时，他意识中所产生的美好感觉……体验是使每个人以个性化的方式参与其中的事件。体验通常是由于对事件的直接观察或参与造成的，不论事件是真实的，还是虚拟的。体验会涉及顾客的感官、情感、情绪等感性因素，也会包括知识、智力、思考等理性因素。体验的基本事实会清楚地反射于语言中。例如，描述体验的动词喜欢、赞赏、讨厌、憎恨等，形容词可爱的、诱人的、刺激的等。心理语言学家的研究表明，类似这些与体验相关的词汇在人类的各种语言中都是存在的。体验通常不是自发的而是诱发的，当然诱发并非意味顾客是被动的。体验是非常复杂的，没有两种体验是完全相同的，因为任何一种体验都是某个人本身心智状态与筹划事件之间互动作用的结果。人们只能通过一些标准来将体验分成不同的形式。派恩和吉尔摩将体验划分为娱乐体验、教育体验、审美体验和逃避现实体验四个方面，史密特则将体验分为感官体验、情感体验、思考体验、行动体验和关联体验五种形式。

人们的体验需求产生和发展的主要原因在于：

（1）技术的高速发展，无形中为人们增加了无数的体验。现在人们接触到的许多体验，如互动游戏、网上聊天、虚拟实境等，都是借助互联网和现代信息技术才得以产生的。互联网还是传递其他多种体验的平台，充分满足了人们自由化、个性化的消费需求。在未来几年内，各个领域的先进技术还将不断融合和提升，为人们带来更多的方便和新鲜感。

（2）竞争越来越激烈，驱使着企业不断追求独特的卖点。体验由于具有显著的不可模仿的特性，成为一些企业获取竞争优势的重要源泉。企业的积极探索和成功运作也极大地丰富了人们的体验感受。例如，在索尼公司推出随身听之前，消费者并没有想到可以如此方便地听音乐；在苹果公司制造出个人电脑之前，消费者不曾期望自己能够用上如此神奇的机器；在第一个迪士尼主题公园诞生之前，美国不会出现像现在这样大人、孩子同游迪士尼的热闹景象。

（3）伴随着物质文明的进步，人们的生活水准和消费需求也在不断升级。在农业社会，人们追求的是温饱的基本满足；在工业化社会，生活水准由物质产品的数量来衡量；而在后工业社会，人们更加关心生活的质量，关心自己在心理上和精神上获得的满足程度。体验可以说正是代表这种满足的经济提供物。

体验需求的出现预示着终端促销、情景营销和服务营销越来越重要，消费环境与场景成为吸引顾客新的亮点。

3. 虚拟需求（Virtual Need）

随着互联网络的渗透与覆盖速度呈指数级加快，虚拟社会的构筑已是势在必行。在由互联网络构筑的虚拟社会中，人的潜意识得到极大的张扬，往往表现出与现实生活中不一样或截然不同的特征和需要。关注人们的需求是企业网络营销成功的关键。

约翰·哈格尔三世和阿瑟·阿姆斯特朗在《网络利益》一书中提出，虚拟社会成员在虚拟空间中至少存在着四种基本需要：兴趣、关系、幻想和交易。

（1）兴趣是虚拟社会组建的原动力。最初许多虚拟空间的形成并非出于盈利的目的，而是一些有着共同兴趣和专业知识的人出于情感和精神上的考虑聚集而成的，如早期的电子论坛、信息公告牌、××专区等。此时，兴趣成为维系一个虚拟社会的纽带，也是虚拟社会发展的主要动力。但由于专业知识的限制，此时的虚拟空间多分隔为一个个规模不大的虚拟社会，亚文化的界限比较分明。

（2）人作为社会的人，需要彼此间建立一定的个人关系，分享彼此成长的经历。互联网络的出现加强了人们对关系的需要，人们可以不受时间和地域的限制，相互联络、探讨、学习以及分享各自不同的生活经历。人们既可以通过电子媒介与任何地点、任何年龄段、任何文化背景、任何性别的虚拟社会成员进行远程式联系、交流。关系需求的出现使得虚拟空间大大拓展了。

（3）虚拟社会的出现，极大地扩展了人们的想象空间。由于彼此用文字和图像、声音进行交流，而无须面对面地直视与交谈，因此个人可以完全活在自己的想象之中，可以按照自己的梦想虚构自己在虚拟社会中的人格魅力，可以自由地"扮演"各种角色，可以同时兼有多重性格或身份，个性得到极大张扬。在幻想和游戏中，个人也得到了精神上的愉悦和一些人生哲理的体验。虚拟带来的神秘和幻想吸引着越来越多的人进入这个群落。

（4）对交易的需求是在虚拟社会发育到一定程度后才出现的。在早期的联机世界里，存在着一种强大的反商业文化，成员几乎完全没有利润和交易的动机。但当虚拟社会聚集了一定数量的成员后，人们发现它的快捷、交互式等特点能极大地降低交易成本，消费者、生产者和社会都可以从中获取更大的剩余。消费者拥有了更多的选择权和主动权，生产者则从中发掘了更多的战略资源。于是虚拟社会越来越朝着商业化的方向发展，人们最初始的经济动机——交易的需求又被重新唤起，并成为整个虚拟社会的纽带和基础。也正是由于交易需求的出现，极大地丰富了兴趣、关系、幻想等需求的内涵，使它们更具有持续性和生命力，从而使整个虚拟社会更加牢固和庞大；也正是由于交易需要的出现，虚拟社会才真正成为一个"社会"：自由地进出、包容、现实、有目的性。

但交易需求的出现并未扼杀或限制兴趣、关系、幻想等需求的发展与延伸。它们也许或多或少地会带有一些商业文化的氛围，但在随着交易活动向纵深发展而日趋纷繁复杂的空间里，这些需求在虚拟社会成员的心目中日渐炽热，深刻地影响着他们的各种行为方式，这也是消费需求日趋个性化的一个重要原因。因此，只关注交易，而忽视兴趣、关系、幻想等这些情感上的交换，企业的网络营销必然是一种"近视营销"，无法在虚拟社会里成功地开发和保持顾客，获得战略性竞争优势。

4. 绿色需求（Green Need）

20世纪的高科技在带来经济高速增长的同时，也给生态环境造成了极重的负担：人口剧增、粮食不足、资源枯竭、能源短缺、环境污染。人类赖以生存的自然环境和社会环境都已受到了极大的威胁。其中，环境污染、生态失衡是人类生存空间的最直接的问题。面对人类生存环境的不断恶化，在各种环保组织、环保主义者和各国政府的推动下，公众的环保意识逐步提高并付诸行动，其中一个最直接的行动就是崇尚绿色消费。所谓绿色消费，是指消费者意识到环境恶化已经影响其生活质量及生活方式，要求企业生产、销售对环境影响最小的绿色产品，以减少危害环境的消费。今天，越来越多的消费者把环境保护融入自己的消费行为模式中，主观上存在着保护环境、维护人类社会可持续发展的需求。

顾客的绿色需求大致体现在产品设计、生产及其市场营销的无污染化、无害化、清洁化等，包括清洁生产、清洁包装、清洁销售、清洁运输、清洁消费、清洁回收和再加工等。例如，在产品方面，企业选择产品和技术时考虑尽量减少对环境的污染，产品生产是否安全、环保；设计包装时考虑降低消耗、减少污染与浪费，产品形体与售后服务是否节约和保护环境；在定价方面，定价是否反映环境成本；在分销方面，物流是否节约、减少污染，分销过程中是否存在"二次污染"，结算是否电子化；在促销方面，促销是否采用绿色媒体，是否发布绿色广告，是否进行绿色公关与绿色推销；在市场调研方面，调研中是否存在浪费与污染，是否进行无纸化调研，是否对环境问题进行调研等。越来越重要的绿色需求迫使企业必须实行绿色营销，在经营管理中贯彻自身利益、消费者利益和环境利益相结合的原则。

二、网络客户服务价值实现的途径

在全面了解和准确把握顾客需求的基础上，企业可以根据市场竞争的情况和自身的能力状况来设计、制造与顾客需求适合、接近或一致的价值方案或价值组合。

（一）价值设计的战略选择

在为顾客设计价值方案或价值组合时，企业有两个基本的战略选择方向：市场竞争导向和顾客需求导向。

市场竞争导向是指企业在设计顾客价值时，主要以市场上某一个或某些竞争对手的价值方案为参照对象，在照搬、模仿或修改的基础上，发展出提供给顾客的价值方案和价值组合。实行市场竞争导向的企业需要弄清的第一个问题是竞争者在哪里；第二个问题是要弄清哪些竞争者值得学习和参照；第三个问题是要弄清竞争者的哪些做法值得学习和模仿以及如何有效地学习和模仿。一种常见的方法就是竞争标杆法（Benchmarking），或者称为优胜基准法。企业可以将顾客需求中一些重要的属性确定出来，并按照重要性进行排序或加权，然后对本企业和选定的竞争者在不同属性上的性能表现进行评估，通过比较从而确定自己需要模仿、学习和改进的部分与环节。

顾客需求导向指企业为顾客提供的价值组合与方案紧跟顾客的需求变化而变化，通过观察顾客需求的演变，在企业资源和目标允许的情况下，决定为何种顾客或顾客群提供何种价值组合与方案。顾客需求导向不是要求企业一味地去满足顾客提出的各种要求，一味地去迎合顾客，而是应该发挥企业的主观能动性和考虑企业的自身状况。这是由于一方面顾客并不总能正确地表达出自己的真正所需，即使能准确理解自己的需求，也想象不出具体实现需求的载体应该具备何种特征和功能，消费和生产是两种截然不同的领域。另外，有时顾客的需求也可能是不现实的，是超出目前科学技术水平或道德范畴的。因此，企业必须主动承担挖掘、引导甚至改变顾客需求取向的责任，创造出符合生产力发展水平和社会规范的产品和服务，合适、合理地满足顾客的价值期望。另一方面，企业不总是能满足顾客的各种需求，也不能无限制地满足顾客的各种需求，必须在企业资源和能力允许的范围内开发出最优的价值组合和方案。

实际上，市场竞争导向和顾客需求导向是两种理想的、极端的战略方向，今天更多的企业选择的是两者的综合（见图6-4），它们在设计顾客价值组合和方案时，既注意顾客也注意竞争者，它们追求的是一种市场导向，根据市场环境的变化而调整。

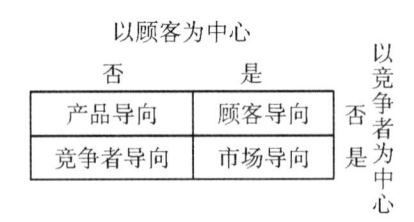

	以顾客为中心		
	否	是	
产品导向	顾客导向	否	以竞争者为中心
竞争者导向	市场导向	是	

图6-4 价值设计的四种战略导向

产品导向既不注意顾客又不注意竞争者，这是在卖方市场形态下生产观念的一种表现。在商品供不应求的条件下，消费者持币待购，各类商品只要生产出来就能卖得出去，企业可以根据自身条件确定生产何种产品，无须分析消费需求。其他品种的同类产品只要不侵入自己的领地，就不会对本企业构成威胁。在供不应求条件下实行产品导向往往优于其他导向。

顾客导向与竞争者导向分别把重点挪到了顾客和竞争者身上，买方市场和过剩经济的形成，导致权力的转移，即在作为整体的消费者与企业的交易谈判中，企业的谈判地位下降，由企业自主权转变为消费者（顾客）自主权。决定生产经营何种产品的权力已不再属于生产者，而是属于消费者。在生产者与消费者的关系上，消费者是起支配的一方，生产者应根据消费者的意愿及偏好来安排生产,衡量企业效率以及存在价值的决定权转移到顾客手中。企业应尽量迎合挑剔的顾客,以尽可能多地从顾客那里获得"货币选票"。而当前在竞争日趋激烈的环境下,企业成功的关键已不再是能否满足消费者的需求,而在于能否比竞争对手更好地满足消费者,竞争者导向的企业以竞争者的行动为根据。

市场导向则兼顾两者,既注意顾客需求的变化,也密切关注竞争者的行为动态,在顾客和竞争者之间取得良好的平衡。企业产品首先从顾客需求出发,通过市场调查分析顾客行为等发现顾客的显性需求,运用资源生产出满足顾客显性需求的产品及服务投放市场,通过反馈及进一步的市场研究,对顾客显性需求及其可能的变化做出分析。与此同时,企业分析竞争者产品及服务体现的顾客价值,可以发现显性顾客需求中尚未被满足的区域,从而为企业在现有基础上通过产品服务创新去填补市场空缺;同时通过与竞争者产品或服务的比较发现本企业产品及服务在为顾客提供价值时所缺少的因素,通过改进或创新产品、服务为企业渐进提升顾客价值。市场导向是一种务实、可行的战略选择。

(二)价值设计的原则

1. 根据客户终生价值的大小合理分配企业资源

商业化是处理客户关系的一个基本原则。毕竟企业的资源是有限的、稀缺的,是存在机会成本的,这些都迫使企业必须寻找最佳的资源配置方式。在市场竞争的压力下,企业不是一味地追求顾客价值最大化(或消费者剩余最大化),而是应该寻求股东利益最大化和顾客利益最大化之间的平衡,寻求一种双赢的局面。寻求这种平衡的一个基本前提就是根据客户终生价值的大小合理分配企业资源。

2. 根据客户生命周期的变化合理调整价值组合

需求具有变化性,人的需求在不同的生命阶段呈现出显著的差异。这种差异是随着人的成长而必然存在的。比如当一个人处于年轻的单身阶段时,几乎没有经济负担,属于娱乐导向型,喜欢新奇、刺激,是新观念的带头人;结婚了,开始变得理性、现实,属于生活导向型,耐用品的购买明显增多;等到年老了,健康、安全、关注和情感的需要则特别显著。因此,切实实施客户关系管理的企业应该密切注意客户在不同时期需要的变化,据此合理调整价值组合与方案,而不能刻舟求剑、坐井观天,忽视客户需要的显著变化。

在客户整个生命周期中,影响客户需求发生显著变化的因素除了其自身条件和所处的客观环境外,还有一个重要因素就是企业与客户之间的互动关系。企业与客户之间的关系可以经历以下四个阶段:孕育期、形成期、稳定期和退化期。在孕育期,企业与客户还处于彼此熟悉、了解、考察的阶段,进行着试探性交易;在形成期,彼此的关系快速发展,逐渐取得信任和一致,交易逐渐扩大并且顺畅;在稳定期,彼此的关系进入成熟阶段,相互忠诚、信赖,交易几乎成为一种惯例和程式;在退化期,关系水平发生逆转,承诺出现裂痕,交易开始谨慎和萎缩。不同的关系阶段,客户的需求、客户对企业的期望水平、客户对企业价值组合或方案的接受程度都会明显不同。企业一方面要注意不同关系时期客户需求与期望的差异，适时、适宜地提供客户愿意接受和可以接受的价值组合与方案，另一方面也要积极跟进，有效地推动客户关系朝着企业发展的目标靠拢，通过不断提供高质量的产品、有价值的信息、优质的服务或个性化的解决方案，促进客户与企业之间的关系健康、成熟、稳固地发展下去。

3. 互动、双向，充分发挥员工和客户的积极性与聪明才智

客户和员工的知识是企业的一笔巨大财富。企业在设计顾客价值组合与方案时，应该积极挖掘这笔财富，充分发挥员工和客户的积极性与聪明才智。在电子商务环境下，顾客个性化的需求明显增强，他们喜欢向企业提出关于价值设计的想法、观点和意见，乐于参与到价值设计的过程中来，甚至希望在企业的帮助下自行设计自己的价值组合与方案，他们是 DIY（Do It Yourself，自己动手制作）一族，将这种积极参与的经历作为一种更高的需求和享受。企业应该通过各种途径收集客户的各种奇思妙想、意见甚至是抱怨，将它们作为企业设计价值组合与方案的思想源泉（现实中也确实存在着许多客户为企业提供了重要的新产品构思）。同时，企业可以积极鼓励一些客户参与到企业的价值组合与方案的设计中来，甚至在条件许可的情况下积极营造客户自己动手设计其价值方案的环境，满足客户自我实现的需求。

同时，在今天越来越扁平化的组织结构中，员工的知识也是不可忽略的。员工在授权的情况下，积累了丰富的与客户打交道的经验，更清楚客户的真实所需，对客户需求的发展变化也有一个准确的把握，他们（尤其是一线服务人员）是企业中最有资格代表客户的人员。因此，在设计客户价值组合与方案时，企业应该遵循从下到上的原则，在广泛征求员工（尤其是一线员工）意见和想法的基础上来开发、设计，必要的时候应该鼓励团队合作，邀请一线员工加入到设计开发工作中来。

4. 创造价值并不总意味着增加些什么

企业在为客户进行价值组合设计时，还有一个基本的原则是不仅要学会做加法，更要学会做减法。很多企业都信奉多多益善的原则，总以为价值组合里包含的东西越多，客户就越喜欢。其实，要创造出客户观念中的价值，既可以通过增加某项被认同的价值，也可以通过减少或缩小某些被认为具有副作用的方面来实现。创造价值并不总是意味着必须要增加一些东西。因为顾客对价值的感知不仅仅是利益的获取，而是利益与成本对比的结果，减少客户为获取利益而付出的成本，同样可以增加顾客的价值。在今天崇尚简约化风格的社会里，方便、省时、省力成为许多顾客重要的价值判断标准。一个典型的例子便是宜家家居（IKEA），对于发达国家的中产阶级来说，宜家家居的设计理念融合了简洁和实用，摒弃了优雅和浮夸，体现了对生活细节的关怀，而且价廉物美。为了节约物流成本，宜家家居的所有的家具采用平板包装，顾客必须自己动手来组装。对于热衷 DIY 的年轻夫妇来说，宜家家具不仅便于搬运，而且乐趣无穷，同时也省去了人工服务的成本，客户可以因此获得更低的价格。

（三）价值组合工具

从关于顾客需要的讨论中我们可以看出这样一个事实：价值可以从很多角度被创造出来。对于这些角度的归纳整理，不同的学者给出了不同的答案。

阿尔姆奎斯特和斯莱沃茨基（Almquist & Slywotzky）从传统的营销组合工具的角度提出了价值主张的概念，他们认为价值主张是指"在一定的价格上提供的包含一定价值的产品、服务或者产品与服务的结合"，并列举了许多发达国家为客户提供的迅速增加的价值主张。由此可见，他们认为通过改进核心产品或服务，或者调整价格可以实现价值创造。但是这种解释过于简单和狭隘。

尼可莱斯和伍德（Nickels & Wood）认为创造价值的关键因素（他们称之为价值束）包括质量、性能、品牌、包装和商标、产品安全性、客户服务以及担保和保证等。很明显，价值束的内容要比价值主张宽广、详细许多，除了核心产品与服务，一些额外的特征、服务与保证也能使客户满意，也能为客户带来价值。

杰姆·G. 巴诺斯在《客户关系管理成功奥秘——感知客户》一书中比较全面地列举了价值创造的途径与来源（巴诺斯称之为价值的要素或者形式）。

（1）产品价格的价值。这是价值最为基本的来源，通过低价同质或优质的产品为客户创造价值。

（2）便利的价值。这是指通过在客户需要的时间营业、保持位置的便利、提供多种获取服务等方法，使得客户可以很容易地获取他们需要的产品或服务。

（3）以选择为基础的价值。这是指在客户的选择中给他们增加更多选项或更多获取这些选项的方法就是为客户创造了价值。

（4）以员工为基础的价值。这是指通过员工高质量的服务水平、技巧与方法为客户增值，包括缩短反应时间和等待时间、提高服务的速度、谦逊礼貌地服务等。

（5）信息价值。这是指为客户提供更多的信息就可以增加他们的价值。客户得到这些信息后，可以根据知识做出选择，更舒心地进行决策，减少因不懂或不熟悉所带来的焦虑与不安。

（6）关联的价值。客户有时候会从与某个特定的服务提供商的关联中获得快乐和一定程度的舒适感，这种关联带来了正面的贡献和价值。比如当企业在社会上拥有良好形象时，客户会骄傲地宣称他们是这家企业的客户，并因此获得一定的满足。

（7）功能的价值。产品和服务的功能会增加客户获得的价值。

（8）关系的价值。这是指通过增强企业的亲和力和客户对企业的归属感，使客户感到与企业进行交易感觉非常良好。

（9）特别客户的价值。这是指通过为单个客户量身定制服务，让客户有被了解和重视的感觉。

（10）惊喜的价值。这是指寻求机会用意外行动或计划打动客户，给客户带来惊喜、深刻的印象。

（11）社区价值。企业通过对地方经济和所在社区的贡献，通过利他和慈善行为为客户带来价值。

（12）记忆价值。这是指通过引起客户很多年来一直保存在记忆中的一些情景和经历来为客户创造价值。

（13）经历价值。经历价值与记忆价值密切相关，即通过将服务经历转变为一种有纪念价值的经历来为客户创造价值。

在综合归纳以上学者论述的基础上，我们认为企业在为客户设计价值组合和方案时可以利用的工具主要包括核心产品、服务支持与流程、人员互动三个要素，如图6-5所示。

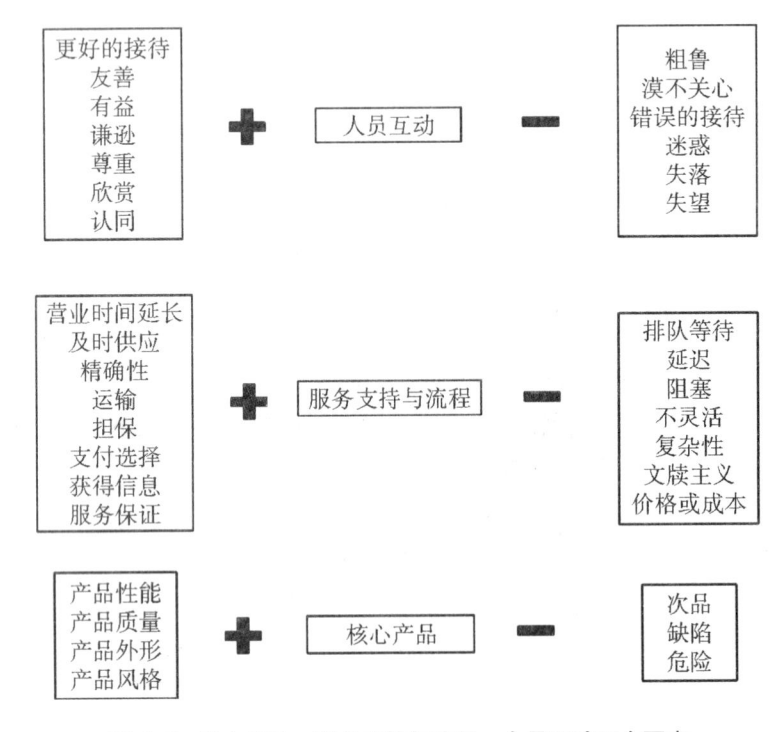

图6-5 核心产品、服务支持与流程、人员互动三个要素

（1）核心产品。核心产品是企业为客户提供价值最基本的工具与保障。核心产品与产品的核心利益既有联系又有区别。产品的核心利益是指产品给顾客带来的最基本的服务和利益，如面包能解除饥饿、衣服能御寒、水能解渴等。产品的核心利益与期望利益、附加利益和潜在利益一起构成产品利益的全部内涵。期望利益是指购买者购买产品时通常希望和默认的一组属性与条件。例如，食客希望食品新鲜、卫生，旅客希望房间安静、有基本的家具和设施等。附加利益是指企业通过创新而增加的服务和利益，它能把企业的提供物与竞争者的提供物区别开来。例如，在食品上增加漂亮图案，在客房里安装电视、摆上鲜

花等。潜在利益是指产品最终可能会实现的全部附加利益和新转换的利益，表明增添附加利益的潜力，也指出了附加利益演变的方向。例如，全套家庭服务式旅馆就代表了对传统旅馆产品的新转换。核心利益是企业营销活动的立足点，产品开发也应在此基础上进行。期望利益是产品所能给予消费者最起码的满足，如果产品连顾客的期望利益都无法满足，那产品将很难在市场上立足，更不用说提升与发展了。附加利益是企业竞争的关键，是企业差异化营销的基础，是市场提升最有力的工具。潜在利益是企业提升的边界，它也为产品发展提供了方向。

核心产品是指企业为了在竞争性的市场上立住脚所必须提供给客户的一些利益的集合。一般来说它是产品核心利益的集合，但它也包含由其他利益转变而成的核心利益的组合，比如10年前我们可能还视售后服务为一种附加利益，而今天它已经变成一种核心利益而包含在核心产品或服务之中了。因此，从这个角度来讲，核心产品是一个动态的集合概念，它的内涵随着竞争环境的变化而变化。企业可以通过以下途径在核心产品领域为客户创造价值：

①产品革新。产品革新是指在产品性能、质量、外形和风格等方面的创新。按照产品革新的程度，我们可以将新产品分为采用新原理、新结构、新技术、新材料制成的全新产品；在原有产品的基础上，部分采用新技术、新材料制成的性能有显著提高的换代产品；在原有产品基础上，为改善其性能、提高其质量而派生的改进产品；模仿他人革新产品的性能、质量、外形或风格的仿制产品。由于成本、技术和风险等因素的制约，多数企业在大多数情况下推出的新产品都属于换代产品、改进产品或仿制产品。当然，全新的产品往往给客户带来的价值更大。例如，智能手机、平板电脑、太阳能汽车等产品的出现，彻底改变了人们的生活模式，赢得了广大客户的青睐。

②产品组合。由于方案需求的普及，多数客户出于便利的需要，希望企业能够提供一系列产品和服务的组合方案。越来越多的企业将核心产品和服务分解为不同元素，根据客户的需求进行不同类型的组合，并制定不同的价格。例如，旅行社将整个旅游服务分解为航班、景点、地陪、住宿、餐饮等部分，每个部分都提供多种选项，如航班有经济舱、商务舱、中途不转机、一次转机和两次转机等选项；地陪有自由行、部分景点安排导游和全程导游跟随等选项，客户可以自行从中选择合适的组合，并按照组合的等级支付费用。

（2）服务支持与流程。核心利益往往不能为企业带来关键的竞争优势，不能让客户感觉到有区别和有吸引力的价值，那么企业就应该把注意力集中在附加利益和潜在利益的创造上。这其中包括了外围的和支持性的服务，这些服务有助于核心产品的提供，比如运输系统、储存系统、支付系统、定价政策、信息沟通、投诉受理、担保、维修和技术支持、求助热线等。传统营销组合中的三个非产品因素（定价、分销和促销）都包括在其中。需要注意的是，支持性服务必须与核心产品整合起来，协调一致地为客户提供价值组合，彼此不能孤立地运作，否则会严重降低企业营销活动的效率。在提供支持性服务的时候，企业需要认真综合思考客户需求变化、成本变化与竞争对手的反应等因素。支持性服务的提供必然增加企业的运营成本，也会引起竞争对手的模仿与攻击，因此必须密切注意客户需求的变动趋势，有选择地为客户提供附加服务。

在企业提供支持性服务的过程中，需要遵循的重要的基本原则就是承诺必须信守和履行。承诺是关系概念中一个至关重要的因素。关系营销要通过相互交换和履行承诺来实现，彼此的信赖相当重要。对一个服务提供者来说，建立关系意味着给予承诺；维持关系意味着履行承诺；加强关系意味着在先前承诺履行的基础上给予新的承诺。未兑现的高水平的承诺对客户关系造成的危害远比实现了的低水平的承诺大，承诺引起顾客的期望，而只有承诺的信守和履行才能得到客户的信赖。企业在设计价值组合与方案时，一定要切合自身的实际情况给出承诺，并且承诺一经给出，就必须高标准地遵守和履行。

另外，由于服务支持内容的庞杂和活动范围的广泛，质量和速度必然成为影响顾客价值的一个重要因素。服务质量差距模型（见图6-6）揭示了现实运作中导致服务提供失败的五种差距。服务质量差距模型的核心重点是客户差距，即客户期望和感知之间的差别。导致客户差距的关键因素在于以下四个方面：

差距1：客户期望与企业对客户期望感知之间的差距。企业管理人员不能正确认知客户的需要。例如，医院管理人员可能认为病人会根据伙食质量来评价医院的服务，而病人可能更加关心护士能否对病人的召唤做出快速反应。

差距2：企业认知与服务质量规范之间的差距。企业可以正确认识到客户的需求，但没有建立特定的标准。例如，医院管理者告诉护士服务要快捷，但对快捷没有数量标准。

差距3：服务质量规范和服务提供之间的差距。工作人员可能缺乏训练、劳累过度而没有能力或不愿意满足该标准，或者标准本身是相互抵触的。例如，既要求耐心倾听客户反映，又要求服务快捷。

差距4：服务提供与外部传播之间的差距。客户的期望会受到服务提供者和广告的传播材料所做的允诺的影响。如果一个医院宣传册展示的房间非常富丽堂皇，但病人到达后发现房间很寒碜和破旧，那么问题就在于外部宣传材料扭曲了客户的期望。

服务的执行是通过人来实现的，不可控因素很多，因此制定科学、标准化的流程是必要的。一方面，企业内部的运作流程必须是清晰、简捷、高效、严格的，这样有利于提高企业的运作效率和反应速度，有助于企业高质量地履行承诺；另一方面，与客户接触的流程必须清晰明了、简捷可靠。有时候，减少一个环节或程序会给客户带来极大的便利价值。另外，服务质量保证与服务补救也是弥补服务质量差距的重要手段。服务质量保证是对客户的一种服务承诺，可能是无条件满意承诺或是服务属性承诺，如7天无理由退货等。服务承诺降低了客户的风险感并建立了对服务组织的信任，也为组织设立了清晰的标准，使员工的士气和忠诚度也得到加强。当服务出现失误时，企业可以通过采取补救措施，主动弥补失误产生的差距，如快速反应和应对、耐心倾听客户的抱怨与投诉、允许客户自行解决问题、公平对待客户、从补救过程中吸取教训等。

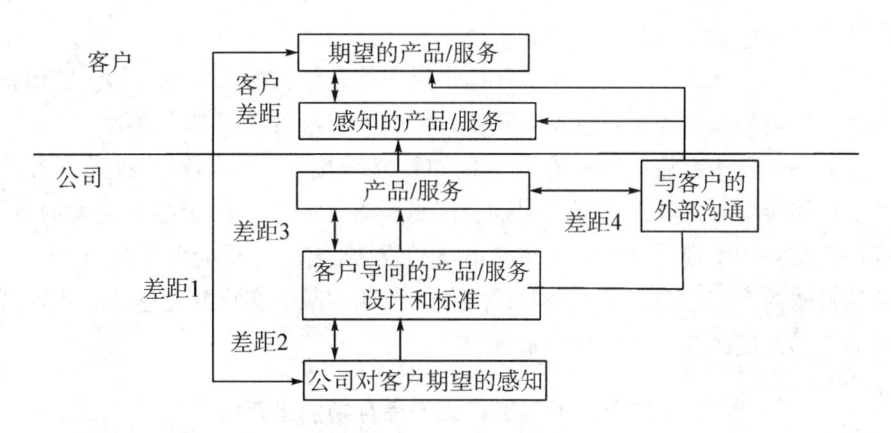

图 6-6　服务质量差距模型

资料来源：瓦拉瑞尔·A.泽丝曼尔，玛丽·乔·比特纳.服务营销[M].张金成，译.北京：机械工业出版社，2002：458.

（3）人员互动。为客户带来价值的更高层次的来源与工具是企业员工和客户的互动。互动交往和沟通可以满足客户一些更高层次的需求。许多客户决定是否与企业继续往来和交易的主要依据就是企业的员工是如何接待他们的。即使核心产品的各个方面都很好，甚至是出类拔萃的，但员工拙劣的接待仍然会导致客户流向别的企业。原因很明显，客户更喜欢友善、热情、善解人意、礼貌且富有同情心的员工，与员工的互动影响了客户对与互动有关的心理成本的估算。如果客户受到了尊重、同情和真正的关怀，他们感受到的心理成本将会较低，而收益较高，对互动中总的价值也会有比较好的评价。持续良好的互动经历可能成为客户永久的美好回忆。

在这个层次上为客户设计价值，必须与企业员工的激励机制设计有机地结合起来。企业必须认识到，为客户创造价值的关键在于能够为员工创造价值，只有员工满意了，客户才能满意。同样，减少或消除员工粗鲁、冷漠、不热心、令人不快、不友好地对待客户的情形发生，也可以为客户增加价值。

在网络环境下，企业可以通过设立各种区域来实现客户与企业员工的互动。

①交流区——企业与顾客之间的交流。例如，阿里旺旺。交流区可以激发成员的兴趣、爱好，吸引他们访问企业营造的虚拟社会，并真实地传达自己的信息。

②交谈区——顾客间的交流。交谈区为顾客提供自我表现和寻求联络的空间，将有着共同兴趣、爱好的人聚集在企业所营造的虚拟社会之中。交谈区在鼓励顾客间交流的同时，满足顾客对关系的需要，并可从中发掘顾客需要的变动趋势和企业的发展战略。

③虚构区——顾客自我交流。企业在自己的网络文化区中可以设置一个虚构区或游戏区，允许顾客自行设计、虚构所需产品的特性、风格，自行营造虚构的消费环境。这样既满足了顾客幻想的需要，增强了企业网络文化的凝聚力，又为企业的产品设计和营销战略

设计提供了灵感和信息。

④反馈区——交互重复交流。反馈区提供反馈信息公告牌,让顾客为企业做宣传,同时了解顾客使用后的满意程度及意见与建议,作为战略与策略调整的依据。

⑤链接区——竞争交流。企业有针对性地设立链接区,提供相关新竞争者的快捷链接,这样既能缩短顾客比较、选择的时间,降低顾客的成本,给予顾客更大的自主空间,更能促成持续交易的实现,又为企业树立不畏竞争的形象,增强企业的魅力。

互动的目的是希望增强客户对企业情感上的依赖,减少客户的迷惑感、失落感和失望感,各种非交易性质的互动活动是非常必要的。

【案例】亚马逊订阅与保存功能出新招

2019年上半年,亚马逊订阅和保存(Amazon Subscribe & Save)提供了一项相当新的服务,一种在线版本的忠诚卡,用于奖励经常购物的客户。

当买家定期从亚马逊网站上订购商品时,他们可以获得5%或15%的折扣。客户可以选择他们的送货频率,这些送货频率将自动在指定日期发送给他们。除了在常规购买上打折,使用亚马逊订阅与保存的买家还可以收到订单上的免费送货服务。

此外,亚马逊"Prime会员"还可以在某些商品上享受高达20%的折扣。

客户通过注册的账号可以随时登录,客户就不再受合同或承诺的约束——他们可以随时登录账户来更改发货设置。所有订单将自动获得5%的折扣,但为了获得15%的折扣,客户将需要添加至少5个单独的产品到他们的订阅账户。当客户完成订阅设置,亚马逊将发送电子邮件提醒他们,并会让他们知道什么时候将向其发送以及将节省多少钱。这项服务包含产品全面,如家居用品、美容产品、婴儿产品、杂货、办公用品等。

亚马逊的这项服务对于买家,尤其是定期在亚马逊消费的买家而言,都有很大的好处,对客户而言,可以省钱就是一个很大的诱惑,十分划算。这使得客户期望值增大,满意度随之增大,从而大大提高了亚马逊的客户忠诚度。对卖家而言,卖家也能使销量更加稳定,并增大了产品的曝光度。

综合练习

【简答题】

1. 客户价值、客户终生价值及网络客户价值的概念及异同是什么?
2. 网络客户价值的识别要点是什么?
3. 网络客户价值矩阵及解读是什么?
4. 如何利用网络客户价值矩阵将客户价值转化成企业利润。

第七章　网络客户满意度与客户忠诚度

学习目标

　　掌握客户满意的定义；
　　了解客户期望的含义及客户期望管理的方法；
　　掌握客户满意的分类、影响因素及衡量指标；
　　掌握客户忠诚的分类、影响因素及衡量指标；
　　了解客户满意度和客户忠诚度的区别；
　　掌握提高客户满意度和忠诚度的方法。

第一节　网络环境中客户满意度的衡量

一、客户满意度的概念

　　客户满意度是指客户满意程度的常量感知性评价指标。客户满意度是一种感觉水平，源于客户对产品或服务的绩效与其期望所进行的比较。因此，客户满意度是绩效与期望差异的函数，差异的不同就形成了不同的满意度。如果感知效果低于期望，客户就会不满意。如果感知效果与期望相匹配，客户就满意。如果感知效果超过期望，客户就会高度满意或欣喜。客户满意度可以用数学公式表示为：$c=b/a$。式中，c 为客户满意度；b 为客户的感知值；a 为客户的期望值。

　　当 c 值小于 1 时，表示客户对一种产品或事情的可以感知到的结果低于自己的期望值，即没有达到自己的期望目标，这时客户就会产生不满意。c 值越小，表示客户越不满意。当 c 值等于 1 或接近于 1 时，表示客户对一种产品或事情的可以感知到的结果与自己事先的期望值是相匹配的，这时自己就会表现出满意。当 c 值大于 1 时，表示客户对一种产品或事情的可以感知到的效果超过了自己事先做出的期望，这时客户就会兴奋、惊奇和高兴，感觉的状态就是高度满意或非常满意。

二、对客户期望的管理

客户满意度是客户期望与客户实际获得的差值，是对两者比较结果的度量。企业在进行客户满意度管理时，不仅要不断满足客户需求，以提升客户实际所得，还要注重对客户期望的管理。客户满意需要提高，客户期望需要管理。

（一）控制客户期望

控制客户期望是指合理安排客户的期望，在一定限度内尽量降低客户的期望值，在客户得到实际产品或接受服务之前，不人为增加客户的期望。客户的期望会随着时间的推移而上升，从最初的惊喜需求转为期望需求甚至于基本需求。企业要做的是按自己的实际能力，合理引导客户的期望水平，有效地控制客户期望值的攀升，以免应了那句老话——希望越大失望越大。企业可以通过设定期望值和降低期望值的方法来控制客户期望的攀升。

1. 设定期望值

设定期望值就是设定对客户来说最重要的期望值，同时还要明确地告诉客户哪些期望是可以实现的，哪些是根本不可能实现的，这样与客户之间设定一致的期望值就会容易很多。例如，客户最关心的是提高收益，那么提案时就要弄清楚如何提高收益以及提高到什么程度。另外，企业要让客户清楚地知道，收益提高了，成本也会相应地上升。

2. 降低期望值

降低期望值是指在满足不了客户的期望时，企业就降低客户的期望值。但是在降低客户期望值的同时，企业要明确告诉客户为什么不能满足其原先的期望值以及能提供给客户的其他选择，包括这些选择的优势是什么、为什么提供这些选择，从而与客户再次达成共识。例如，如果不能提高客户最关心的获益时，企业需要明确告诉客户为什么不能提高，同时可以降低费用。这种方案也许不是客户最满意的，但可能是客户所能接受的。

（二）客户期望的相关因素

如图 7-1 所示，客户预期服务（ES）与感知服务（PS）构成了客户满意度。与客户期望相关的有三个因素，即口碑、个人需求、经历。此外，服务质量要素也与预期服务（ES）和感知服务（PS）有直接关系。

1. 口碑

口碑就是客户在购买产品或接受服务前，通过各种渠道得到的关于企业的产品或服务的信息。这些信息可以是正面的，也可以是负面的，这些信息使客户形成一种印象，这个印象对客户期望产生直接影响。

2. 个人需求

每一个人的个性不同，为人处世的方式也不相同，个人的需求的不同会导致期望值的不同。

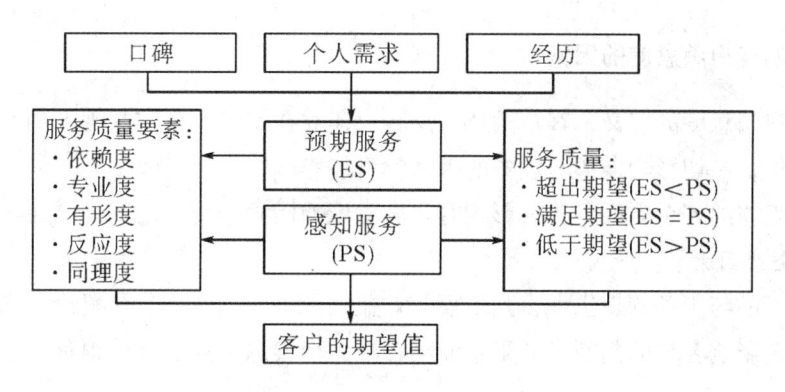

图 7-1　客户期望和客户满意

3. 经历

人的经历不同，导致人的要求也各不一样。相对而言，经历越少的人，期望就相应地越容易被满足，而经历越多的人往往就越不容易被满足。

4. 服务质量要素

企业需要提升服务效果，从服务质量的角度让客户获得更多，从而提升客户满意度。这里有一个可以有效衡量客户服务质量的指数——"RATER 指数"。

（1）Reliability——信赖度，即一个企业是否能够始终如一地履行自己对客户做出的承诺，当这个企业真正做到这一点的时候，就会拥有良好的口碑，从而赢得客户的信赖。

（2）Assurance——专业度，即企业的服务人员具备的专业知识、技能和职业素质，包括提供优质服务的能力、对客户的礼貌和尊敬、与客户有效沟通的技巧。

（3）Tangibles——有形度，即有形的服务设施、环境、服务人员的仪表以及服务对客户的帮助和关怀的有形表现。服务本身是一种无形的产品，但是通过服务得出的结果能使这一无形的产品有形起来。

（4）Empathy——同理度，即能够随时设身处地地为客户着想，真正地同情和理解客户的处境，了解客户的需求。

（5）Responsiveness——反应度，即对于客户的需求给予及时回应并能迅速提供服务。当服务出现问题时，马上回应、迅速解决能够给服务质量带来积极的影响。作为客户，其需要的是对方积极主动的态度。

对客户方来说，这五个服务质量要素中信赖度和反应度被认为是最重要的。这也就说明了客户更希望企业或服务人员能够完全履行自己的承诺并及时地为其解决问题。由此，再次证明了客户满意与客户期望之间的关系很密切，即一个大家都明白的道理：只有站在客户的立场，不断地提供优质的服务；只有当企业提供的服务超出了客户的期望时，企业才能赢得竞争优势，这是企业长期发展的必要条件。

三、影响客户满意度的因素

根据客户满意度的定义，客户满意度是客户建立在期望与现实基础上的、对产品与服务的主观评价，一切影响期望与服务的因素都可能影响客户满意度。

从企业工作的各个方面分析，影响客户满意度的因素归结为以下几个方面。

（一）企业因素

企业是产品与服务的提供者，其规模、效益、形象、品牌、公众舆论等内在或外部表现的东西都会影响客户的判断。如果企业给客户一个很恶劣的形象，很难想象客户会选择其产品。

（二）产品因素

产品因素包含以下四个层次的内容：

（1）产品与竞争者同类产品在功能、质量、价格方面的比较。如果企业有明显优势或个性化较强，则容易获得客户满意。

（2）产品的消费属性。客户对高价值、耐用消费品的要求比较苛刻，因此这类产品难以取得客户满意。一旦满意，客户忠诚度就会很高。客户对价格低廉、一次性使用的产品要求相对较低。

（3）产品包含服务的多少。如果产品包含的服务较多，销售人员做得不够，就难以取得客户满意；而不含服务的产品只要主要指标基本合适，客户就容易满意。但如果产品与其他厂家差不多，服务也不好，客户很容易就转向他处。

（4）产品的外观因素。像包装、运输、品位、配件等，如果产品设计得细致，有利于客户使用并且能体现其地位，企业就会获得客户满意。

（三）服务和系统支持因素

企业的营销与服务体系是否一致、简洁，是否能为客户带来方便，售后服务时间的长短，服务人员的态度、响应时间如何，投诉与咨询的便捷性等都会影响客户的满意度。例如，企业如约送去新的洗碗机了吗？到达的航班与时刻表上显示的一致吗？

客户期望事情能进展顺利并且企业能遵守承诺，这种愿望如未能得到满足，客户就会产生不满和失落。很多企业都是在这个层次上失败的。这是因为企业不能信守承诺，无法更好地满足客户对服务外在或内在的期望。如果企业实施高标准的满足服务甚至超过了客户对服务本身的期望，客户知道他们可以信赖这些企业。这些服务的提供可以使客户与企业交易变得更加方便。例如，企业禁止员工与客户争论，要求员工做到向客户提供有关产品的详细信息，提供 24 小时的服务，从而使客户在需要服务的时候不会感到不方便。通过采取步骤将这些系统和政策安排到位，企业就可以开始为客户增加价值了，并且将自己同竞争对手区别开来。

（四）互动沟通

客户期望能很方便地与企业沟通。对于国外企业，客户则希望能采用电子通信手段来下订单和安排时间。目前，所有的交易都将走向电子化，包括付款方式等。客户希望在货品不能按期发运时，或者已经发运后发现其中有误时，能得到及时的通知。企业也应派出专业人员对客户及那些真正使用产品或物品的生产工人进行访问交流，征求其意见。

客户服务可以包括一些平凡的事，如提供方便客户与企业沟通的通道。如果有些客户是吹毛求疵的，则企业员工应该耐心提供服务，提供必要的确认，保持积极的态度以及提供任何需要的组织支持。必须特别注意，在知晓客户的要求之后，企业在随后的服务中必须按客户要求改进服务。企业必须将客户的要求和期望通知所有相关部门，企业的满意度数据必须公布，必要时通知所有管理人员。

（五）情感因素

从客户的调查中获得的很多证据说明，相当一部分的客户满意度与核心产品或服务的质量并没有关系。实际上，客户甚至可能对其与服务提供商及其员工的互动中的大多数方面都感到满意，但因为一位员工的某些话或因为其他的一些小事情没有做好而流失客户，企业员工可能并没有注意到这些事情。

在与目标群体的访谈和调查中，客户经常会描述服务提供商带给他们的感受如何。结果发现，很少有企业对自己的员工给客户的感受如何给予特别的关注。事实上，很多服务经历使客户对企业产生了不好的感觉。一些经历可以让客户对企业产生好的感觉，但这样的经历可能会很少。

（六）环境因素

让这个客户满意的因素可能不会让另一个客户满意，同样地在这种环境下令客户满意的因素在另一种环境下可能就不会让客户满意。客户的期望和容忍范围会随着环境的变化而变化。对于企业员工来说，认识到环境中存在的区别，对提供高质量的服务和创造客户满意度是很重要的。客户面对每一种服务环境的时候，都带着对结果的期望。通常这些期望都是建立在他们自己以前的经历上或者是他们信任的那些人的经历上的，企业员工通过自己在交流上的努力和掌握分辨出面对的情况，并且对其做出反应。对员工来说，要花费时间和积累经验才能变得善于读懂客户。在许多情况下，员工可以提前做准备。老员工会凭借他们的经验帮助新来的员工应付这些情况。

从对客户满意度的直接影响因素看，我们可以将影响满意度的因素分为不满意因素、满意因素与非常满意因素三类。

不满意因素是指与客户希望相反的消极条件或事件。客户购买产品的最低要求，集中在产品或服务的主要方面，如产品质量、应该提供的基本服务、客户意见反馈渠道等方面。如果产品或服务存在不满意因素，则客户的满意度下降；反之，则客户的满意程度既不会提高，也不会下降。

满意因素是指与客户满意期望相当或略好的因素或事件。例如，价格折扣，款式、性能、型号的多样选择性等。满意因素越多，客户的满意度也越高。但是，满意因素并不能弥补不满意因素。例如，客户在专卖店大幅度打折后购买了产品，但后来发现产品质量差，满意因素就会很快被不满意因素抵消。

非常满意因素是超出客户事先预料，对企业产品有积极影响的性能、服务。例如，如果客户在办理住宿手续时，发现酒店知道他的姓名，安排了他喜爱的楼层与房间朝向，并且在房间里发现有免费点心、水果，这些都是非常满意因素。

企业可以通过减少或彻底消除客户的不满意因素，提供更多的满意因素和非常满意因素来达到提高客户满意度的目的。

四、客户满意度调查

客户关系管理的关键是使客户满意，从而创造高的客户忠诚。为了使客户满意，企业应对客户满意度进行测试与分析，随时了解客户的满意情况，以便改进企业的客户管理。

（一）客户满意度衡量的指标

1. 客户满意度的一般指标

客户满意度是衡量客户满意程度的量化指标，由该指标可以直接了解企业或产品在客户心目中的满意度。下面通过几个主要的综合性数据来反映客户满意状态。

（1）对产品的美誉度。美誉度是客户对企业的褒扬程度。对企业持褒扬态度者，肯定对企业提供的产品或服务满意，即使本人不曾直接消费该企业提供的产品或服务，也一定直接或间接地接触过该企业产品或服务，因此其意见可以作为满意者的代表。借助对美誉度的了解，企业可以知道企业提供产品或服务在客户中的满意状况，因此美誉度可以作为企业衡量客户满意程度的指标之一。

（2）对品牌的指名度。指名度是指客户指名消费某企业产品或服务的程度。如果客户对某种产品或服务非常满意时，他们就会在消费过程中放弃其他选择而指名道姓、非此不买。

（3）消费后的回头率。回头率是指客户消费了该企业的产品或服务之后再次消费，或者如果可能愿意再次消费，或者介绍他人消费的比例。当一个客户消费了某种产品或服务之后，如果心里十分满意，那么他将会再次消费。如果这种产品或服务不能重复消费（如家里仅需一台冰箱），但只要可能他还是愿意重复消费的。或者客户虽然不重复消费，但会向亲朋好友大力推荐，引导他们加入消费队伍。因此，回头率也可以作为衡量客户满意度的重要指标。

（4）消费后的投诉率。投诉率是指客户在消费了企业提供的产品或服务之后产生投诉的比例。客户的投诉是不满意的具体表现，企业通过了解客户投诉率，就可以知道客户的不满意状况，因此投诉率也是衡量客户满意度的重要指标。投诉率不仅指客户直接表现出来的显性投诉，还包括客户存在于心底未表达出来的隐性投诉。因此，企业了解投诉率必须直接征询客户。

（5）单次交易的购买额。购买额是指客户购买某产品或服务的金额。一般而言，客户对某产品的购买额越大，表明客户对该产品的满意度越高；反之，则表明客户对该产品的满意度越低。

（6）对价格变化的敏感度。客户对产品或服务的价格敏感度，也可以反映客户对某产品的满意度。当产品或服务价格上调时，客户如表现出很强的承受能力，则表明客户对该产品或服务的满意度很高。

（7）向其他人的推荐率。客户愿不愿意主动推荐和介绍他人购买或消费，也可以反映客户满意度的高低。客户如果愿意主动介绍他人购买，则表明他的满意度是比较高的。

商务部发布的商业服务业客户满意度测评规范，采用商业服务业客户满意度测评三级指标体系，如表7-1所示。

表7-1 商业服务业客户满意度测评三级指标体系

一级指标	二级指标	三级指标
客户满意度指标	企业、品牌形象	企业、品牌总体形象，企业、品牌知名度，企业、品牌特征显著度
	客户预期	总体质量预期、可靠性预期、个性化预期
	产品质量感知	总体产品质量感知、产品质量可靠性感知、产品功能适用性感知、产品款式感知
	服务质量感知	总体服务质量感知、有形性质量感知、可靠性质量感知、保证性质量感知、响应性质量感知、关怀性质量感知
	价值感知	给定质量下对价格的评价、给定价格下对质量的评价、与同层次竞争对手相比对价格的评价
	客户满意度	总体满意度、实际感受同其服务水平相比的满意度、实际感受同理想服务水平相比的满意度、实际感受与同层次竞争对手相比的满意度
	客户抱怨	客户抱怨与否、客户投诉与否、投诉处理满意度
	客户忠诚度	重复接受服务的可能性、向他人推荐的可能性、价格变动的忍耐性

2. 网络客户满意度指标

电子商务消费与传统的消费模式不同，除了商品自身的特性，互联网所有特有的非商品本质的要素也影响着消费者，如商品和资金交换的分离、交易者的匿名性以及严重的信息不对称等问题。电子商务使交易环境发生了巨大的变化，以虚拟网络平台为依托的企业网站、企业店铺成为企业品牌形象的一部分，是企业的窗口。另外，电子商务物流的工作效率和性能对客户满意度有着直接的影响。因此，网络客户满意度指标应该有着其独有的特性，如表7-2所示。

表 7-2　网络客户满意度测评指标体系

一级指标	二级指标	三级指标
客户满意度指标	网站特性	网站设计的友好度
		分类检索的便利性
		网络信息质量
		网络服务器的稳定性
	网络安全	网络平台的安全
		交易信息的安全
		客户隐私的保护
	网店情况	商品的种类
		商品的更新速度
		商品是否与实物相符
	物流配送	配送时间
		配送方式
		包装的完整性
	企业、品牌形象	企业、品牌总体形象
		企业、品牌知名度
		企业、品牌特征显著度
	客户预期	总体质量预期
		可靠性预期
		个性化预期
	产品质量感知	总体产品质量感知
		产品质量可靠性感知
		产品功能适用性感知
		产品款式感知
	服务质量感知	总体服务质量感知
		有形性质量感知
		可靠性质量感知
		保证性质量感知
		响应性质量感知
		关怀性质量感知
	价值感知	给定质量下对价格的评价
		给定价格下对质量的评价
		与同层次竞争对手相比对价格的评价
	客户满意度	总体满意度
		实际感受同与其服务水平相比的满意度
		实际感受同理想服务水平相比的满意度
		实际感受与同层次竞争对手相比的满意度

表7-2（续）

一级指标	二级指标	三级指标
客户满意度指标	客户抱怨	客户抱怨与否
		客户投诉与否
		投诉处理满意度
	客户忠诚度	重复接受服务的可能性
		向他人推荐的可能性
		价格变动忍耐性

相比表7-1，表7-2新增了网站特性、网络安全、网店情况和物流配送等指标。

（二）客户满意度调查对象

不同的客户在事前对企业的期待是不同的，有的客户容易满意，有的客户却不容易满意。因此，企业在测试客户满意度时，仅调查少数人的意见是不够的，必须以多数人为对象，然后再将结果平均化。

1. 现实客户

客户满意度测试的对象一般是现实客户，即已经体验过本企业产品或服务的现实（既有）客户。实际上，大多数的企业不是因为吸引客户过少而失败，而是由于未能提供客户满意的产品或服务而使客户流失从而业绩减退。测试并提高现实客户满意度非常重要，投入少，但效果很明显，因为它是以特定客户为对象的，目标固定。

2. 使用者和购买者

客户满意度测试的对象是以产品或服务的最终使用者还是以实际购买者为测试对象，这是需要预先明确的。由于商品或服务的性质不同，这两者经常存在差异。通常的理解是把购买者与最终使用者合二为一，这在很多情况下是事实。以购买者为测试对象，这是通常的做法。但相反的情况也不少。例如，不直接面向最终消费市场，以企业使用为主的生产资料，其使用者多是制造部门，而购买者则是供应部门。又如，对小孩提供的产品或服务，其使用者和购买者就是分离的，小孩是最终使用者，大人是购买者，在这种情况下，谁的需要应该优先考虑呢？也就是说，以谁为测试对象呢？当然企业的理想目标是使这两者都满意，可以将两者都列为测试对象；在发生困难的情况下也要注意使两者能达到一定的均衡。

3. 中间商客户

各个企业把产品或服务提供给客户的方式是不一样的。有些企业并不与消费者直接见面，而是需要经过一定的中间环节。这时客户对产品或服务的满意度，与批发商、零售商这样的中间商就有很大关系，测试中也不可忽略对中间商的测试。

4. 内部客户

客户满意度的测试不仅要包括传统的外部客户的调查，还要包括企业内部客户的调查。在很多企业中，由于没有树立"内部客户"的观念，各部门之间的隔阂很严重。各部门的员工对外部客户的需求很重视，却忽视了上下线其他部门这样的内部客户，互不合作甚至互相拆台的事情时有发生。实际上，企业作为对外提供产品或服务的整体，内部各部门彼此之间也应该以对待外部客户那样的方式相待。只有整个流程的各部门都能为其他部门提供满意的产品或服务，才有可能最终提供给客户（消费者）满意的产品或服务。

（三）客户满意度调查方法

常见的客户满意度调查方法有四种。第一种方法可以通过询问直接衡量，如"请按下面的提示说出您对某服务的满意程度：很不满意、不太满意、一般、比较满意、很满意（直接报告满意程度）"。第二种方法可以要求受访者说出他们期望获得一个什么样的产品属性以及他们实际得到的是什么（引申出来的不满意）。第三种方法是要求受访者说出他们在产品上发现的信任问题及提出的任何改进措施（问题分析）。第四种方法是企业可以要求受访者按产品各要素的重要性不同进行排列，并对企业在每个要素上的表现做出评价（重要性、绩效等级排列）。

1. 现场发放问卷调查

企业可以在客户（或公众）比较集中的场合（如展览会、新闻发布会、客户座谈会等），向客户发放问卷，现场回收。这种方式实施起来比较快速，如果辅之以小奖品，则问卷回收比例高，同时具有宣传的效果。但企业要注意甄别客户与潜在客户，以后者为调查对象的结果的准确性不高。

调查问卷的询问项目，一般应包括以下内容：

（1）当发现客户购买本企业产品时，可以调查客户满意和不满意的原因。

（2）成为企业忠诚客户的原因。

（3）从使用的频繁度来推敲客户使用的理由。

（4）客户不想购买的原因。

（5）从使用频繁度来了解客户的期待和需求。

（6）不使用和不再继续使用的原因，是否有解决的可能性。

（7）当初对本企业产品所抱的期待是怎样的，对于当初那份期待目前的评价如何。

（8）当初的期待与目前的评价之间，其差异点何在。

（9）以客户目前对本企业产品、服务的印象而言，将来有哪些地方必须改善。

（10）使用本企业产品后，就产品本身、服务体系分开来看的话，各有哪些具体的评价、需求和不满。

上述调查项目应随企业调查的具体情况而灵活调整。

2. 电话调查

电话调查适合于客户群比较固定、重复购买率比较高的产品。该调查方法的好处是企业可以直接倾听客户的问题，信息收集速度快，能体现客户关怀，效果较好；坏处是可能干扰客户工作或生活,造成客户反感。因此,调查的项目应尽可能简洁,以免拉长调查时间。如果客户数量较少,企业可以派营销人员直接联系客户;如果客户数量多,可以采取抽样方式,委托专业调查公司或双方合作进行。

3. 邮寄问卷调查

企业通常在庆典或重大节日来临之际向客户邮寄问卷,配合慰问信、感谢信或小礼品。邮寄问卷调查数据比较准确,但费用高、周期长,一般一年最多进行1~2次。

4. 网上问卷调查

这是目前互联网快速普及的情况下发展最快的调查方式,具有节省费用、快速的特点,特别是在门户网站如新浪网上开展的调查很容易引起公众对企业的关注。存在的问题是网上调查只对网民客户有效,结论有失偏颇;所提问题不可能太多,真实性值得怀疑。

不论哪种方式,企业在调查以后均应进行数据统计、分析处理,写出调查报告。企业应分析主要问题并提出相应的改进建议,从而让调查活动发挥检验客户满意度、促进企业提高客户满意度的作用。

(四) 客户满意度调查的注意事项

客户满意度调查的实施,可以聘请外部专家,也可以由本企业内部人员组成小组或设立办公室。实施过程中应注意以下几点:

1. 围绕客户接触点进行

影响客户满意度的最重要的因素就是客户接触点。例如,窗口的应对、电话的询问、促销活动、评论区的反馈等都是与客户的接触点。另外,客户所购买的产品本身、设施与设备的舒适性、企业的气氛等也是重要的接触点。每一个接触点的好坏,都可以决定客户对这家企业产品或服务的满意度。因此,客户满意度调查应紧紧围绕与客户的接触点来进行。

2. 依照服务的流程组织测试

客户满意度的调查应能包含所有的客户接触点。为了不至于遗漏,依照服务的流程组织调查是一个好办法。

3. 提高问卷的回收率

提高问卷回收率是调查取得客观结果的必然要求,这一点在邮寄问卷方式下则更加重要。因为邮寄问卷回收率的高低完全取于问卷的回答者,要想提高问卷的回收率,必须采取一定的措施,如明确说明调查的目的,同时强调寄回问卷有助于企业改善产品或服务的品质,对回答者本身有利。

【案例】唯品会的客户满意度管理

作为每年的例行活动"用户零距离",自2014年以来,唯品会在每年的5月20日都会走到用户家里,除了高管为用户送货上门,也进行用户访谈、调研、复盘唯品会的用户体验，最终进行改进。2019年5月20日，在第六个"520用户体验日"，150多位唯品人，在佛山、东莞、苏州等10个城市全线出击，150多名用户接受访谈，沉淀下厚厚一叠的用户记录。

  活动前36小时，唯品会将对用户说的每一句感谢都融在信里，细心地将用户礼物装袋，每一封信都向客户敞开胸怀，将感恩融入字里行间。活动前24小时，唯品会紧锣密鼓，细细研讨用户访谈细节，死抠每个细节，绝不忽略任何问题，把细节装心里，把用户放心上。活动当天8点，佛山、东莞、中山、肇庆、苏州、昆山、珠海等各班人马全员出击，活动启动。日常隔着屏幕，唯品会感受客户对于商品的偏好、几点开始购物、偏好哪类商品，却从没感受过客户生活在什么地方、日常有什么娱乐。这一次，唯品人终于看到每个真实的个体，把脑海里的想象和真实的用户做一个重叠，细细品味其中的"相似"和"不同"，这是唯品会活动的初衷。

  活动进行期间，客户向唯品会工作人员展示日常浏览应用软件的习惯。懂得客户，是为了更好地服务客户。有一位幼儿园老师詹小姐已经是唯品会的多年用户，她表示，家人的东西基本上都在唯品会上买的，包括小孩的奶粉、纸尿布等。提及选择唯品会的原因，詹小姐说，最开始是朋友推荐，使用之后发现东西都是正品，久而久之就对唯品会形成依赖。尤其对于孩子的吃穿用度，詹小姐最怕买到假货："小孩子喝的奶粉，哪怕价格贵一点我还是会选择唯品会，因为正品比较放心。"最让詹小姐难忘的一次购物经历是，收到货之后发现奶粉罐子已经破裂，询问之后虽然发现产品不会有问题，但是唯品会客服坚持要给詹小姐换新的。对于像詹小姐这样的妈妈用户，奶粉质量是她们关注的第一要点，只要能够买到正品，花再多的钱都值得。这也是唯品会的突出竞争优势。据悉，唯品会走的是"产地直采"的自营模式，专业买手遍布全球10个国家和地区，与品牌直接建立长期合作关系，从供应链源头确保商品源头，进而保证"正品"。"正品、划算，很有安全感，送货也快。"詹小姐如是形容在唯品会上的购物体验。

  来自不同城市的客户，从日常生活谈到爱好兴趣，从偏好商品聊到购物体验。商品能够带给人的幸福感，有时候是缓解孤单，有时候是传达温暖，每一件商品，都有着爱的温度。作为把更多好货带给更多人的唯品会，更有着不容懈怠的使命，如何给客户带去更好的购物体验，如何真切地给用户带去更好的商品，如何让物流更顺畅、更贴心，如何让客户服务更知用户痛点、解决问题，是唯品会需要永远不停止思考的问题。

  这一场活动结束之后，对于每一位唯品人都是一次对用户的更深层次探索，只有心怀客户，不断传承品质生活，提升幸福体验的使命才能得以践行。对于客户提出来的种种建议，将是唯品会下一步必须做好的课题。

第二节　网络环境中客户忠诚度的衡量

一、客户忠诚度概述

（一）客户忠诚度的概念

企业开展满意度研究是为了改善客户关系，但满意度只是客户的一种感觉状态，并不能保证这种满意度一定会转化为最终的购买行为。所谓客户忠诚度，是指客户对企业产品或服务的心理偏爱并进行持续性的购买行为，是客户满意效果的直接体现。客户满意度与态度相关联，争取客户满意的目的是尝试改变客户对产品或服务的态度。客户忠诚度体现出来的是购买行为，并且是有目的性的、经过思考而决定的购买行为。客户满意度高只能说明这种产品或服务可能具有市场潜力。只有掌握了客户对企业的信任和忠诚度，才具有指导意义。

忠诚的客户具有如下特征：当想购买一种他们曾经购买过的产品或服务时，他们会主动去寻找原来向他们提供过这一产品或服务的企业，甚至有时因为某种原因没有找到所忠诚的品牌，他们也会主动抵制其他品牌的诱惑，甚至暂时搁置需求，直到所忠诚的产品或服务的再度出现。忠诚的客户是企业最基本的、可以信赖的客户，他们是企业的产品或服务的长期、持续、重复的购买者，他们的忠诚也表明企业现有的产品或服务对他们是有价值的。

（二）客户忠诚度的内涵

通过对客户忠诚度概念的理解，我们不难看出客户忠诚度包含的两层含义，即客户忠诚度的内涵是客户购买时所持的态度取向以及购买行为的重复。当客户购买时所持的态度是积极的、正向的，表现在行为上就是不断地重复购买，这样的客户忠诚度才是真正的客户忠诚度。当客户购买时所持的态度是消极的、负向的，虽然在购买行为上表现为重复购买，但这样的忠诚度是存在虚假成分的，通常称为"虚假的忠诚"。当顾客购买时所持的态度是积极的、正向的，虽然也是重复购买，但并未将全部的购买量放在一个企业上，而是与多个供应商同时保持合作，这种忠诚称为部分忠诚。

二、客户忠诚的分类

客户忠诚于某一企业不是因为其促销或营销项目，而是因为他们得到的价值，影响价值的因素有很多，如产品质量、销售支持和便利性等。不同的企业所具有的客户忠诚差别很大，不同行业的客户忠诚也各不相同。那些能为客户提供高水平服务的企业往往拥有较高的客户忠诚。客户忠诚可以划分为以下几种不同的类型：

(一) 垄断忠诚

垄断忠诚指客户别无选择下的顺从态度。例如，因为政府规定只能有一个供应商，客户就只能有一种选择。这种客户通常是低依恋、高重复的购买者，因为他们没有其他的选择。公用事业公司就是垄断忠诚的一个最好实例。微软公司就具有垄断忠诚的性质。一位客户形容自己是"每月100美元的比尔·盖茨俱乐部"会员，因为他每个月至少要为他的各种微软产品进行一次升级，以保证其不落伍。

(二) 惰性忠诚

惰性忠诚指客户由于惰性而不愿意去寻找其他的供应商。这些客户是低依恋、高重复的购买者，他们对企业并不满意。如果其他的企业能够让他们得到更多的实惠，这些客户便很容易被人挖走。拥有惰性忠诚的企业应该通过产品或服务的差异化来改变客户对企业的印象。

(三) 潜在忠诚

潜在忠诚的客户是低依恋、低重复购买的客户。客户希望不断地购买产品或服务，但是企业的一些内部规定或是其他的环境因素限制了他们。例如，客户原本希望再来购买，但是企业只对消费额超过2 000元的客户提供免费送货，由于商品运输方面的问题，该客户就会放弃购买。

(四) 方便忠诚

方便忠诚的客户是低依恋、高重复购买的客户。这种忠诚类似于惰性忠诚。同样，方便忠诚的客户很容易被竞争对手挖走。例如，某个客户重复购买是由于地理位置比较方便，这就是方便忠诚。

(五) 价格忠诚

对于价格敏感的客户会忠诚于提供最低价格的零售商。这种低依恋、低重复购买的客户是不能发展成为忠诚客户的。例如，现在市场上有很多的一元店、两元店、十元店等小超市，就是从低价格出发，做好自己的生意，但是重复光临的人却并不是很多。

(六) 激励忠诚

企业通常会为经常光顾的客户提供一些忠诚奖励。激励忠诚与惰性忠诚相似，客户也是低依恋、高重复购买的那种类型。当企业有奖励活动的时候，客户们就会来此购买；当活动结束的时候，客户们就会转向其他有奖励的或是有更多奖励的企业。

(七) 超值忠诚

超值忠诚的客户是高依恋、高重复购买的客户，这种忠诚对很多企业来说都是最有价值的。客户对于那些使其从中受益的产品或服务情有独钟，不仅乐此不疲地宣传它们的好处，而且还热心地向他人推荐。

三、客户忠诚度的意义

客户"忠诚"就是客户偏爱购买某一产品或服务的心理状态或态度，或者是"对某种品牌有一种长久的忠心"。客户忠诚实际上是客户行为的持续反应。忠诚型的客户通常是指会拒绝企业竞争者提供的优惠，经常性地购买企业的产品或服务，甚至会向家人或朋友推荐的客户。尽管满意度和忠诚度之间有着不可忽视的正比关系，但即使是满意度很高的客户，如果不是忠诚客户，为了更便利或更低的价钱，也会毫不犹豫地转换品牌。

忠诚客户带来的收获是长期且具有累积效果的。一个客户的忠诚度保持越久，企业从他那儿得到的利益就越多。

（一）销售量上升

忠诚客户都是良性消费者，他们向企业重复购买产品或服务，不会刻意去追求价格上的折扣，并且他们会带动和影响自己周围的人发生同样的购买行为，从而保证了企业销量的不断上升，使企业拥有稳定的利润来源。

（二）加强竞争地位

忠诚客户持续地向企业而非企业的竞争对手购买产品或服务，则企业在市场上的地位会变得更加稳固。如果客户发现所购产品或服务存在某些缺陷，或者在使用中发生故障，能做到以谅解的心情主动向企业反馈信息，求得解决，而非投诉或通过向媒体披露等手段扩大事态，那么企业将会取得更大的收益。这些只有忠诚客户会做到，忠诚客户的这些做法有助于企业在激烈的竞争中立于不败之地。

（三）能够减少营销费用

首先，通过忠诚度高的客户的多次购买，企业可以定量分析出他们的购买频率，从而不必再花太多金钱去吸引他们；其次，关系熟了，企业还会减少合约的谈判及命令的传达等经营管理费用；最后，这些忠诚的客户会向他们的朋友宣传，为企业赢得更多正面的口碑。忠诚的客户乐于向他人推荐企业。有趣的是，被推荐者相对于一般客户更亲近于企业、更忠诚于企业。正是由于这些，许多企业对自卖自夸的广告未倾注热情，尽管广告策划得很优秀。

（四）不必进行价格战

忠诚的客户会排斥企业的竞争对手，他们不会被竞争对手的小利所诱惑，会自动拒绝其他品牌的吸引。只要忠诚的纽带未被打破，他们甚至不屑于胜企业一筹的对手，因此企业不必与竞争者进行价格战。

（五）有利于新产品推广

忠诚的客户在购买企业的产品或服务时，选择呈多样性，因为是企业的产品或服务他们乐意购买，他们信任企业、支持企业，所以他们会较其他客户更关注企业所提供的新产品或新服务。一个忠诚的客户会很乐意尝试企业的新业务并向周围的人介绍，这有利于企业拓展新业务。

当企业节省了以上的种种费用之后，就可以在改进网络和服务方面投入更多费用，进而在客户身上获得良好的回报。因此，今天的企业不仅要创造客户满意，更要紧紧地吸引住自己的客户，使他们产生忠诚。

四、网络客户忠诚度评价指标

在电子商务环境下,保持较高的客户忠诚度仍然是企业长期利润的源泉,是每个企业追求的目标。因此,客户忠诚度的测评应该是一个经常性的工作,通过开展客户忠诚度测评,企业不但可以了解客户的动向,还可以考核企业在提高产品质量和客户服务等方面做出的努力是否达到了目标。电子商务客户忠诚度评价指标如表 7-3 所示。

表 7-3　电子商务客户忠诚度评价指标

评价指标	指标说明
客户期望	产品口碑 网站对产品质量、数量等信息的说明 网站的交互性 网站的便利性 网站搜索时间 产品和服务的专业化 产品和服务的个性化 产品和服务的响应速度
客户信任	满足需求的实力 企业的公平性 网络的安全性 网络的可靠性
客户满意	销售人员的服务质量 售后服务、技术支持等人员的服务质量 咨询、帮助、申请、注册等版块的操作便捷、说明清晰 增值服务
客户认知价值	产品功能的特点 产品价格 产品质量 产品品牌 产品风险
转换成本	利益关系 资源成本 心理成本 替代限制 附加服务成本
客户情感	对产品价格的敏感度 对竞争品牌的态度 对企业失误的承受能力 对产品的挑选时间的长短

五、提高忠诚客户的转换成本

统计数据表明，保持一个客户的营销费用仅仅是吸引一个新客户的营销费用的 1/5；向现有客户销售产品的概率是 50%，而向一个新客户销售产品的概率仅有 15%；客户忠诚度下降 5%，企业利润下降 25%；如果将每年的客户关系保持率增加 5%，可能使企业利润增长 85%；企业 60% 的新客户来自现有客户的推荐。

提高转换成本是忠诚计划的关键。以国外电信运营商为例，他们主要从三个方面来培育客户的忠诚度：一是提高客户的满意度，二是加大客户的"跳网"成本，三是留住有核心客户的员工。据统计，65%~85% 的流失客户表示他们对原来的供应商是满意的。因此，为了建立客户忠诚度，电信运营商必须将功夫下在其他方面，尤其是努力加大客户的"跳网"成本，从而将客户留住。这个"跳网"成本就是客户的转换成本。

"转换成本"的概念最早是由"竞争战略之父"迈克尔·波特在 1980 年提出来的，指的是当消费者从一个产品或服务的提供者转向另一个提供者时所产生的一次性成本。这种成本不仅仅是经济上的，也是时间、精力和情感上的，它是构成企业竞争壁垒的重要因素。如果客户从一个企业转向另一个企业，可能会损失大量的时间、精力、金钱和关系，那么即使他们对企业的服务不完全满意，也会三思而行。一般来说，转换成本可以分为以下几种：

（1）经济危机成本，即客户如果转投其他企业的产品和服务，有可能为自己带来潜在的负面后果，比如产品的性能并不尽如人意、使用不方便等。

（2）评估成本，即客户如果转投其他企业的产品和服务，必须花费时间和精力进行信息搜寻评估。

（3）学习成本，即客户如果转投其他企业的产品和服务，需要耗费时间与精力学习产品和服务的使用方法及技巧，比如学习使用一种新的计算机、数码相机等。

（4）组织调整成本，即客户转投其他企业，必须耗费时间和精力同新的产品和服务提供商建立关系。

（5）利益损失成本，即企业会给忠诚客户提供很多经济等方面的实惠，如果客户转投其他企业将会失去这些实惠。

（6）金钱损失成本，即如果客户转投其他企业，可能又要缴纳一次性的注册费用等。

（7）个人关系损失成本，即客户转投其他企业可能会造成人际关系上的损失。

（8）品牌关系损失成本，即客户转投其他企业可能会失去和原有企业的品牌关联度，造成在社会认同等方面的损失。

【案例】星巴克的客户忠诚度管理

星巴克拥有美国最强大的忠诚度计划之一。2019年3月底,星巴克宣布对其北美忠诚度计划进行修改,以吸引新会员。但伯恩斯特恩(Bernstein)在一份说明中表示,这些调整可能会激怒现有的星巴克奖励计划会员。在更新后的计划中,会员每花1美元仍然能赚到两颗"星"。但新计划消除了星巴克奖励的两个等级,并为会员提供了更广泛的兑换选择——可以从25星级定制饮料到400星级的精选商品或家庭咖啡中任意选择兑换饮品。

星巴克首席营销官马修·雷恩(Matthew Ryan)在宣布修改计划时,向美国消费者新闻与商业频道(CNBC)表示:"我们希望这个(新的忠诚度)项目能对更多的人有吸引力。我们希望有更多还在'门外'的新客户能参与进来。"

目前的计划是,客户在咖啡连锁店的消费即可获得能用来兑换食物或饮料的双倍积分(每消费1美元可兑换2颗星,即2积分),而黄金会员可对任何商品使用固定数量的积分。而几周后即将生效的新变化是,对于牛奶等小额商品的消费返还积分较少,而用于兑换手工饮料、早餐和午餐的商品的积分门槛升高。会员需要满150积分(相当于消费75美元)才可兑换手工制作的饮料、热早餐。而午餐三明治或沙拉则需要更多——200积分,也就是消费100美元获得的积分。

如果客户没有星巴克应用程序,客户甚至看不到连锁店的完整菜单。星巴克商店的菜单板显示出一种最棒的点击率。这不是要让某些项目专属于成员,这只是为那些不熟悉的客户简化链条产品的一种方式。理论上,这有助于改善店内客户体验,因为不太频繁的客户将不会面临压倒性的选择。然而,一旦客户加入星巴克奖励计划并下载该应用程序,客户就可以获得易于理解的完整菜单。

星巴克创建了一个推动业务的忠诚度计划。该计划为会员提供真正的价值,更重要的是增加了便利性。这推动了该品牌的销售增长。随着星巴克奖励计划在美国的推出,它应该成为星巴克提高销售额的一个更重要的部分。

第三节 客户满意度和客户忠诚度的关系

一、影响客户满意度与忠诚度关系的因素

客户忠诚度是指客户再次购买相同企业产品或服务的行为。客户对企业是否满意、会不会再次光顾,客户心中有自己的评判标准,那就是企业的产品或服务能否最大限度满足客户需求。特惠润滑油公司的彭斯说:"你可以随心所欲地给客户寄发提醒通知,但客户回来后,你不能让他们感到舒心,也没有合格的人为他们服务,他们就会一去不回。"因

此，企业要不断提高产品或服务的水平，超越竞争对手，更好地满足客户需求。

客户与企业进行业务往来的时间长短，只是忠诚度的一种指标。忠诚度的基础在于持续的客户满意，它是一种情感上的联系，而不只是一种行为。

忠诚的客户源于满意的客户，但满意的客户并不一定是忠诚的客户。有时客户的满意度提高了，但销售并未取得明显增加。客户的忠诚度有赖于满意度的提高，更取决于客户对企业的信任度。从这层意义上说，建立并加强客户对企业的信任度更为重要。许多生意的推荐者并非是企业的客户，但他们肯定对企业的生意有一定了解，并充分信任企业的人。

为了增强忠诚度，企业必须提高每个客户的满意度水平，并长期保持住这种水平，因此需要增加提供给客户的价值。增加价值使客户感到自己的所得超过了他们的期望。这并不意味着要降低价格，或者在同样多的价格下提供更多的有形产品。

二、不同市场环境的满意度与忠诚度的关系

消费市场中的大量实证研究表明，客户满意与客户的重复购买意向之间存在积极的关系。从概念上分析，例如，在移动通信服务市场中，较高的满意度降低了客户转换行为的感知利益，从而获得了较强的客户重复购买意向。与此同时，对移动通信服务客户的访谈结果也显示，客户满意度越高，越会表现出更多的口碑宣传以及更加频繁的重复购买行为和推荐购买行为。因此，假设如下：

假设1：客户满意度越高，客户对企业的态度忠诚度越高。

假设2：客户满意度越高，客户对企业的行为忠诚度越高。

美国学者琼斯等研究发现，客户满意度和客户忠诚度之间的关系受到了市场竞争情况的影响，具体表现如图7-2所示。

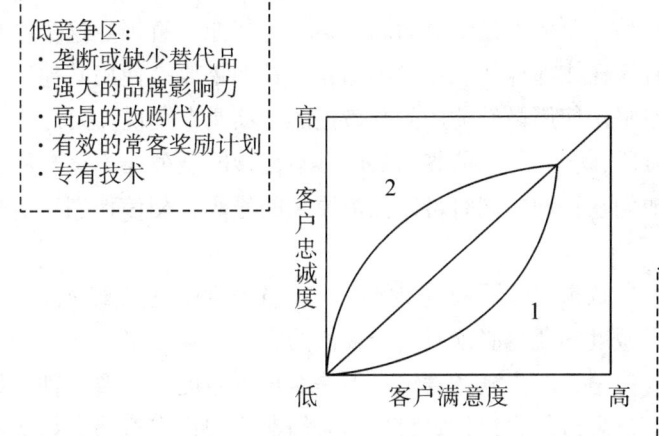

低竞争区：
- 垄断或缺少替代品
- 强大的品牌影响力
- 高昂的改购代价
- 有效的常客奖励计划
- 专有技术

高竞争区：
- 相似性强、差别小
- 消费者改购风险小
- 替代品多
- 改购代价低

图7-2 客户满意度与客户忠诚度的关系

从图 7-2 可以看到，在高竞争区（曲线 1），客户的满意度必须达到一定的区间，客户的忠诚度才有较明显的提高，客户只有在达到非常满意的情况下，才会对企业产生忠诚感；在低竞争区（曲线 2），客户的满意度提高较小的幅度就可以得到很大的客户忠诚度，但这实际上是客户对产品或服务选择范围小（或是别无选择）的缘故，并非是真的对企业忠诚。当所处的环境改变为高竞争区的时候，即有许多同类优质产品或服务可以选择的时候，这些客户在很大程度上会选择其他产品或服务。因此，客户满意度并不是客户忠诚度，只有当客户非常满意时才会产生忠诚的客户。企业处于低竞争区的时候，要懂得居安思危，提高产品的服务质量和水平，使客户真正满意、忠诚。只有这样，当外部竞争环境发生变化的时候，企业才能够处变不惊，从容应对，留住忠诚的客户。

三、对客户满意度与客户忠诚度关系的思考

客户满意度不等于客户忠诚度，客户满意度是一种心理的满足，是客户在消费后所表露出的态度；客户忠诚度是一种持续交易的行为，会促进客户重复购买的发生。衡量客户忠诚度的主要指标是客户保持度（描述企业和客户关系维系时间长度的量）以及客户占有率（客户将预算花费在该公司的比率）。

满意度衡量的是客户的期望和感受，而忠诚度反映的是客户未来的购买行动和购买承诺。客户满意度调查反映了客户对过去购买经历的意见和想法，只能反映过去的行为，不能作为未来行为的可靠预测。忠诚度调查却可以预测客户最想买什么产品、什么时候买、这些购买可以产生多少销售收入等。

客户的满意度和他们的实际购买行为之间不一定有直接的联系，满意的客户不一定能保证他们始终会对企业忠诚，产生重复购买的行为。因为满意的客户仍然可以购买其他企业的产品。对交易过程的每个环节都十分满意的客户也会因为一个更好的价格而更换供应商。有时尽管客户对企业的产品和服务不是绝对的满意，企业却能一直锁定这个客户。例如，许多用户对微软的产品有这样或那样的意见和不满，但是如果改换使用其他产品要付出很大的成本，他们也会始终坚持使用微软的产品。最近的一项调查发现，大约 25% 的手机用户为了保留他们的电话号码，会容忍当前签约供应商不完善的服务而不会转签别的电信供应商。但如果有一天，他们在转网的同时可以保留原来的号码，相信他们一定会马上行动的。

不可否认，客户满意度是导致重复购买最重要的因素，当满意度达到某一高度，会引起忠诚度的大幅提高。客户忠诚度的获得必须有一个最低的客户满意水平，在这个满意度水平下，忠诚度将明显下降。但是，客户满意度绝对不是客户忠诚度的重要条件。如果将忠诚度单纯看成一种态度状态，忠诚的客户肯定会做出人们期望的许多行为，如更高的重复购买率和更低的流失率。重复购买活动或对供应商转换行为的厌恶可能是忠诚的表现，但这些行为并不是忠诚，它们是忠诚的结果。对转换供应商的厌恶和高重复购买率并不一

定意味着这个客户在本质上是忠诚的。很明显，许多其他因素都会导致人们期望的这种重复购买行为，这些因素包括地理上的邻近性和价格等。

四、客户满意到客户忠诚的做法

（一）巩固和提高客户满意度

巩固和提高客户满意度的目的在于发展企业的主动忠诚客户，并以此为核心，形成"羊群效应"，从而实现客户的行为忠诚到意识忠诚再到情感忠诚的升级，巩固和提高客户满意度的关键是提高客户的让渡价值。首先，企业要根据客户的忠诚度进行客户分群，制订有针对性的、不同的忠诚计划，并根据"二八原则"，将企业有限的资源重点放在能为企业带来主要利润的核心客户上，优先满足这类客户的需求。其次，企业要理解客户的诉求，为客户提供尽可能详尽的产品和服务信息，让客户对产品和服务有全面的了解，减少客户的信息搜寻成本。再次，企业要为客户提供一整套产品和服务的个性化解决方案，帮助客户最大限度地发挥产品和服务的效能。最后，企业要对客户进行跟踪回访，了解客户的看法和意见，并及时予以解决。

（二）提高客户转换成本

转换成本是当客户从一个产品或服务的提供者转向另一个提供者时产生的一次性成本。这种成本不仅仅是经济上的，也是时间、精力和情感上的。当客户的转换成本高于其因转换而带来的收益时，即使他们对企业的产品、服务或价格不是完全满意，也会三思而行。为此，提高客户的转换成本有助于提高客户转向竞争对手的门槛，让客户对企业的产品和服务产生依赖，使那些不满意和基本满意的客户成为企业的被动忠诚客户，并在此基础上，尽可能将被动忠诚客户转化为主动忠诚客户。总而言之，客户满意代表的是过去，而客户忠诚代表的是现在和未来。只有把握住客户忠诚，企业才能把握住企业的未来，才能保证企业的可持续发展。

【案例】英国乐购超市客户忠诚度管理

乐购（Tesco）超市公司是英国最大的食品超市公司之一，该公司实施的忠诚计划是俱乐部卡（Clubcard），乐购超市的俱乐部卡被很多海外商业媒体评价为最善于使用客户数据库的忠诚计划和最健康、最有价值的忠诚计划。

乐购采用的是与航空公司类似的"常旅客计划"，奖励经常到超市购物且达到一定量的消费者。在有选择的情况下，消费者倾向于选择自己持有会员卡的超市，以便获得各种奖励。这种积分计划在一定程度上可以达到转换成本的效果，因为一旦消费者转换到另一家超市，以前的积分可能就被放弃或被推迟兑现了，从而产生了转换成本。乐购超市正是因此类忠诚计划建立了企业的核心竞争力。

乐购超市赢得客户忠诚度的"杀手锏"就是利用细分的消费者数据来设立了乐购的

"利基俱乐部"。在《乐购怎样赢得客户忠诚度》一书中,俱乐部卡设计者介绍,乐购超市将超市中客户经常购买的商品分为50个类别,每个类别和消费者的一种生活习惯与家庭特征相对应,如奶粉、尿不湿等类别代表年轻父母,水果、蔬菜等类别代表健康的生活习惯。然后,收银员扫描每个客户购买的商品得到大量的统计数据。系统运行了六个月后,乐购超市的数据库成功地细分出了13个"利基俱乐部"。

乐购超市赢得客户忠诚度的另一个重要原因是关注客户的特别需求,不断推出新的优惠和服务。例如,乐购超市为女性购物者和对健康很在意的消费者特别推出了"瘦身购物车"。

这种推车装有设定阻力的装置,使用者可自主决定推车时的吃力程度,阻力越大,消耗的卡路里就越多。推车购物过程中,客户的手臂、腿部和腹部肌肉都会得到锻炼,相当于进行一定时间的慢跑或游泳而得到的锻炼。手推车上还装有仪器,可测量使用者的脉搏、推车速度与时间,并显示出推车者消耗的热量。乐购超市发言人称,这种"瘦身购物车"造价是普通推车的7倍,但受到了目标群体的热烈欢迎。

乐购赢得客户忠诚度的主要原因在于:

(1) 俱乐部卡积分简单,提供实在的优惠。
(2) 建立数据库对客户进行分类,掌握客户详细的购买习惯。
(3) 有效降低营销成本。
(4) 关注客户特别需求,如推出"瘦身购物车"。

综合练习

【简答题】

1. 什么是客户满意和客户期望?
2. 如何管理客户期望。
3. 影响客户满意度的因素有哪些?
5. 简述客户满意测评的操作流程。
6. 什么是客户忠诚?客户忠诚分为哪几类?
7. 如何提高客户忠诚度?

【实训题】

1. 选择一个B2B网站,对其进行调研和分析,给出该企业的客户满意度、客户忠诚度管理方案。

2. 针对淘宝、天猫、聚划算进行分析和解读,收集其有关"双十一"的客户服务流程和客户满意度管理计划,给出其客户满意度管理和客户忠诚度管理方案。

第八章 网络客户服务管理

> **学习目标**
>
> 了解客户服务的概念，网络客户服务的概念及特征；
> 掌握网络客户服务的流程；
> 掌握网络客户服务的沟通方法和技巧；
> 了解网络客户服务投诉的原因；
> 掌握网络客户投诉的处理技巧。

第一节 网络客户服务概述

一、客户服务的含义

客户服务是一个过程，即在合适的时间、合适的场合，以合适的价格、合适的方式向合适的客户提供合适的产品和服务，使客户合适的需求得到满足、价值得到提升的活动过程。客户服务有三个方面的含义：客户服务是一种组织功能，即为客户购买和使用产品或服务提供的帮助；客户服务是一种为买卖双方交换的产品附加价值的过程；客户服务是一系列确保"在正确的时间、正确的地点为客户提供正确的产品或服务"的活动。

客户服务还可以理解成逐渐深入的三个层次关系：首先是基本服务，也就是客户在购买企业产品或服务之前假定自己必须获得的服务；其次是反映服务，也就是客户能够向企业明确表达的希望得到的服务，这一层次服务的内容可以通过调查获得；最后是意外服务，也就是企业给客户带来的意外惊喜，它是企业改进服务的重点。

客户服务（Customer Service）简称客服，是指一种以客户为导向的价值观，它整合及管理预先设定的最优成本——服务组合中的客户界面的所有要素。从广义上看，任何能提高客户满意度的内容都属于客户服务的范围。

客户服务管理是客户管理中的重要组成部分，目前还没有统一的定义，它通常指的是企业与客户的交流方式，实施于企业的市场营销、销售、服务与技术支持等与客户有关的领域。

客户服务管理的核心理念是企业全部的经营活动都要从客户的需要出发，以提供满足客户的产品或服务作为企业的任务，以客户满意作为企业经营的目的。

客户服务质量取决于企业创造客户价值的能力，即认识市场、了解客户现有与潜在需求的能力，并将其导入企业的经营理念和经营过程中。优质的客户服务管理能最大限度地使客户满意，使企业在市场竞争中赢得优势，获得利益。在激烈竞争的市场中，客户有更多的机会、更多的选择。

客户服务的效益是难以用数字来描述的，而是要从客户所受到的感情影响、对品牌和美誉等间接的途径来反映。不少企业利用客户服务中心提供的工作机制对企业内部进行现代化管理。通过客户服务中心进行的调度、监控、人员考核等工作将是十分真实、高效的，同时带来的效益也是相对明显的。客户服务中心减少了中间环节，畅通了企业与客户间的交流渠道，如果方式得当，这一功能可为企业带来最快速的效益。

客户服务对于企业的意义主要有以下几点：
（1）客户服务是发现客户需求的前沿。
（2）客户服务是满足客户需求的推动机。
（3）客户服务是留住客户的核心。
（4）客户服务可以深度挖掘客户价值。
（5）良好的客户服务，将促进客户量增长，并提升市场占有率。

二、网络客户服务的特征

电子商务环境下的客户服务管理是在传统商务环境下，以信息技术和网络技术为平台的一种新兴的客户服务管理理念与模式。在电子商务环境下客户服务主要有以下特点：

（一）高效的信息沟通

互联网及时的沟通方式，有效支持客户随时、准确地访问企业信息。客户只要进入企业网站，就能了解企业的各种产品和服务信息、寻找决策依据以及满足需求的可行途径。同时，营销人员借助先进的信息技术，及时、全面地把握企业的运行状况及变化趋势，以便根据客户的需求提供更为有效的信息，改善信息沟通效果。

（二）较低的客户服务管理成本

在电子商务模式下，任何组织或个人都能以低廉的费用从网上获取需要的信息。在这样的条件下，客户服务管理系统不仅是企业的必然选择，也是广大在线客户的要求。因此，在充分沟通的基础上，相互了解对方的价值追求和利益所在，以寻找双方最佳的合作方式，无论对企业或在线客户，都有着极大的吸引力。

（三）企业较高的信息化水平

企业信息化水平、企业管理水平的提高都有利于客户服务管理的实现。现在信息化、网络化的理念在我国很多企业中已经深入人心，很多企业有了相当的信息化基础。电子商务正改变着企业做生意的方式，通过互联网，企业可以开展营销活动，向客户销售产品，提供售后服务，以很低的成本收集客户信息，给客户带来更好、更优质的服务。

（四）管理理念的更新

互联网带来的不仅是一种手段，还触发了企业组织架构、工作流程的重组以及整个社会管理思想的变革。企业在引入客户服务管理的理念和技术时，不可避免地要对企业原来的管理方式进行改变，变革、创新的思想将有利于企业员工接受变革，而业务流程重组则提供了具体的思路和方法。当前，一些先进企业的重点从以产品为中心向以客户为中心转移。与客户建立共同获胜的关系，达到双赢的结果，这也是在电子商务环境下的客户服务的特点。

（五）客户服务能给企业创造巨大的经济效益

客户服务最直接的效果是把企业的目光导向了企业的外部，去面对客户并寻找客户的真实需求。此外，客户服务可以为客户提供一系列的既得利益，在提高客户满意的基础上，为企业带来利润。客户服务还可以创造产品或服务的差异化，提高企业的核心竞争力，特别是客户服务可以延长产品的生命周期并且产生附加价值，这是因为客户服务的许多方面不是无偿的，产品的维护、修理等都可以成为企业的收益来源。特别是在当前，企业之间在产品质量和成本方面的竞争渐渐退出历史舞台，竞争焦点将转移到客户服务的质量上。比尔·盖茨曾经说过，今后微软80%的利润将来自产品销售后的各种升级换代和维护咨询等服务，只有20%的利润来自产品本身。因此，优质满意的客户服务能让企业拥有稳定的客户和创造更多的客户价值，为企业带来巨大的经济效益。

（六）客户服务能够防止客户的流失

在市场竞争愈发激烈的情况下，企业必然会使用各种手段来抢夺有限的客户资源，客户流失就成为一种必然，失去一个老客户会带来巨大损失，企业开发10个新客户也不一定能够弥补。如何防止客户的流失呢？优质的客户服务能有效地防止企业客户流失。不论其他企业的产品或服务的价格多么具有诱惑性，但客户并不知道这些企业的服务好不好，而客户正使用的企业提供的服务非常好，客户就会感觉这个企业的产品或服务好，那么客户也就没有理由离开。

（七）客户服务能帮助企业树立良好的品牌形象

客户服务不是企业的短期行为，而是企业长远的、持续的经营活动，企业通过优质的客户服务实现客户满意，从而使这种满意在客户之间进行信息的传播，为企业获得更多的客户。同时企业可以在客户心中树立起一种服务品牌形象，赢得客户对企业和产品的认可与信任。

三、网络客户服务管理的内容

电子商务企业的服务质量是一个主观范畴。一般来讲，客户通常从企业为其提供的售前问题解答的专业程度、售中产品的配送速度、配送质量、产品质量，售后问题处理情况来衡量企业的整体服务质量的好坏。因此，电子商务客户服务管理包括售前服务、售中服务、售后服务、投诉处理等方面。

（一）售前客户服务策略

对商务活动来说，售前阶段是交易双方的准备阶段。对客户来说，其就是要千方百计地搜索自己需要的商品信息；对供货企业来说，其就是要千方百计地宣传自己的商品信息，让更多的客户知道、了解、认识本企业的商品。也可以说，售前阶段是一个商品信息发布和查询的过程。在这个阶段，客户服务可以做以下工作：

1. 提供商品搜索和比较服务

现在网上有几十万家商店，而且每天都有新的在线商店加入。每一家商户，特别是大型零售商店中又有许多种类繁杂的商品。为了方便客户购物，网上商店应提供搜索服务，使客户可以快捷地找到想要的东西。另外，客户在网上购物不像在传统商店那样可以直观地了解商品，因此网上商店还应提供一些有关商品的详细信息，以方便客户做出购买决策。

2. 为客户提供个性化的服务

网上商店应根据上网客户的不同身份、爱好和需求，将每一名客户视为特殊的一员对待，自动提供不同的商品信息和服务，方便客户购买商品，让客户有宾至如归的感觉。根据客户的行为，网站可为客户提供不同的信息。

3. 建立客户档案，对老客户进行消费诱导服务

当客户在网上商店注册时，会填写自己的基本资料，这时网上商店应把客户的资料保存在档案库中，当客户再次光顾时，也要将其浏览或购买的信息存入档案，并以此为依据，有针对性地开发或刺激其潜在的需求，不断开拓市场。

例如，在客户的档案中记载了在2017年和在2018年的10月客户都买了一份礼物，就可以推测此客户在10月可能有一个比较特殊的日子，等快到2019年10月时，企业就可以自动发一封电子邮件，向客户推荐比较合适的礼物。客户收到这样的电子邮件，一定非常高兴，因为客户认为企业非常重视他，再者客户也不需耗费时间到处选购礼物了。但企业要掌握好推荐时机和推荐对象，不要让客户认为企业是在发垃圾邮件，干扰自己的生活。

（二）售中客户服务策略

售中阶段是交易双方磋商的过程，交易双方就具体商品交易进行磋商，是一个谈判双方就贸易细节相互交流并达成共识的过程。在这个阶段中，企业要尽力满足客户的各方面需求。

1. 提供让客户定制产品的服务

所谓产品定制,指的是企业提供的产品不再只局限于统一的产品,用户通过互联网在程序引导下,可对产品或服务进行选择或提出具体要求,企业可以根据客户的要求和选择,及时地进行生产并提供及时服务,使得客户得到满足要求的产品和服务。这样一方面可以提高客户的满意度,另一方面还可以及时了解客户需求,并根据客户要求及时组织生产和销售。

2. 提供客户跟踪订单状态的服务

当客户在网上下单后,企业应该提供订单状态查询的服务,让客户了解什么时候能拿到商品。例如,客户在戴尔公司订购了一台计算机,戴尔公司的销售代理会把预计的交货时间传达给客户。一旦客户提交订单并收到订单编号后,客户就可以通过戴尔公司的网上订单状态跟踪系统从网上跟踪订单的状态。在这个跟踪系统中,客户可以登记申请戴尔的"Order Watch"服务,在所订货物出厂后得到通知。

3. 提供多种方便安全的付款方式

电子商务网站要提供灵活多样的付款方式以方便客户。例如,在亚马逊网上书店,客户可以选择信用卡、现金汇款、支票结算的方式。对于许多人顺虑重重的信用卡结算,亚马逊做出了专门的"安全消费保证",以保障信用卡结算的安全性。用户甚至可以为自己的支付渠道设置密码。亚马逊表示绝不在网上公开客户的卡号,卡号被存入专门的计算机中,以便于保密。此外,用户还可以在亚马逊中建立一个账户,储存一定额度的钱,以便每次订购完成之后,亚马逊会自动结账。

4. 提供应时配送服务

客户完成在线购物后,商务活动并未结束,只有商品或服务送达客户,商务活动才算完结。客户在线购物最关心的问题就是所购商品能否准时到货。客户在网上购买的,一种属于实物产品,如服装、玩具和食品;另一种属于数字产品,包括音乐、电影、电视、软件、报纸、杂志、图片等。对于数字产品,企业可以通过让客户从网上下载服务直接实现商品的送货。对于实物产品,企业要把应时配送服务作为业务的重点。应时配送服务指的是在客户订货时就与客户协商确定到货的时间,并按约定的时间将货物送达指定的地点,要求不能晚也不能早。

(三) 售后客户服务策略

售后阶段是企业非常重视的环节,越来越多的企业重视售后的持续性服务。因为到了售后环节,可以说客户才成为企业真正意义上的客户,并且企业通过售前、售中环节取得了一定的客户信息,可以对目标客户有针对性地提供服务。另外,售后服务工作开展得好,才能保持客户、维系客户。

1. 向客户提供持续的支持服务

企业可以通过在线技术交流、在线技术支持、常见问题解答以及在线续订等服务,帮助客户在购买产品或服务后更好地使用。例如，客户在网上购买了一台网络高清电视机顶盒后，可能在使用时需要了解如何和电视机相连以及功能设置等问题。那么，企业可以通过在线帮助来解答客户的问题。

2. 开展客户追踪服务

在电子商务环境下，企业对客户的售后服务应该是终生的。良好的售后服务永远是留住客户的最好方法。在电子商务环境下，企业对客户的服务不再是当客户提出某种要求时的被动反应，而是积极地为客户着想，这样才能使客户真正体会到"上帝的感觉"。例如，阿里巴巴的工作人员会在客户购买完产品以后，及时打电话向客户致谢，同时询问客户对产品或服务是否满意；另外，他们还会给客户打电话，在客户过生日或比较重大的日子里给客户发邮件表示祝贺，这样的电话咨询是有效跟踪服务的开始。

3. 良好的退货服务

由于在线购物时，客户不能真实、直观地"触摸"商品，难免会出现客户对拿到的商品不满意的情况而需要退货。企业提供良好的退货服务可以增加客户在线购买此商品的信心。例如，在亚马逊网上商店，客户在拿到订货的30天内，可以将完好无损的书和未开封的CD退回，亚马逊将按原价退款。如果是亚马逊的操作失误而导致的退货，亚马逊的退款将包括运费。

第二节 网络客户服务的流程

高效的服务意味着电子商务企业能够用更低的成本、高效率的方式为客户提供更多的价值，获得更高的客户满意。无论是高薪资深的销售经理，还是刚入门的销售代表，他们都会有面对客户的关键时刻。对于组织来说，一方面需要将权力和权威授予那些与客户接触的层面；另一方面为保证每个关键点的接触真正达到"互感互动"的目的，组织应该建立起一套完整的客户服务管理体系。这就需要高效的客户服务管理流程（如图8-1所示）。其核心包括如下内容：

一、理解客户

除非完全理解所提供的商品或服务的特性，完全明白客户需要什么，完全清楚客户一开始的看法，否则企业就根本无法高效地为客户进行服务。

二、建立客户服务标准

只有确定清晰、简洁、可观测和现实可行的高效服务标准，客户服务的质量才是可靠的。高效客户服务包括互为一体的两个方面：一是程序面，涉及服务的递送系统，包括工

```
理解客户
   ↓
建立客户
服务标准
   ↓
组建客户
服务团队
   ↓
检查、监督、
反馈、改善
   ↓
增值服务
```

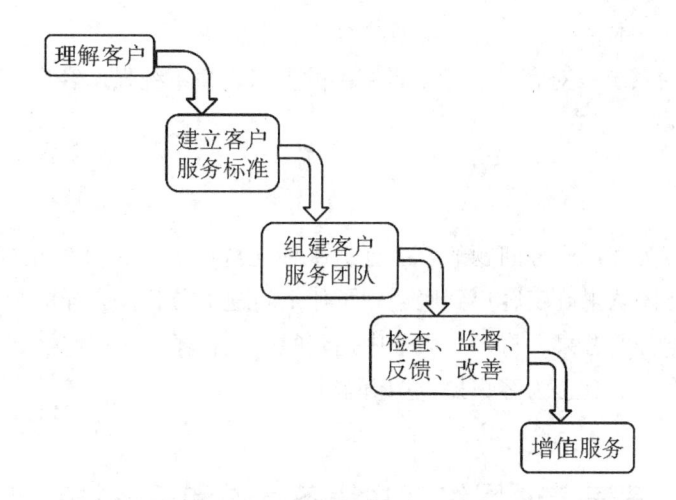

图 8-1　客户服务管理流程

作的所有程序，提供满足客户需求的各种机制和途径；二是个人面，即客户服务中人性的一面，涉及人与人之间的接触和交往，涵盖了服务时每一次人员接触中表现出来的态度、行为和语言技巧。在客户服务的管理过程中，如果要对通向成功的各种因素加以陈述，那就是细节、细节、细节。

三、组建客户服务团队

完成这项工作有以下几个步骤：

（1）设计高效客户服务岗位，将质量融入客户服务岗位设计中。

（2）高效客户服务团队的岗位描述。

（3）根据高效客户服务选拔应聘者。

（4）高效客户服务技能培训。

（5）实施高效客户服务领导技能。高效客户服务的领导应该是个优秀的沟通者、成功的决策者，为服务团队提供恰当的回报。对客户服务的管理者而言，重要的不是在场时发生了什么，而是不在场时发生了什么。

四、检查、监督、反馈、改善

评定客户服务团队的服务质量主要有以下三个评价系统：

（1）服务审核系统。服务审核其实就是根据前面列出来的服务标准，对其执行状况进行审核。企业可以通过审核表来衡量自己在客户服务方面做得有多好，而不是有多糟。

（2）客户反馈系统。大多数客户不喜欢提出抱怨，更不用说提出建议。绝大多数客户不愿花费时间和精力来提供积极的反馈。因为他们不相信反馈有作用，还有他们不容易接近，所以打通客户与本企业之间的信息通路至关重要。

（3）员工反馈系统。对客户服务质量有利的员工反馈系统强调客户服务行为、信息共享、思想交流。

五、增值服务

首先，企业应为客户服务问题的解决创造一种支持性的气氛（给出建议）。其次，企业应利用客户服务团队来确定客户到底遇到了什么问题、需要什么样的帮助，并使客户服务团队成为改善服务的源泉，将客户服务中遇到的问题和客户的抱怨当成与客户改善关系的契机。最后，企业应真正为客户提供增值服务。

第三节　网络客户服务沟通和服务技巧

电子商务客户服务的一个不同于传统客户服务的重要方面就是电子商务客户服务主要通过互联网与客户进行交流，更多的是通过及时通信工具进行不见面式的沟通。这其实对网络客户服务人员的素质有更高的要求，其需要一定的技巧。

一、网络客户服务礼仪

礼仪是社会人际关系中用以沟通思想、交流感情、表达心意、促进了解的一种形式，是人际关系交往中不可缺少的润滑剂和联系纽带。网络客户服务人员无法看到客户的真实面容，因此只能通过网络进行语言沟通，那么礼仪起着非常重要的作用。

（一）礼仪的基本概念

礼仪是人类社会为维系社会正常生活而共同遵循的最简单、最起码的道德行为规范与准则。礼仪属于道德体系中社会公德的内容，是人们在长期共同生活和相互交往中逐渐形成的，并以风俗、习惯和传统等形式固定下来。由于各国的风俗习惯、宗教信仰不同，礼仪主要包括礼节、礼貌和仪表三个方面。

礼节是指在交际场合中，送往迎来，相互问候、致意、祝愿、慰问等方面惯用的形式。礼节是关于他人态度的外在表现行为规则，往往以向他人表示敬意的仪式方面体现出来，如我国古代的作揖、跪拜，现代人的点头致意、握手言好以及一些国家和地区的双手合十、拥抱等，都是礼节的形式。

礼貌是人们言语动作谦虚恭敬的表现，是文明行为的起码要求。礼貌的内容十分丰富，其中包括遵守秩序、言必有信、敬老尊贤、待人和气、仪表端庄、讲究卫生等。礼貌体现了时代的风尚和人的道德品质，体现了人的文化层次和文明程度。

仪表指人的外表，如容貌、姿态、风度、服饰等。仪表是感性的、外露的东西，无须用语言表达。仪表是人的精神状态、个性气质、品质情趣、文化修养和生活习惯的外在表现。仪表是外形，但它能反映出一个人内在的思想品德、道德修养、学识才能。

（二）客户沟通礼仪

当与客户沟通时，客户服务人员必须注意谈话技巧，正确地使用恰当的措辞能够提高客户的满意度，形成好的口碑，增强企业在电子商务行业内的美誉度。

1. 声音运用

（1）声调：应进入高声区，显得有朝气，且便于控制音量和语气。

（2）音量：正常情况下，应视客户音量而定，但不应过于大声。

（3）语气：轻柔、和缓但非嗲声嗲气。

（4）语速：适中，每分钟应保持在 120 个字左右。

2. 通话行为规范

（1）通话过程中始终微笑服务，并保持良好的服务态度。

（2）话音清晰，精神饱满，自然诚恳，语速适中。

（3）耐心、细致、诚恳地对待客户。

（4）不推诿客户。

（5）禁止讲服务忌语，不粗暴对待客户。

（6）不随意提供客户资料，不擅改客户数据。

（7）不隐瞒差错，如发现回答客户咨询错误，应及时回拨，告之客户。

（8）遇到当时不能解答的问题进行详细记录，给客户提供确切的回应范围、时间。

（9）对每一次的通话负责，对每一次的回答负责。

（10）善于引导客户，挖掘客户潜在需求。

（11）具备较好的专业知识，全面耐心地回答客户问题。

（12）具备较强的解决问题的能力，能够详细、准确以及迅速地处理客户的咨询与投诉。

二、网络客户服务沟通技巧

电子商务的最大特点就是交易双方通过电子平台交流和沟通，双方不见面，交易物品看不到实物，所以往往给人感觉比较虚幻。为了促成交易，客户服务必将扮演重要角色，因此客户服务沟通交谈技巧的运用对促成订单至关重要。

（一）态度方面

1. 树立端正、积极的态度

树立端正、积极的态度对客户服务人员来说尤为重要。特别是在售出的商品出现问题时，不管是客户的问题还是快递企业的问题，客户服务人员都应该及时解决问题，不能回避、推脱问题。客户服务人员应积极主动与客户进行沟通，尽快了解情况，尽量让客户觉

得他是受尊重、受重视的，并尽快提出解决办法。除了与客户之间的金钱交易，客户服务人员还应该让客户感觉到购物的满足和乐趣。

2. 要有足够的耐心与热情

客户服务人员需要有足够的耐心和热情，细心地回复，从而会给客户一种信任感。客户服务人员绝不可表现出不耐烦，就算交易未达成也要说声"欢迎下次光临"。如果服务够好，这次不成也许还有下次。议价的客户也是常常会遇到的，议价是买家的天性，可以理解。在彼此能够接受的范围内可以适当地让一点，如果确实不行也应该婉转地回绝。比如，"真的很抱歉，没能让您满意，我会努力改进"，或者引导买家换个角度来看这件商品，让其感觉货有所值。总之，客户服务人员要让客户感觉是热情真诚的，千万不可以说"我这里不还价"等伤害客户自尊的话语。

（二）表情方面

微笑是对客户最好的欢迎，微笑是生命的一种呈现，也是工作成功的象征。因此，当迎接客户时，哪怕只是一声轻轻的问候，也要送上一个真诚的微笑。虽然说网上与客户交流是看不见对方的，但只要是微笑的，言语之间是可以感受得到的。

现有几乎所有网络通信工具，都有表情符号这种表达方式。例如，客户服务人员可以多使用表情符号，能收到很好的效果。表情符号会将自己的情感信号传达给对方，如"欢迎光临""感谢您的惠顾"等，都应该轻轻地送上一个微笑，加与不加表情符号给人的感受是完全不同的

（三）礼貌方面

客户服务人员应礼貌对客，让客户真正感受到尊重，客户来了，先来一句"欢迎光临，请多多关照"或者"欢迎光临，请问有什么可以为您效劳的吗"。诚心致意地"说"出来，会让人有一种十分亲切的感觉，并且可以先培养一下感情，这样客户心理防御就会减弱或消失。

（四）语言文字方面

（1）客户服务人员应尽量避免使用第一人称，多用"您""咱们"等词语，让客户感觉客户服务人员是在全心全意地为他考虑问题。

（2）客户服务人员应常用规范用语，如"请""欢迎光临""您好""请稍等""非常抱歉"等规范的交谈用语。很多交易中的误会和纠纷就是因为语言表述不当而引起的。

（3）在客户服务的语言表达中，客户服务人员应尽量避免使用负面语言，这一点非常关键。客户服务语言中不应有负面语言，如"我不能""我不会""我不愿意""我不可以"等。

（五）通信软件使用方面

网络通信软件是客户服务人员和客户沟通的平台，客户服务人员应善用通信软件的各种功能，促进沟通。在使用即时通信工具与客户进行网络沟通时，客户服务人员应注意讲

话技巧和态度谦和。例如，若没有及时回复客户询问，可以说"对不起，我现在比较忙，我可能会回复得慢一点，请理解"，这样不会让客户觉得被忽略。同时，很多即时通信工具都有表情符号，客户服务人员可以适当使用表情符号代表心情，使谈话更轻松。

（六）客户服务不主张过度贴近客户

客户服务人员和客户通常经过一定时间的接触后会成为朋友，或者谈话涉及个人世界与兴趣。因为共同的兴趣，他们之间的关系也会变得密切起来，建立起亲密的友情。在很多情形之下，这种亲密的人际关系确实能够为后续的合作铺平道路，顺利地转化为生意关系。然而，在大多数情形下，出现这种情况却是弊大于利。

1. 会给企业带来昂贵的交际成本

客户服务人员通常会负担全部的娱乐交际花销，而且为关系密切的客户提供昂贵的娱乐项目，这些客户也就逐渐习惯于享受最好的待遇。与客户应酬或培养友情并没有错，但是如果这种关系过于密切就不妥了，明智的做法是与客户保持一定的距离。客户服务人员应当设定一个界限，保持一点严肃和尊敬，并且明确双方的角色。如果这种关系处理不好，就很可能会产生不良的局面。

2. 与某些客户过度亲密地交际会造成各种关系难以平衡

一旦与某个买家建立了牢固的友谊，行业内的人们很快就会知道。帮助朋友，以最优惠的价格给朋友提供最好的产品与服务是顺理成章的事情。只要在交易中为朋友提供了优惠的服务，其他客户服务人员就一定会知道。即便没有给朋友优惠，他们仍然会认为你的朋友占了便宜，这样有损团队的团结。

第四节 网络客户服务投诉处理

一、客户投诉管理概述

客户投诉管理的核心工作是处理好客户投诉，从而提高客户满意度，降低客户流失率。从客户投诉的预防、受理到处理，是为企业挽留老客户的经营过程，企业通过投诉信息分析挖出潜在的商机，寻找市场新的卖点，客户投诉成为企业潜在的利润中心。

（一）投诉预防

客户投诉管理工作中，最重头的环节在于投诉预防工作。对于企业来说，问题越严重，挽救成本则越大。投诉预防应从识别并处理好客户抱怨做起。抱怨是客户不满的信号，企业应在发现客户抱怨的最初期就把它处理好，在与客户接触的每个环节中，调动企业员工的主观能动性，鼓励其处理好每一起接触到的客户不满或抱怨。如果企业致力于管理好客户的抱怨，对企业来说，可以在问题发生初期就挽回大部分不满客户的满意度和忠诚度，还可以降低解决客户投诉的成本。

（二）投诉受理

做好投诉受理，也是一个准确识别客户和准确识别需求的过程。企业一是要有一个平台，建立客户联络中心；二是要有顺畅的客户投诉渠道，如投诉电话、电子邮箱、客户回访等；三是要有规范的处理流程，记录、受理、处理、分析、反馈都做到流程化，将客户的投诉信息完整地收集起来，然后通过标准化的管理将客户不同的需求进行分流、处理，在尽可能短的时间里，让最合适的部门处理客户投诉，以提高客户满意度，降低客户流失率。

客户投诉率降低，并不意味着企业产品或服务质量的提高。事实上，企业收到的投诉数量只能代表客户问题的一小部分，许多客户尽管不满意但并不进行投诉，而是选择离开，较少的投诉也许就意味着失去了大量客户。因此，在某种意义上，企业应该鼓励客户投诉，增加必要的客户投诉渠道，采用集中化和多样化的投诉受理平台，快速有效地处理客户投诉，消除客户不满，保持和恢复企业的声誉，为企业留住忠诚客户。

（三）投诉处理

投诉处理也是投诉管理的核心，投诉处理可以减少客户流失并挽救那些濒临破裂的客户关系。客户投诉处理是一项集心理学、法律知识、社会文化知识、公关技巧于一体的工作，既能体现服务人员道德修养、业务水平、工作能力等综合素养，又能对投诉者所提问题给予妥善解决或圆满解答的一项工作。在对投诉进行处理的时候，企业不应只由一个部门解决问题。在处理调查、分析原因和寻求对策的整个过程中，企业必须依靠不同部门乃至整个企业的协同。在此过程中，企业内不同的部门分工协作解决客户问题，可以通过投诉找出产品和服务的不足，从而做出相应改进，甚至找到开发新产品的契机。

另外，投诉应进行层级化管理。投诉通常可分为一般投诉和严重投诉。企业应对不同的投诉设定严格的定义，并据此设定不同的处理流程。在投诉处理中企业还必须注重时效性，什么时间与用户联系、什么时间给出解决方案都要有严格的要求，从而保证处理过程高效和企业信誉的建立。同时，企业要建立投诉回访制度，监督和追踪投诉处理效果。

（四）投诉分析

投诉分析的目的是从众多具体的投诉中，发现一些规律性的问题或有价值的信息，挖掘客户的潜在需求，比如可以从客户投诉中检视产品或服务的缺陷，从客户投诉中寻找市场的商机。因此，投诉分析可为企业提供持续改进的方向和依据，企业要充分挖掘投诉的价值，让客户投诉创造收益。

总之，客户投诉是联系客户和企业的一条纽带，是一条很重要的信息通道。企业要想保住老客户，必须在企业内部建立良好的客户投诉管理体系，这样不仅能很好地解决客户投诉，而且能充分利用客户投诉提供的信息，使企业的产品或服务不断改进。

二、客户投诉处理流程

对于如何处理好每一个客户的投诉，用什么方式解决客户的不满意，各个企业的做法不尽相同。有些企业只解决正式提出的投诉，这就忽略了其他的不满意，而这些未被重视的不满意会向外传播，从而失去客户，降低企业市场竞争力。有些企业则采取措施鼓励客户表达不满意，并对客户表达的不满意积极认真地进行解决，这些被重视的不满意得到解决，企业从而留住了客户，增强了竞争力。客户投诉处理流程一般来说包括以下几个步骤：

（一）记录投诉内容

企业利用客户投诉记录表详细地记录客户投诉的全部内容，如投诉人、投诉时间、投诉对象、投诉要求等。

（二）判定投诉是否成立

了解客户投诉的内容后，企业要判定客户投诉的理由是否充分，投诉要求是否合理。如果投诉不能成立，企业应以婉转的方式答复客户，取得客户的谅解，消除误会。

（三）确定投诉处理责任部门

企业根据客户投诉的内容，确定相关的具体受理单位和受理负责人。例如，属运输问题交储运部处理，属质量问题交质量管理部处理。

（四）责任部门分析投诉原因

企业要查明客户投诉的具体原因及具体造成客户投诉的责任人。

（五）提出处理方案

企业要根据实际情况参照客户的投诉要求，提出解决投诉的具体方案，如退货、换货、维修、折价赔偿等。

（六）提交主管领导批示

对于客户投诉问题，企业领导应予以高度重视，主管领导应对投诉的处理方案一一过目，及时做出批示，根据实际情况，采取一切可能的措施，挽回已经出现的损失。

（七）实施处理方案

企业要处罚直接责任者，通知客户，并尽快地收集客户的反馈意见。企业对直接责任者和部门主管要按照有关规定进行处罚，依照投诉造成的损失大小，扣罚责任人一定比例的绩效工资或奖金；同时，对不及时处理问题造成延误的责任人也要进行追究。

（八）总结评价

企业要对投诉处理过程进行总结与综合评价，吸取经验教训，提出改进对策，不断完善企业的经营管理和业务运作，以提高客户服务质量和服务水平，降低投诉率。

快速解决客户投诉的问题是满足客户的最好方法，有效地处理客户投诉对保持现有的客户关系起着促进作用。客户投诉的有效处理能使客户享受更好的服务和产品，有利于提高企业信誉，也是企业提高市场竞争力的一大关键。

三、处理投诉的一般方法

（一）倾听

当客户对产品或服务进行投诉时，首先，客户服务人员要学会倾听，通过倾听客户投诉可以发现客户的真正需求，从而获得处理投诉的重要信息，做好倾听的记录。其次，客户服务人员要弄清问题的本质及事实。客户服务人员在倾听过程中可以运用提问的技巧，如"发生了什么事情？这件事情为什么发生？这件事情是如何被发现的？"这些问题可以帮助客户服务人员了解事情的真相。

（二）表示道歉

不论是什么原因引起的客户投诉，客户服务人员应该对用户表达歉意，漠不关心、据理力争或找借口，都只会恶化客户关系，适时表示歉意则有助于平息客户的不满情绪，推动问题的解决。

（三）仔细询问

客户服务人员应引导客户说出问题的重点，这样可以有的放矢，找出双方都同意的观点，缩短与客户的距离，发现解决问题的关键。

（四）记录问题

客户服务人员应将客户反映的重要问题记录下来，有助于事后问题的分析和解决。

（五）解决问题

客户服务人员应积极寻找解决问题的方案，解决客户投诉的建议要征求客户的同意，如果客户不接受则要了解客户希望的解决方案。如果客户服务人员不能解决，要给客户推荐其他适合的人，并且要主动地代为联络。

四、正确处理客户投诉的技巧

客户投诉是客户对企业的产品质量、服务态度等各方面的问题，向企业客户服务部门反应情况，并要求得到相应补偿的一种手段。投诉处理不好，企业会丧失一部分客户；投诉处理妥当，企业会快速提升客户满意度。可以说，客户投诉的处理是一把双刃剑，客户服务人员处理投诉需要一定的方法和技巧。

（一）对投诉者应注意的投诉处理技巧

（1）保持冷静，避免个人情绪受困扰。

（2）向积极方面去想，并采取积极的行动。

（3）只讲客户希望知道的，而不是自己想讲的。

（4）集中研究解决问题的办法，而不是运用外交辞令（熟记各种可行的办法，并向客户提出适当的建议）。

(5) 避免提供过多不必要的资料或假设。

(6) 充满信心。

(7) 即使客户粗鲁无礼，也要保持关注与同情。

(8) 多用类似下列的语句："谢谢您提醒，我们会注意的""谢谢您告知""我们明白您的困难（问题）""如果我是您，我也可能会这么做""造成这样的问题我们非常抱歉"。

（二）处理反对意见的技巧

客户提出反对意见是很常见的，客户服务人员应把反对意见视作考验而加以克服，对于一切反对意见，都应及时加以处理。反对意见的类型及处理方法如下：

1. 缺乏沟通造成误会

误会的起因在于缺乏沟通，客户服务人员可以采用以下处理方法：

(1) 以发问的方式重复客户提出的反对意见，等待回答。

(2) 立即澄清（重复客户的意见可使对方知道客户服务人员真正明白其反对的理由，只有聆听其意见，才能更加了解对方的反对意见以及表示尊重）。

(3) 加强沟通练习，提高沟通成效。

2. 合理的反对意见

客户认为建议对自身并无效益或对建议无好感，客户服务人员可以采用以下处理方法：

(1) 以巧妙的反问方式重复对方提出的反对意见，等待回答。

(2) 强调适当的或对方曾经表示喜欢的效果。

(3) 每次均以商议或发问作结（把客户服务人员的构思或解决方法以及其他的效果提出，以降低反对意见的严重性。客户服务人员切不可与客户争辩，只可强调对方已经认同的效果，使客户着眼于这些效果之上，让客户知道客户服务人员的建议充满热诚与信心）。

3. 不合理的反对意见

当客户无中生有或有意为难时，客户服务人员可以采用以下处理方法：

(1) 以发问的方式重复客户提出的反对意见，等待回答。

(2) 任由客户发表意见，客户服务人员切不可与对方争辩，只可重复对方已经认同的效果并加以强化。

客户服务人员在客户服务中应正确处理客户投诉，因为当客户选择对企业进行投诉时，就已说明客户还是想继续成为企业的客户，而且一位客户的投诉得到了圆满解决，其会将此次满意的经历告诉其他客户，其广告效应比媒体广告效应还要好。另外，问题得到圆满解决的投诉客户将会比其他客户更加忠诚，他们甚至会向其他人积极地赞美并宣传企业的产品或服务。因此，客户服务人员要掌握正确处理客户投诉的技巧，处理好客户的投诉。

首先，客户服务人员要虚心接受客户投诉，耐心听对方诉说。客户只有在利益受到损害时才会投诉，客户服务人员要专心倾听，并对客户表示理解，同时做好记录。待客户叙述完后，客户服务人员复述其主要内容并征询客户意见，对于较小的投诉、自己能解决的应马上答复客户；对于当时无法解决的，要做出时间承诺。在处理过程中，无论进展如何，到承诺的时间客户服务人员一定要给客户回复，直至问题解决。

其次，客户服务人员要设身处地进行换位思考。当接到客户投诉时，客户服务人员要有换位思考的意识。如果是企业的失误，客户服务人员要代表企业表示道歉，并站在客户的立场上为其设计解决方案。问题的解决，也许有三四套方案，客户服务人员可将自己认为最佳的一套方家提供给客户，如果客户提出异议，可再换另一套方案，待客户确认后再实施。当问题解决后，客户服务人员至少还要有一到两次征求客户对该问题的处理意见。

再次，客户服务人员要把握处理投诉的原则，即先处理情绪，后处理事件。因此，客户服务人员一开始要稳定客户的情绪，然后再提出一个开放式的问题，把客户的精力引导到具体的事情上去。具体做法是：客户服务人员先要做好倾听，在倾听的过程中，客户的情绪也得到了一种宣泄。客户在宣泄情绪的过程中，客户服务人员应该表示同情，还应该去复述以表示理解，这样客户的心情就会逐渐好起来，相互之间的谈话就可以转移到解决问题上来了。等客户的情绪稳定下来后，客户服务人员就要提供更多的信息来帮助客户解决问题。也就是说，客户服务人员应该运用专业知识有效地帮助客户来分析导致这种情况的原因可能是什么，如果不知道或解决不了，就应该告诉客户"我会尽快帮您查证一下""我会跟××部门联系"等。

最后，客户服务人员要能够承受压力，用心解决好客户投诉。当客户的利益受到损害或损失时，客户着急是不可避免的，甚至于会说一些过激的话、提一些过分的要求。客户服务人员此时应能承受压力，面对客户要有耐心，以积极的态度解决问题。客户服务人员应与客户及时沟通，了解投诉处理的进程，争取圆满解决并使最终结果超出客户的预期，让客户满意。

总之，在处理客户投诉的过程中，客户服务人员要解决好客户最想解决的问题，努力提升企业在客户心目中的地位及信任度。

【案例】顺丰速运"拉黑"维权顾客

杭州陆先生之前因为通过顺丰速运寄快递寄丢了东西，起诉顺丰速运，向其索赔，但自从打了这场官司以后，顺丰速运就不给他送快递了，别人寄给他的东西，只要是用顺丰速运寄的，陆先生都收不到。

快递公司弄丢了顾客的快递，顾客起诉要求快递公司照价赔偿，这是消费者正常的维权行为，是很普通的民事纠纷。消费者的诉求是否合法、合理，最终由法院判决。但快递公司以此中断与顾客的合作，拒绝为其送快递，并不再为其派送他人给其邮寄的快递，这实质上是快递公司将维权顾客"拉黑"。

从法律角度说，快递公司建立顾客"黑名单"，将通过诉讼维权的顾客或多次投诉的顾客"拉黑"，不做他们的生意，快递公司这么干或许并不违法，毕竟快递公司有挑选顾客的权利。但是，快递公司不为被"拉黑"的顾客投递快递，这显然侵犯了顾客的合法权益。因为快递公司既然已经收下了快递，收了邮寄费用，那么就应该按照合同将快递按时、顺利地送到收件人的手上，并不能因为收件人上了"黑名单"就不给他们投递。快递公司不给被"拉黑"的顾客投递快递，实质上是一种违约行为。

实际上客观地说，快递公司"拉黑"曾经起诉过快递公司的顾客或多次投诉快递公司的顾客，并不是顺丰速运一家快递公司这么干，很多快递公司都这么做过，媒体报道过多起此类案例，不少用户也在网上也反映过这个问题。可以说，"拉黑"维权顾客俨然已经成为快递行业的一种潜规则，而实质上快递公司就是店大欺客，想通过"拉黑"这种手段倒逼顾客无条件地接受他们的"霸王条款"。

在快递已经融入人们的日常生活之中的今天，对一些快递公司任性将顾客"拉黑"的行为，监管部门不能坐视不管，而任由快递公司任性"拉黑顾客"，必须给快递公司"拉黑"顾客的做法立规矩。一方面，监管部门要以法律形式或行业标准形式，明确快递公司"拉黑"顾客的依据和标准，什么样的顾客可以被快递公司"拉黑"，不能由快递公司单方面说了算，必须由法律法规说了算。如果顾客起诉快递公司维权胜诉了，却被快递公司"拉黑"，不再给他们投递快递，这显然不合适，实质上是快递公司另一种形式的打击报复行为。另一方面，监管部门对快递公司任性"拉黑"顾客的行为，必须配套处罚机制，保障顾客的合法权益，让顾客敢于依法维权。

综合练习

【简答题】

1. 简述网络客户服务管理的特点。
2. 简述售前、售中、售后服务策略。
3. 简述客户投诉的应对方法。
4. 简述网络客户服务沟通和服务的技巧。

【实训题】

1. 和同学进行角色扮演，一位是网店客户，一位是客服人员，自己设定遇到的问题，客服人员针对问题给出专业的解答。
2. 记录某次网购经历，包括与客服人员的售前、售中、售后沟通，分析该客户服务人员在哪些方面可以改善，哪些方面做得不错。

第九章　网络客户信息管理

学习目标

了解客户信息及网络客户信息管理的基础知识；

掌握网络客户信息管理的内容；

掌握网络客户信息收集的方法；

学会创建个人和企业客户资料卡；

了解网络客户信息安全管理的相关知识。

第一节　客户信息与客户信息管理

企业进行客户关系管理的第一个步骤就是对客户信息进行收集和管理，因此就必须了解客户信息的含义与客户信息管理的内容。

一、客户信息

客户信息包括企业服务对象的基本资料、购买产品或服务的记录等一系列相关信息。客户基本信息主要指企业服务对象的基本情况，主要包括个人客户的信息和企业客户的信息两大类。

（一）个人客户的信息

个人客户的信息主要包括个人客户的基本信息、态度信息和行为信息等几个方面。

1. 个人客户的基本信息

个人客户的基本信息一般包括个人客户自身的基本信息、个人客户家庭的信息、个人客户事业的信息等。

（1）个人客户自身的基本信息。例如，姓名、性别、年龄、血型、电话、传真、住址等个人基本信息，这些信息对客户的消费需求与偏好有一定的影响，是必须收集的信息。

（2）个人客户家庭的信息。例如，婚姻状况、结婚纪念日、配偶生日、配偶爱好、是否有子女、子女姓名、子女年龄、子女生日、子女教育状况、子女是否与父母同住等信息。这些信息同样会影响个人客户的购买习惯。

（3）个人客户事业的信息。例如，就业情况、单位名称、地点、职务、收入、对未来事业的发展规划、事业目标、个人从业经历等信息。这些信息对客户购买习惯及购买方式有一定的影响。

2. 态度信息

个人客户的态度信息一般包括个人客户的个性信息、生活情况、受教育情况和信念情况。

（1）个人客户的个性信息。个人客户的个性指的是一个人独特的心理特征，这些心理特征通常体现为性格特征，如内向、外向等。个性信息通常需要企业客户信息收集人员通过一定时间的接触而得知。

（2）个人客户的生活情况。个人客户的生活情况包括健康状况、喜好和兴趣、饮食习惯、生活态度、度假习惯等，这些可以通过调查表收集而得。

（3）个人客户的受教育情况。受教育程度直接影响客户的购买偏好及购买习惯。

（4）个人客户的信念情况。个人客户的信念决定了他们对某些品牌或产品的感觉以及他们对产品和品牌的态度，并由此影响他们对产品和品牌的选择。

3. 行为信息

个人客户的行为信息一般指个人客户的购买动机、购买种类和购买途径等。

（1）个人客户的购买动机。企业通过收集客户某次购买的动机，了解其需求。例如，这些动机或需求是否是持续性的，购买时客户主要关注哪些对象、产品满足了客户哪些方面的需求。这些是企业在产品设计或再次销售中需要保持或完善的，也是对客户再次营销的切入点。

（2）个人客户的购买种类。企业的产品通常不会是一种类型、一个品牌，客户的购买需求也不会是单一的，因此了解客户购买产品或服务的种类有助于企业明确客户需求。

（3）个人客户的购买途径。在电子商务环境下，个人客户的购买途径发生了大的变化，购买途径的需求为企业提供了巨大的机遇。例如，网上付款、货到付款、直接自取等方式。

（二）企业客户的信息

企业客户的信息一般由以下几个方面构成：

1. 基本信息

企业客户的基本信息包括企业客户的名称、地址、电话、创立时间、所在行业、规模等信息，同时也包括企业客户的经营理念、销售或服务区域、形象以及声誉等。这些基本信息对企业客户的购买行为和偏好有很大影响。

2. 业务状况

业务状况方面的信息包括企业客户目前的能力及未来的发展趋势，涉及销售能力、销售业绩、发展潜力与优势、存在的问题等。这些信息的收集对于企业针对不同的客户制订不同的产品和服务的销售计划有着重要的影响。对于那些目前具有较强能力、良好业绩，并且有发展前途的企业客户而言，企业需要给予更多的关注，并与其建立良好的关系，这就是企业实行的"大客户"策略。

3. 交易状况

交易状况方面的信息主要包括企业与客户的历史交易记录，这些信息涉及交易条件、企业客户的信用等级、企业客户关系的紧密程度、企业客户的合作意愿等内容。

4. 负责人信息

在企业客户的信息收集中，收集者需要关注主要负责人的信息，包括企业所有者、经营管理者以及法定代表人的姓名、年龄、学历、兴趣、性格特征等。

二、客户信息管理的内容

对企业而言，进行客户管理并不是一件容易的事情。很多企业的主要客户、客户类型、客户偏好并不是十分明确，主要原因是客户信息管理环节并不完善。尽管企业可以通过 CRM 系统或会员卡掌握客户的消费习惯、年龄、职业等数据，但是这些数据被收集之后，如果仅仅放置在数据库中，并不会发挥其应有的作用。客户信息管理是一个系统工程，其主要内容如图 9-1 所示。

第二节 电子商务客户信息收集

信息是决策的基础，电子商务企业面临的客户既广泛又不易保持，因此企业必须全面、准确、及时地掌握客户的信息。

一、电子商务客户信息收集的途径

根据企业环境，其客户信息收集工作可以包括内部信息收集和外部信息收集两个途径展开。

（一）企业内部信息收集

客户大部分数据存在于企业内部数据库中，因此企业内部数据库是收集客户信息的主要渠道。企业内部信息收集主要是指客户与企业各个部门接触，从企业内部各部门获取的客户信息。这些信息包括销售部门的信息、市场营销部门的信息、客户服务部门的信息、生产库存中的客户信息和订单中的客户信息等。具体来说，企业内部收集客户信息的渠道

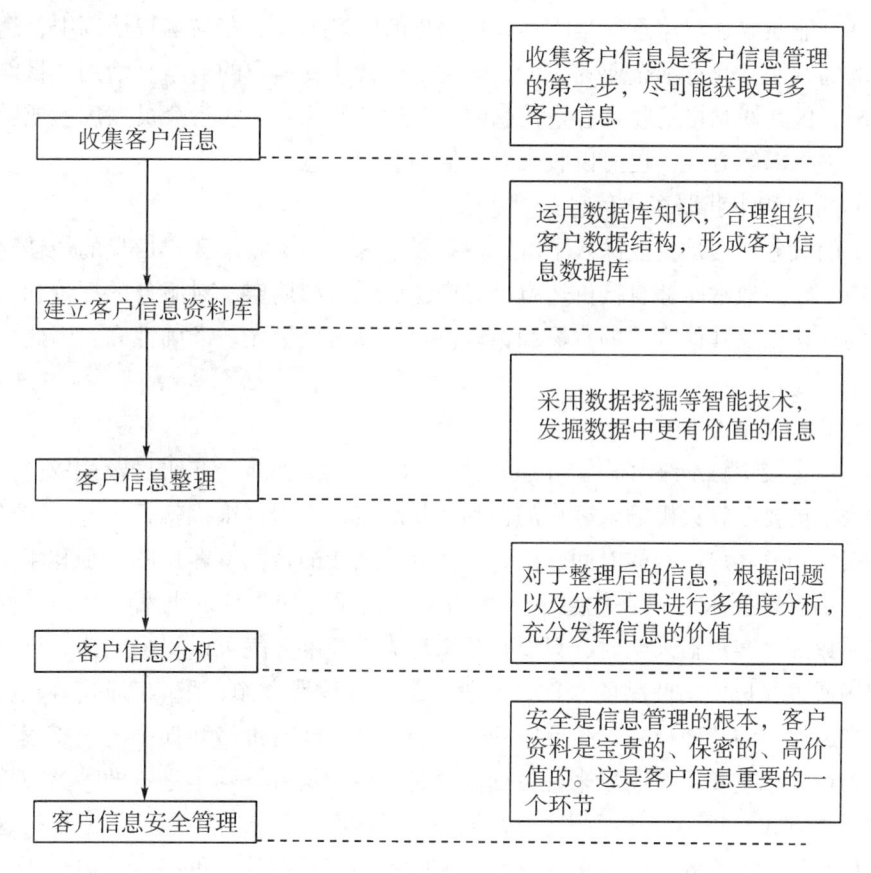

```
收集客户信息 ┈┈┈┈ 收集客户信息是客户信息管理
                   的第一步，尽可能获取更多
                   客户信息

建立客户信息资料库 ┈┈ 运用数据库知识，合理组织
                   客户数据结构，形成客户信
                   息数据库

客户信息整理 ┈┈┈┈ 采用数据挖掘等智能技术，
                   发掘数据中更有价值的信息

客户信息分析 ┈┈┈┈ 对于整理后的信息，根据问题
                   以及分析工具进行多角度分析，
                   充分发挥信息的价值

客户信息安全管理 ┈┈ 安全是信息管理的根本，客户
                   资料是宝贵的、保密的、高价
                   值的。这是客户信息重要的一
                   个环节
```

图 9-1　客户信息管理的主要内容

有以下几个方面：

1. 在调查中获取客户信息

调查人员可以通过面谈、问卷调查、电话调查等方法得到第一手的客户资料，也可以通过仪器观察被调查客户的行为并加以记录而获取信息。例如，美国尼尔逊公司就曾通过计算机系统，在全美各地 1 250 个家庭的电视机里装上了电子监视器，每 90 秒扫描一次电视机，只要收看 3 分钟以上的节目，就会被监视器记录下来，这样就可以得到家庭、个人收视偏好的信息。优秀的营销人员往往善于收集、整理、保存和利用各种有效的客户信息。例如，在拜访客户时，除了日常的信息收集外，营销人员还会思考这个客户与其他客户的相同和不同之处，并对重点客户进行长期的信息跟踪。

2. 在营销活动中获取客户信息

例如，广告发布后，潜在客户或目标客户剪下优惠券寄回，企业就可以把这些客户的信息添加到客户数据库中。又如，企业从与客户业务往来函电中，可以了解到客户的经营品质、经营作风和经营能力，也可以反映客户关注的问题及其交易态度等。因此，往来函

电可以帮助企业获取客户信息，是收集客户信息的极好来源。在与客户谈判中，企业可以了解客户的经营能力及对本企业的态度，谈判中还会涉及客户的资本、信用、目前的经营状况等资料，因此谈判也是收集客户信息的一个途径。此外，实行会员制度，或者成立客户联谊会、俱乐部等方式，也可以收集有价值的客户信息。

3. 在服务过程中获取客户信息

对客户的服务过程是企业深入了解客户、联系客户以及收集客户信息的最佳时机。在服务过程中，客户通常能够直接讲述自己对产品的看法和期望、对服务的评价和要求、对竞争对手的认识以及其他客户的意愿和销售机会，其信息量大、准确性高，因此是客户信息收集的重要途径。

4. 在终端收集客户信息

终端是指直接接触最终客户，并通过面对面的接触，收集客户的第一手资料。例如，星巴克的收银员要在收银机输入客户的性别和年龄段，否则收银机就打不开，这样就确保公司可以很快知道客户消费的时间、消费了什么、消费的金额、客户的性别和年龄段。又如，服装商场可以要求客户在优惠卡上填写基本情况，如住址、电话、邮编、性别、年龄、家庭人数等。客户在采购时，只要在收款处刷一下卡，就可以将采购信息记录在数据库中。商场通过客户采购商品的档次、品牌、数量、消费金额、采购时间、采购次数等，可以大致判断客户的消费模式、生活方式、消费水平以及对价格和促销的敏感程度等。这些信息对企业非常重要，对商场来说，商场通过这些数据可以确定进货的种类、档次以及促销的时机、方式和频率，从而制定促销策略；对生产厂家来说，生产厂家根据这些数据可以知道什么样的人喜欢什么颜色的衣服、何时购买以及在什么价格范围内购买，这样生产厂家就可以针对特定的客户设计产品，制定价格策略和促销策略。

5. 网站和呼叫中心是收集客户信息的新渠道

随着电子商务的开展，越来越多的客户通过网站了解企业的产品和服务，因此企业可以设定客户注册要求，只有注册用户才能使用本网站，这样企业就可以收集到客户的相关信息，建立客户档案资料。当客户拨打客户服务电话时，呼叫中心可以自动地将客户的来电记录在计算机数据库内。信息技术及互联网技术的广泛应用为企业开拓了新的获得客户信息的渠道。同时，由于网站和呼叫中心收集客户信息的成本低，因此通过网站、呼叫中心收集客户信息越来越受到企业的重视，成为企业收集客户信息的重要渠道之一。

6. 从客户投诉中收集信息

客户投诉也是企业了解客户信息的渠道之一，企业可将客户的投诉意见进行分析整理，同时建立客户投诉档案资料，从而为改进服务、开发新产品提供基础数据资料。

在以上这些渠道中，客户与企业接触的主动性越强，客户信息的真实性和价值性就越高。例如，客户呼入电话（包括投诉电话、请求帮助或抱怨时反馈的客户信息）就比呼叫中心的呼出电话得到的客户信息价值高。客户与企业接触的频率越高，客户信息的质量就越高。例如，在营业厅或呼叫中心获取的客户资料一般要比在展会中得到的客户资料真实，而且成本较低。

（二）企业外部信息收集

1. 网络搜索

在互联网时代中，网络是信息收集的必要手段。企业可以通过网络平台收集客户相关信息，这些信息比企业直接收集来的信息更加广泛，更有利于企业全面了解客户。

网络搜索的主要途径有搜索引擎、行业网站、网上黄页、电子邮件、网络通信工具等。网络搜索的优点是信息量大、覆盖面广，缺点是准确性、可参考性不高，需要经过筛选方可放心使用。

2. 权威数据库

使用权威数据库确定企业客户时，企业可以参考国家或国际上对该行业信息或企业信息的权威统计和分析。权威数据库的优点是内容具有权威性和准确性，缺点是不易获得。

3. 展览会

各行业或者地区定期或不定期举办展览，届时会有很多企业参展。博览会、展销会、洽谈会针对性强且客户群体集中，因此可以成为迅速收集客户信息、达成购买意向的场所。展览会的优点是可获得更丰富具体的信息，缺点是展览时间不确定。

4. 老客户

老客户是企业最具价值的客户。老客户通常和企业建立了良好的互信关系，而老客户又从客户角度了解客户需求以及其他客户的信息。因此，企业可以通过与老客户沟通，获取其他客户信息。这一信息收集渠道的优点是信息具有针对性和具体性、可参考性高，缺点是容易带主观色彩。

5. 专业机构

很多调研咨询公司提供专业信息，如情报机构资料。这些调研咨询公司主要提供信息服务，这类公司的信息有的是有偿的，有的是无偿的。客户信息收集人员应与这类机构及有关人员保持密切联系，详细了解其能够提供哪些方面的资料。

6. 政府机关

国家各级政府机关，如商务部、统计局等部门，可以提供相关资料，尤其是统计部门专门负责整理和公布的各种统计资料，如人口资料、经济统计资料等。

7. 银行和电信公司

银行和电信公司是一个丰富的客户信息收集资料的来源处。银行和电信公司可以提供定期的或特约的客户报告，内容包括国家经济发展趋势、政策和展望。客户信息收集人员应向与企业有来往的银行索取有关资料。一般来说，银行非常愿意向其他客户提供这类信息服务，因为这类信息通常是有偿的。同样，客户信息收集人员能够以有偿方式获得电信业所有的客户信息资料。

8. 媒体资料

媒体不仅包括网络媒体,还包括报纸、杂志、期刊等,一些新闻报道或新闻事件中隐含一些对企业有用的消费信息或客户信息、市场信息等。

二、电子商务客户信息收集的方法

很多跨国公司十分重视市场信息的收集,他们认为要在市场竞争中稳操胜券,就必须做到"知己知彼",以抓住瞬息万变的商机,为此建立了各种各样的信息网络。例如,日本三井物产公司的"三井环球通信网",是日本几大综合商社海外信息网中最有代表性的,它派遣的驻外人员有1 000多人,雇佣当地人员2 000多人,共有5个计算机控制的通信中心,与世界上70多个国家和地区的130多个分支驻外机构进行24小时昼夜不停的联络。各通信中心之间通过人造卫星进行联系,各种信息输入计算机后由计算机自动传输,一般信件通常只需4~5分钟即可传递给远方的收件人,每天的通信总量达2万次以上。客户信息存在于企业内部和外部,来源非常广泛,为了使企业能够更完整地收集到客户信息,电子商务企业在收集客户信息时可以使用多种方法相结合的方式。

(一)访谈法

访谈法指企业直接与客户面对面地交谈来了解客户心理和行为的心理学基本研究方法。访谈法是访谈工作人员根据调查的需要,以口头形式向被访者提出有关问题,通过被访者的答复来收集客观事实材料的方法。这种调查方式灵活多样,方便可行,可以按照研究的需要向不同类型的人提供不同类型的材料。访谈法通过访谈工作人员的努力,使被访者消除顾虑,放松心情,做周密思考后再回答问题,这样就提高了调查材料的真实性和可靠性。由于访谈流程进行速度较快,被访者在回答问题时常常无法进行长时间的思考,因此所获得的回答往往是被访者自发性的反应,这种回答较真实、可靠,很少掩饰或做假。

访谈人员与被访者直接交往,或者通过电话、上网间接交往,具有适当解说、引导和追问的机会,因此可探讨较为复杂的问题,可以获取新的、深层次的信息。同时,在面对面的谈话过程中,访谈人员不但要收集被访者的回答信息,还可以观察被访者的动作、表情等非言语行为,以此鉴别回答内容的真伪。但是,访谈法对工作人员的素质要求较高,既需要一定的沟通技巧,又需要对工作人员进行专业训练,以避免收到的信息被工作人员主观误解导致信息失真。由于访谈调查是研究者单独的调查方式,不同的访谈人员的个人特征可能会引起被访者的心理反应,从而影响回答内容,而且访谈双方往往是陌生人,也容易使被访者产生不信任感,以致影响访谈结果。另外,访谈人员的价值观、态度、谈话的水平都会影响被访者,造成访谈结果的偏差。由于访谈法调查收集信息资料主要是通过访谈人员与被访者面对面直接交谈的方式实现的,具有较强的灵活性和适应性;又由于访谈调查的方式简单易行,即使被访者阅读困难或不善于文字表达,也可以回答,因此适用面较广。访谈法被广泛运用于教育调查、心理咨询、征求意见等,更多被运用于个性、个别化研究。访谈法适用于调查的问题比较深入、调查的对象差别较大、调查的样本较小，或者调查的场所不易接近等情况。

（二）观察法

在市场调研中，观察法是指由调查员直接或通过仪器在现场观察调查对象的行为动态并加以记录而获取信息的一种方法。观察法是观察者根据调研市场的某种需求，有目的、有计划地收集市场资料，在利用观察者感觉器官的同时，还可以运用观察工具进行观察，其观察是在自然状态下进行的，因此具有客观的观察效果。观察法是客户信息收集的主要方法之一，具有直接性、可靠性和灵活性等优点。观察法也有一定的缺点，即受时间、空间限制比较大，在某些情况下不宜使用。

观察法的客观性是指客户在自然状态的表现，观察法是企业进行客户收集的重要方法。例如，麦氏咖啡在未进入中国市场之前，委托市场研究公司为其进行产品销售的调查、观察，发现中美两国消费者喝咖啡的习惯不同：中国人爱喝即冲即饮咖啡，且喜加奶和糖；美国人爱喝慢慢烹煮的咖啡，且不加任何配料。报告建议，麦氏公司应研制一种适合中国消费者口味的咖啡。麦氏公司迅速推出三合一速溶咖啡，抢在其他同类产品之前一炮打响。

（三）调查问卷法

电子商务企业可以通过设计结构化的问卷来了解客户的信息。调查问卷法包括邮寄问卷调研、网络调研、电子邮件调研、电话调研、短信调研等多种方式。

1. 邮寄问卷调研

邮寄问卷调研是将问卷寄给事先选择好的访问对象，访问对象完成问卷之后将问卷寄给访问人员的一种调查方法。一个典型的邮寄调查包裹由如下几部分组成：邮出信封、封面信、问卷、回邮信封和邮票以及可能附上的小礼品或其他谢礼。访问人员与受访者之间没有语言上的交流。一般情况下，为了提高邮寄问卷的回收率，在收集数据之前，访问人员要对受访者进行广泛的确认。因此，访问人员最初的工作是要获取一份有效的邮寄名单。由于调研问卷回收率较低，这种方式一般用于企业邮寄产品目录。

2. 网络调研

网络调研是指在互联网上针对特定营销环境进行调查设计、收集资料和初步分析的具体活动，是网络营销调研的重要组成部分和基础。相对于传统的市场调研，网络调研具有以下优点：

（1）快速。网络不仅能把大容量的信息迅速传递给在线用户，而且也能利用网络技术及时将反馈的信息自动地进行数据汇总、统计和分析，在短时间内采集到足够数量的样本，获得大量的信息。

（2）便捷和经济。由于网络调研通过网络来沟通交流、处理、分析信息，并且无须印刷、邮寄、面谈、处理信息等各环节所费的时间、人力和财力，无疑比传统的调研方法更便捷和经济。

（3）交互性。在传统的市场调研中，被调查者往往只对问卷中提到的问题被动地发表意见，而在网络市场调研中，被调查者不仅有机会对问卷中的问题充分发表意见，还能就问卷本身设计的合理性提出看法和建议，变传统市场调研中单向交流为双向交流，使调查结果更全面、准确。另外，在开放式的网络调研中，在线用户不仅可以参加调研，还有可能查看结果。

（4）可控制性。利用互联网进行调研信息收集，可以对调查问卷附加全面规范的指标解释，有利于消除因对指标理解不清或调查员解释不一而造成的调查偏差。

（5）样本的可验证性。在传统的市场调研中，被调查对象可能或多或少地被强制性地参与调查；网络调研通过对被调查对象的身份做技术上的验证，在一定程度上保证了样本质量的可靠性，有效控制了信息的采集质量，减少了调研结果的偏差。

3. 电子邮件调研

电子邮件调研是指以较为完整的电子邮件地址清单作为样本框，使用随机抽样的方法通过电子邮件发放问卷，调查对象以电子邮件反馈答卷，并且有专门的程序进行问卷准备、排列电子邮件地址和收集数据。电子邮件法属于主动调查法，与传统邮件法相似，这种方法的优点是成本低廉、速度很快，并且可以有选择性地控制被调查对象，确保调研的针对性。这种方法的缺点是容易使被访问者反感，有侵犯个人隐私之嫌，并且某些电子邮件服务器会将企业调研问卷自动过滤成垃圾邮件。因此，使用电子邮件调研方法时，调查人员首先应争取被访问者的同意，或者估计被访问者不会反感，并向被访问者提供一定补偿，如有奖问答或赠送小件礼物等，以减轻被访问者的敌意。

4. 电话调研

电话调研是指企业直接通过打电话的方式了解客户信息的方法。电话调研的优点在于能够及时回收客户信息，并且能针对客户的回答进行更深入的访谈。目前，电话调研通常采用计算机辅助电话访谈法，它是利用一种程序在计算机的辅助下，替代传统的市场调查访谈中主持人引导讨论调查问题的调查方法，以达到提高工作效率的目的，同时节省成本，避免传统的市场调查中手工劳动带来的强度过大和误差。

计算机辅助电话访谈系统通常的工作形式是访问员坐在计算机前，面对屏幕上的问卷，向电话对面的受访者读出问题，并将受访者的回答结果通过鼠标或键盘记录到计算机中；访问员在另一台计算机前对整个访问工作进行现场监控。通过该系统，调查者能够以更短的时间、更少的费用，得到更加优质的访问数据，所得数据可被各种统计软件直接使用。

5. 短信调研

短信调研是随着手机的普及而兴起的一种调研方式，借助于移动平台，企业通过对选定的客户全体发送短信的方式了解客户的信息和态度。例如，移动公司提供的"飞信"服务就成为很多公司和客户联系的主要平台。另外，QQ等即时通信工具也相继推出移动手机版，使客户的沟通和联系可以借助于移动平台进行。

第三节 客户资料库的创建

建立客户资料库的目的是把销售、市场和客户服务连接起来，通过各种途径收集客户信息资料，并不断更新、完善客户档案资料，建立统一共享的客户资料库。同时，建立客户资料库对于提高营销效率、扩大市场占有率、与交易伙伴建立长期稳定的业务联系，具有重要的意义。

一、运用客户数据库管理客户信息

客户数据库是企业运用数据库技术，全面收集关于现有客户、潜在客户、目标客户的综合数据资料，追踪和掌握现有客户、潜在客户、目标客户的情况、需求、偏好，并进行深入的统计、分析、挖掘，使企业的客户管理工作更有针对性，是企业维护客户关系、获取竞争优势的重要手段和有效工具。客户数据库的作用主要体现在以下几个方面：

（一）帮助企业准确找到目标消费群

客户数据库是企业客户信息的重要存放位置，企业可以根据客户数据对客户进行分类和识别，促使企业找到最确切的目标市场。例如，新一代高速计算机和数据库技术可以使企业能够集中精力于更少的人身上，最终目标集中在最小消费单位——个人身上，实现准确定位。

（二）帮助企业把握时机

《华尔街周刊》这样写道："读书俱乐部永远不会把同一套备选书集放在所有会员面前了，现在的俱乐部都在进行定制寄送，他们根据会员最后一次选择和购买记录以及最近一次与会员交流活动中获得的有关个人生活信息，向会员推荐不同的书籍。"这样做的效果是很明显的：一方面减少了损耗，而会员购买的图书量却提高了。数据库营销者减少了不恰当的寄送带来的无谓浪费，还提高了企业的形象。另一方面让客户有种感觉，即这个公司理解我，知道我喜欢什么，并且知道我在什么时候对什么感兴趣，从而增强客户满足感和提升客户满意度。

（三）帮助企业制定恰当的营销策略

越来越多的企业投资建立数据库，以便能够记录客户最新反馈，利用公司最新成果分析出针对性强的保证稳定消费群的计划。例如，某航空公司数据库存有80万人的资料，这些人平均每人每年要搭乘该公司的航班达13次之多，占该公司总营业额的65%。因此，该公司每次举行促销宣传活动，必须以他们为主要对象，极力改进服务，满足他们的需

要,使他们成为企业长期的忠实用户。

(四) 帮助企业选择合适的营销媒体

企业根据客户数据库,从客户所在地区商店数目,从消费者的购买习惯、购买能力,做出大致销售的估计,这些是决定营销媒体分配、充分传达广告内容、使消费者产生购买行为必须要考虑的内容。在制订媒体计划阶段,有关消费者所有的情报更是营销人员必须了如指掌的内容。数据库营销的着眼点是在一个人而不是广大群众,因此企业必须根据数据库提供的信息,谨慎考虑要以何种频率来与个人沟通才能达到良好的效果。

(五) 帮助企业维系客户关系

那些致力于同消费者保持紧密联系的企业都认为,没有什么东西比拥有一个忠诚的消费者更重要了,而且与寻求新客户相比,保留老客户更经济。因此,企业运用邮件库经常地与消费者保持双向沟通联系,可以维持和增强与消费者的感情纽带,从而增强抵抗外部竞争的干扰能力。

(六) 帮助企业运用客户数据库实现信息统一共享

统一共享的客户数据库把销售、市场营销和客户服务连接起来。如果未能结合与继承这些功能,客户信息管理将不会达到理想效果。客户信息是企业内部各部门都需要的共同信息,因此必须以共享数据库的形式存在,这样才能使企业从部门化客户联络转向所有客户管理行为都协调一致。如果一个企业的信息来源相互独立,那么这些信息会有重复、互相冲突,并且是会过时的。这对企业的整体运作效率将产生负面影响。为了使企业业务的运作保持一致,企业需要建立统一的共享性的数据存储——数据库,这样才能使信息发挥最大价值,保证企业各类工作人员都能方便、快捷地得到相关数据,并且让企业管理层可以随时得到关于企业业务情况的分析和相关报告。

二、建立客户资料库的内容

建立客户资料库,即建档管理。建档管理是将客户的各项资料加以系统记录、保存,并分析、整理、应用,借以巩固双方的关系,从而提升销售成绩。完备的客户资料库是企业的宝贵财富,它不仅在保持客户关系方面具有重要作用,而且对企业各个部门及最高决策层的决策都具有重要意义。这也正是客户资料库日益受到企业领导重视的原因。客户资料库的内容包括客户服务的对象、目的与企业决策需要以及企业获取客户信息的能力和资料库整理成本等。客户资料库中即使是已经中断交易的客户也不应放弃。客户资料库一般包括三个方面内容:第一,客户原始资料,即有关客户的基础性资料,它往往是企业获得的第一手资料,具体包括个人和组织资料、交易关系记录等。第二,统计分析资料,即主要是通过客户调查分析或向信息咨询企业购买的第二手资料,包括客户对企业的态度和评价、履行合同的情况与存在的问题、与其他竞争者的交易情况。第三,企业投入记录,包括企业与客户进行联系的时间、地点、方式、费用开支的记载,提供产品和服务的记录,为争取和保持客户所付出的费用等。客户资料库的体现形式一般有客户名册、客户资料卡、客户数据库。

（一）客户名册

客户名册又称交易伙伴名册，是有关企业客户情况的综合记录。客户名册由客户登记卡和客户一览表组成。客户登记卡主要列示客户的基本情况，客户一览表则是根据客户登记卡简单而综合地排列出客户名称、地址等内容。由于客户类型不同，所整理的客户名册内容也有所不同。

1. 企业型客户名册的内容

企业型客户名册包括以下几项内容：

（1）客户的基本信息。

（2）客户经营理念、经营方针的特征。

（3）客户管理能力，企业在行业的声誉、信用状况。

（4）客户与本企业的业务状况。

（5）客户的联系方式。

（6）客户与本企业的关系。

2. 个人型客户名册的内容

个人型客户名册包括以下几项内容：

（1）客户档案内容。

（2）教育背景。

（3）家庭情况。

（4）业务背景资料。

（5）特殊兴趣。

（6）个人生活。

（7）其他可供参考资料。

客户名册的优点是简便易行、费用较低以及容易保管和查找、使用。客户一览表简单明了地反映当前客户情况，对于管理决策者十分适用。但由于客户名册缺乏全面、客观和动态性，这种方法也存在明显的缺陷。

（二）客户资料卡

客户资料卡通常分为潜在客户调查卡、现有客户调查卡和旧客户调查卡三类。

1. 潜在客户调查卡

潜在客户调查卡是一种用于对潜在客户进行调查的资料卡。其主要内容应包括客户个人的基础性资料，如客户交易的时间、地点和方式等。对此，企业可以按不同的方式请潜在客户填写。

2. 现有客户调查卡

现有客户调查卡用于正在进行交易客户的管理。一旦某客户开始进行了第一笔交易,就需要建立现有客户调查卡,其内容不仅应包括客户的基础性资料,还应包括交易情况等。对此,客户调查卡应随着时间的推移不断进行记录和补充。如果一个客户终止了购买行为,就要将其转入旧客户调查卡。

3. 旧客户调查卡

旧客户调查卡没有持续记录的要求,应增加停止交易原因的跟踪记录等内容。

客户资料卡包括客户名称、客户地址、负责人、经营项目、联络人,客户的交易额、资本额以及与本公司的业务往来情况、建卡日期等。客户资料卡是记录客户信息资料最主要的方式。通过记录这些资料,企业便于在工作中即时查找客户信息。客户资料的基本样式如表9-1所示。

表9-1 客户资料卡的基本样式

客户名称	
客户地址	
负责人	
经营项目	
联络人	
建卡日期	
备注	

在实际工作中,企业可以根据实际需要设计客户资料卡的具体格式,常见的有根据客户类型设立的个人客户资料卡(见表9-2)和企业客户资料卡(见表9-3)两大类。

表9-2 个人客户资料卡

客户姓名		性别		住址	
学历		年龄		性格特征	
职业				平均收入	
购买商品				购买日期	
付款方式				常用地址	

表 9-3 企业客户资料卡

客户基本资料	公司名称		代号		统一编号	
	公司地址		电话		公司执照	字 第 号
	工厂地址		电话		工厂登记证	字 第 号
	公司成立时间	年 月 日	资本额		员工人数	职员 人，作业员 人
	主要业务				行业类型	
	负责人		身份证号码		配偶	身份证号码
	居住地址			电话	担任本职期间	
	执行业务者		身份证号码		配偶	身份证号码
营运资料	转投资企业			转投资收益	□良好 □尚可 □亏损	
	产品种类					
	主要销售对象					
	年营业额		纯益率		资产总额	
	负债总额		负债比率		权益净值	
	最近三年每股盈余		流动比率		固定资产	
	金融机构名称		类别		账号	
	开户日期		退票及注销记录		金融机构评语	

客户资料卡并非一定按以上形式，在实际中可以根据企业情况自主制定适合本企业的客户资料卡。

（三）客户数据库

客户数据库是近几年在国外大型企业中刚刚出现的客户资料保存形式，其主要优点表现在：一是使建立大规模客户资料成为可能；二是资料信息易于更改、复制；三是客户数据库带来了营销方式的变化。一般而言，数据库的开发需要经过以下步骤：确定数据库开发的目标；进行内部资料与外部资料的选择；设计数据库框架；创建数据库结构；设计重要的数据库特性；选择数据库开发工具；选择重要信息源；将信息源转变为数据库；将开发的预算和计划与营销策略进行整合等。

企业营销部门应用营销数据库来设计市场营销活动，从而建立客户忠诚或增加产品销售。企业应根据客户的行为和价值将客户划分成不同的细分客户群，并且针对不同的客户细分设计营销活动。营销活动的结果也经常可以记录在营销数据库中，营销人员和客户管理人员能够清楚地看到每一次营销活动的客户响应情况和投资回报率。营销人员应用客户数据库的资料，应用数据分析技术在潜在客户数据中发现和识别盈利机会；基于客户的年龄、性别、人口统计数据等，对客户购买某一特定产品或服务的可能性进行预测，帮助企业决策和设计适销的产品和服务，并且设计和制定合适的价格体系。企业通过市场、销售和服务等一线人员获得的客户反馈，把相关的市场调查资料整合，定期对市场的客户信息和反馈进行分析，可以帮助产品和服务在功能与销售方式上得以改进，也可以帮助产品设计和研发部门做出前瞻性的分析与预测，还可以根据市场上的实时信息及时调整生产原材料的采购，或者调整生产的产品型号，控制和优化库存等。

第四节　电子商务客户信息整理

在收集相关客户信息之后，客户管理人员就要根据具体的企业目标对这些信息进行科学整理。整理客户信息时，客户管理人员可以不断地挖掘客户、分析客户和筛选客户，并将企业最优资源匹配到最能为企业带来利润的客户身上。

一、电子商务客户信息整理的必要性

客户管理人员对客户信息的整理通常包括以下三个方面的内容：

（一）目标市场

客户管理人员根据明确的企业产品定位，确定哪些客户会对本企业的产品产生需求；根据收集到的相关客户信息，分析客户对企业产品的需求量大小；根据以上分析结果把客户进行有秩序的分类。在这一阶段的工作结束后，通常情况下，那些需求量更大的客户会被列为重要的潜在客户，客户管理人员需要对这些客户加以认真对待。

（二）潜在客户

潜在客户就是那些有购买意向的目标市场中的客户。潜在客户是否对企业的产品具有购买意向，这取决于企业的广告宣传和市场调查配合力度。如果仅靠客户管理人员的个人努力，整体工作效率就比较低。因此，客户管理人员在这一阶段不仅要认真分析自己掌握的客户相关信息，还要充分利用企业资源展开分析，最终确定哪些客户的购买意向较强，哪些客户根本无意向购买企业的产品或服务。这将有助于下一步工作时，客户管理人员时间和精力的合理分配。

（三）目标客户

目标客户就是那些有明确购买意向、购买能力，而且在短期内有把握达成订单的潜在客户。值得注意的是，此时客户管理人员在对客户信息进行整理时，必须明确对方是否具有购买力，即客户是否有能力购买企业推销的产品或服务。这又分三种情况：第一，有明

确购买意向，但是暂时没有能力购买；第二，有明确购买意向，购买能力不强；第三，有明确购买意向，购买能力强。显然，符合第三种情况的客户首先需要推销人员花费较多的时间和精力；属于第一种情况的客户，客户管理人员可以暂时放一放，但仍要保持联系；属于第二种情况的客户，客户管理人员同样要保持联系，而且要积极争取。

企业和员工对收集来的客户资料进行分析，要根据自己的工作需求。一般来说，对客户名称、所在行业、所在地区、经营方向、经营规模、主要产品、主要需求、目标市场等资料进行分析，可以得到企业的客户结构。

二、网络客户信息整理的步骤

电子商务环境下企业可以利用数据库来整合、管理客户信息，预测客户未来的行为。

（一）客户信息的清洗、整理

企业从直接渠道或间接渠道利用不同方法收集的信息并不能直接为企业所用，必须要对这些信息进行分类、整理。第一，企业收集的信息分散在企业各个部门之中。例如，来自客户抱怨等方面的信息可能掌握在售后服务部门，有关客户购买频率等行为方面的信息可能掌握在销售部门，这些处于不同部门的信息降低了整个企业掌握信息的完整性。第二，来自不同渠道的信息并不是完全准确的，在很多时候，关于同一问题的信息可能截然相反。因此，企业必须要对掌握的信息进行筛选、整理，从中找到有价值的信息

（二）客户信息的录入

企业完成了信息清洗、整理之后，第二步就是将掌握的信息录入数据库之中。在录入信息的过程中，企业要先对信息进行编码，良好的编码能够让企业员工更加方便地处理信息，同时也提高了数据的运算处理速度。之后，企业要保证录入信息的准确性。一方面，企业要对信息的来源进行检查，确保信息来源的可靠性和真实性；另一方面，企业要保证信息录入过程的准确性，即在录入的过程中没有发生偏差。显而易见，这是一个需要投入大量人力、物力的工作。

（三）客户信息的分析与整理

如果企业只是简单地把客户信息录入数据库中，那么并不能发挥客户信息与数据库的作用。数据库的意义在于能够帮助企业更快、更好地分析客户信息，从中找到有价值的线索。数据库能够帮助企业了解自身所有客户的信息。例如，了解个人客户的性别比例、年龄段、职业状况等基本信息，这能够让企业更清楚自己面对的到底是哪些类群的客户。数据库还能帮助企业分析客户行为。客户行为分析可以划分为两个方面：整体行为分析和群体行为分析。整体行为分析用来发现企业所有客户的行为规律，但仅有整体行为分析是不够的。企业的客户千差万别，众多的客户在行为上可以划分为不同的群体，这些群体有着明显的行为特征。对企业而言，其不仅要了解客户整体行为，还必须要掌握客户群体乃至客户个人的信息，以便企业协调与客户的关系。

（四）客户信息的更新

对企业而言，通过直接渠道和间接渠道收集信息是企业了解客户的重要途径，但是企业并不是开展一次大规模的信息收集活动就能一劳永逸。对企业而言，及时更新客户信息与收集客户信息是同等重要的。在市场竞争激烈的今天，客户的需求和偏好在不断发生着变化，如果企业不能及时更新客户信息，采用过时的数据来分析客户特征，将会使企业不能确切了解客户的要求。企业一旦对客户特征把握不准确，就将对企业产品设计、客户沟通等策略带来严重干扰，使得企业的投入不能取得预定的成效。

客户信息的更新要注重及时性，需要企业各个部门的全力配合。企业更新信息并不是让信息存储在数据库中，而是希望通过这些客户信息来认识、了解客户，弄清客户特征发生了什么样的变化。企业在更新客户信息的同时，还应及时淘汰无用信息，提高数据库的利用率，避免企业资料长期被无用信息占用而导致浪费。

第五节　网络客户信息分析

电子商务客户信息并不是整理后存放入数据库就完成工作，恰恰相反，信息整理的目的是为信息分析服务的。企业决策者可以采用合理的、科学的分析方法寻找商机、确定客户、开发潜在市场等。电子商务客户信息分析是客户信息管理的重要内容和关键内容，也是最有价值的内容。

一、网络客户信息分析的意义

（一）把握客户需求

企业要把握客户需求，必须从深层次认识、理解客户，对客户进行细分，也就是进行市场细分。企业对收集到的客户信息通过数据挖掘等技术，在深层次上进行反复的提炼和剖析，从看似普通的客户信息中找出关于客户需求的更有价值的信息，从而加以利用。

（二）开发潜在客户

企业可以从以下五个方面检查、判断客户购买欲望的大小（以房地产行业为例）：一是对产品的关心程度，如对购买房屋的大小、公共设施、朝向等的关心程度；二是对购买的关心程度，如对房屋的购买合同是否仔细研读或要求将合同条文增减、要求房屋内部间隔修改等；三是检查能否符合各项需求，如房屋所在地能否满足小孩上学、大人上班的便利，附近是否有超级市场，能否符合安静的期望，左邻右舍是否有喧哗的营业场所等；四是对产品是否信赖，如对房屋使用的材料品牌是否满意、施工是否仔细、地基是否稳固等；五是对销售企业是否有良好的印象，客户对销售人员印象的好坏往往左右着潜在客户的购买欲望。企业通过分析判断后，可以有针对性地做工作。

（三）挖掘潜在市场

企业通过内部提供的客户信息资源，进行整理分析，能够挖掘潜在市场，得出能够指导营销的有价值的结论。例如，电信企业收集的客户信息满足了营销的目的，包括客户的静态数据，如性别、年龄、职业、收入水平等；客户的动态数据，即消费行为信息，如何时购买、历史消费记录、流失或转到竞争对手的记录、与企业接触的历史记录等。通过对这些静态、动态数据的分析，企业可以得出该客户是否具有购买需求、预计购买时间和数量、消费档次等结论。企业把这些数据进行归总，可以推出一些销售方案。

（四）完善售后服务

为了将不断增加的客户服务好，一些企业开始要求员工定期更新、完善客户信息，对售后服务满意度进行抽查回访。企业通过完善客户服务信息，可以不断构建客户服务平台。

二、网络客户信息分析的内容及方法

一般客户信息分析主要是针对客户构成分析、客户经营情况分析、客户信用分析和客户利润贡献分析等几个方面进行。

（一）电子商务客户构成分析

通过对客户信息的收集和整理，销售人员可以分析出客户对产品或服务是否具有购买意向，有时还可以了解客户的购买能力。虽然销售人员可以按照这些分析结果寻找到目标客户，但是如果不了解客户的购买心理，即使找到目标客户，最终也难以促成交易。不同的客户其购买心理是不同的，了解客户的购买心理有助于销售人员在沟通过程中投客户之所好，把握成交机会。不同客户信息透露出来的客户心理各不相同，常见的一些客户心理如下：

1. 实用主义心理

那些表现理智的客户在购物时往往更追求"实用"。例如，他们更在意产品的效力、使用期限、售后服务等。这通常可以从他们的办公室或家居布置、正在使用的产品特点等方面反映出来，当然也可以从沟通过程中由他们的关注焦点得到体现。

2. 追求品牌心理

现在有很多客户在选购商品时都十分关注品牌，这一点在经济发达地区或在年轻客户群体和收入水平较高的客户群体中表现得尤为明显。针对这一心理，现在很多商家都运用多种方式提高企业的品牌影响力，如增强广告宣传攻势、利用名人效应等。在与这些客户进行沟通的时候，销售人员可以利用各类名人来推销自己的产品，也可以不断强化企业产品的品牌影响力，加深客户对本企业的品牌认知度。

3. 审美心理

有些客户在衡量产品优劣时，其个人审美意识总是情不自禁地占据上风，因此他们更注重产品的视觉效果。敏锐的销售人员几乎从这些客户平时的生活习惯中就可以掌握他们的这一心理。例如，他们平时肯定对自身穿着和使用物品的包装、款式、造型等相当在意。因此，销售人员可以从鲜艳的包装、新颖的款式、个性十足的造型以及具有艺术美的整体风格着手，以此激起客户积极的视觉体验，从而做出购买决定。

4. 猎奇心理

一些客户尤其对那些新奇事物和现象产生注意和爱好，这些客户喜欢主动寻求新的产品信息。如果企业的产品具有某些新功能、新款式，可以为客户提供新享受、新刺激，就要尽可能地将这些新奇特点展示给客户。像"经久耐用"等推销专用语，对这些客户来说往往不会发生任何积极效果。

5. 从众心理

有些客户喜欢追求新奇和与众不同，而有些客户则容易受到周围人的影响。容易产生从众心理的人多为女性客户，与这些客户打交道时，销售人员最好暗示客户"这种产品很抢手，您的邻居认为它的效果特别好"。

（二）电子商务客户经营情况分析

对客户经营情况分析，销售人员通常通过对客户企业财务报表的分析，揭示客户的资本状况和盈利能力，从而了解客户的过去、现在和未来的经营情况。企业的经营状况可以通过财务状况的计算分析得知，主要是通过计算出企业偿还债务能力的一些参数来分析。企业偿债能力的大小，是衡量企业财务状况好坏的标志之一，是衡量企业运转是否正常、能否吸引外来资金的重要方法。反映企业偿债能力的指标主要有流动比率、速动比率、现金比率、变现比率、负债流动率和资产负债率。

1. 流动比率

流动比率是反映企业流动资产总额和流动负债之间比例关系的指标，企业流动资产大于流动负债，一般表明企业偿还短期债务能力强。流动比率以2：1较为理想，最低要实现1：1。流动比率=流动资产总额/流动负债总额×100%。

2. 速动比率

速动比率是反映企业流动资产项目中容易变现的速动资产与流动负债之间比例关系的指标。该指标还可以衡量流动比率的真实性。速动比率一般以1：1为理想，速动比率越大，偿债能力越强，但不可低于0.5：1。速动比率=速动资产总额/流动负债总额×100%。

3. 现金比率

现金比率反映企业流动资产中有多少现金能用于偿债。现金比率越大，流动资产变现损失的风险越小，企业短期偿债的可能性越大。现金比率=现金类流动资产/流动资产总额×100%。

4. 变现比率

变现比率反映企业短期的偿债能力，又具有补充现金比率的功能。变现比率=现金类流动资产/流动负债×100%。

5. 负债流动率

负债流动率衡量企业在不变卖固定资产的情况下，偿还全部债务的能力。该比率越大，偿还能力越高。负债流动率＝流动资产/负债总额×100%。

6. 资产负债率

资产净值是指扣除累计折旧后的资产总额。资产负债率反映企业单位资产总额中负债所占的比重，用来衡量企业生产经营活动的风险程度和企业对债权的保障程度。该比率越小，企业长期偿债能力越强，承担的风险也越小。资产负债率＝负债总额/资产净值×100%。

（三）电子商务客户信用分析

企业在利用客户档案记录内容详细、动态反映客户行为及其状况的特点的同时，还要进行客户信用情况分析，以便对客户的信用进行定期的评判和分类。目前，主要的客户信用分析评价标准有以下三个：

1. 信用 5C 标准

信用 5C 标准是美国银行家爱德华在 1943 年提出的。他认为，企业信用的基本形式由品格（Character）、能力（Capacity）、资本（Capital）、担保品（Collateral）和环境状况（Conditions）构成。由于这 5 个英文单词都以"C"开头，故称 5C 标准。

（1）品格是指企业和管理者在经营活动中的行为与作风，是企业形象最为本质的反映。

（2）能力是仅次于品格的信用要素。能力包括经营者能力（如管理、资金运营和信用调度等）和企业能力（如运营、获利、偿债等）。

（3）资本主要是考查企业的财务状况。一个企业的财务状况基本上能反映该企业的信用特征。若企业资本来源有限，或者资本结构比例失调，大量依赖别人的资本，则会直接危及企业的健康发展。

（4）担保品。许多信用交易都是在担保品作为信用媒体的情况下顺利完成的，担保品成为这些交易的首要考虑因素。

（5）环境状况又称经济要素，大到政治、经济、环境、市场变化、季节更替等因素，小到行业趋势、工作方法、竞争等因素，诸如此类可能影响企业经营活动的因素都归为环境状况。

2. 信用 5P 标准

信用 5P 标准是从不同角度将信用要素重新分类，条理上更加易于理解。5P，即个人因素（Personal Factor）、目的因素（Purpose Factor）、还款因素（Payment Factor）、保障因素（Protection Factor）和展望因素（Perspective Factor）。

比较信用 5C 标准和信用 5P 标准，说明如下：

（1）个人因素或品格主要衡量借款人的还款意愿。

(2) 还款因素或能力主要衡量借款人的还款能力。

(3) 目的因素或资本主要分析贷款的用途,评价借款人的举债情况。

(4) 保障因素或担保品主要分析贷款的抵押担保情况和借款人的财务实力。

(5) 展望因素或环境状况主要分析借款人的行业、法律、发展等方面的环境。

3. 信用6A标准

信用6A标准是由美国国际复兴开发银行提出的。信用6A标准将企业要素归纳为经济因素（Economic Aspects）、技术因素（Technical Aspects）、管理因素（Managerial Aspects）、组织因素（Organizational Aspects）、商业因素（Commercial Aspects）和财务因素（Financial Aspects）。

（四）电子商务客户利润贡献分析

客户资产回报率是分析企业从客户处获利多少的有效方法之一。实践表明，不同的客户，资产回报率是不同的。通过这一指标的分析，企业还可以具体了解这种差距产生的原因。为确保客户成为好客户，企业对客户要进行定期评价，并采取相应措施。如今，越来越多的企业强调以多种指标对客户进行评价。美国数据库营销研究所阿瑟·休斯（Arthur Hughes）提出衡量客户的RFM方法。客户数据库中有三个神奇的要素，这三个要素构成了数据分析最好的指标：最近一次消费（Recency）、消费频率（Frequency）、消费金额（Monetary）。

1. 最近一次消费

最近一次消费指上一次购买的时候，即客户上一次是什么时候来店里、上一次根据哪本邮购目录购买东西、什么时候买的车，或者最近一次在超市买早餐是什么时候。

理论上，上一次消费时间较近的客户应该是较好的客户，对提供即时的商品或服务也最有可能会有反应。营销人员若想业绩有所增长，只能靠偷取竞争对手的市场占有率；而如果要密切注意消费者的购买行为，那么最近的一次消费就是营销人员第一个要利用的工具。有资料显示，如果企业能让消费者购买，他们就会持续购买。这也就是为什么0~6个月的客户收到营销人员的沟通信息多于31~36个月的客户的原因。

最近一次消费的过程是持续变动的。客户在距上一次购买时间满一个月之后，其在数据库里就成为最近一次消费为两个月的客户。反之，同一天，最近一次消费为三个月前的客户做了其下一次的购买，他就成为最近一次消费为一天前的客户，也就有可能在很短的期间内就收到新的折价信息。优秀的营销人员会定期查看最近一次消费的分析，以掌握趋势。如果月报告显示上一次购买很近的客户（最近一次消费为一个月）的人数增加，则表示该公司是个稳健成长的公司；反之，如果上一次消费为一个月的客户越来越少，则是该公司迈向不健全之路的征兆。最近一次消费报告是维系客户的一个重要指标。最近才买企业的商品、服务或者光顾本企业门市、商店的消费者，是最有可能再向企业购买东西的客户。企业要吸引一个几个月前才上门的客户购买，比吸引一个一年多以前来过的客户要容易得多。营销人员如接受这种强有力的营销哲学——与客户建立长期的关系而不仅是卖东西，会让客户持续保持往来，并赢得客户的忠诚度。

2. 消费频率

消费频率是客户在限定的期间内购买的次数。最常购买的客户，也是满意度最高的客户。如果相信品牌及商店忠诚度，最常购买的消费者，忠诚度也就最高。增加客户购买的次数意味着从竞争对手处偷取市场占有率，从别人的手中赚取营业额。

为了让客户达到最高阶段，即最忠诚阶段，企业的诀窍在于让消费者一直顺着阶梯往上爬，把销售想象成是要将两次购买的客户往上推成三次购买的客户，把一次购买者变成两次购买者。

3. 消费金额

消费金额是所有数据库报告的支柱，也可以验证企业80%的收入来自20%的客户。通常排名前10%的客户所花费的金额比下一个等级者多出至少2倍，占企业总营业额的40%以上。如果看累计百分比的那一栏，我们会发现有40%的客户贡献企业总营业额的80%，而有60%的客户贡献企业总营业额的90%以上。

最近一次消费、消费频率、消费金额是测算消费者价值最重要也是最容易的方法，这充分地表现出这三个指标对营销活动的指导意义。其中，最近一次消费是最有力的预测指标。

好的客户会给企业带来极大的利润，而差的客户则会给企业带来很大的风险，甚至可以拖垮一个企业。企业建立客户评价指标，对客户进行评价，一是可以从中选择好的客户，二是可以在客户管理工作中建立起动态管理机制，在不断淘汰差的客户的同时，不断培养出更多的适合企业发展的好的客户。

第六节　网络客户信息安全管理

客户信息管理提供与客户沟通的统一平台，提高员工与客户接触的效率和客户反馈率。一个成功的客户信息管理系统主要通过电话、传真、网络、电子邮件等多种渠道与客户保持沟通，使企业员工全面了解客户关系，并根据客户需求进行交易，记录获得的客户信息，在企业内部做到客户信息共享；对市场计划进行整体规划和评估，对各种销售活动进行跟踪，通过大量积累的动态资料，对市场和销售进行全面分析。但是，在网络环境下，安全问题日益突出，客户信息以数据库形式存在于企业内部，但是安全事件频发，说明客户信息管理存在一定的安全风险。

一、网络客户信息安全风险

电子商务环境下的客户信息管理一般采用纸质客户资料和电子客户资料并存方式,所以客户信息风险也就比传统客户信息管理下的安全风险更高。主要体现在以下几个方面:

(一)网络环境风险

网络环境主要指电子商务企业运用中涉及的软件、硬件等环境。

1. 物理实体的安全问题

物理实体是指为企业工作的电子元器件设备,包括计算机、打印机、服务器、扫描仪等。外界环境发生变化,可能造成这些电子元件设备数据丢失。例如,正在工作的计算机突然断电,未保存的资料就会丢失;或者因为断电瞬间电流过大,造成数据存储的硬件设备损坏,导致客户信息丢失。另外,在物理实体安全中,企业尤其要注意电磁泄漏和线路监听问题。

2. 电磁泄漏的安全问题

电磁泄漏是计算机通过辐射方式或传导方式将电磁信号向外发射。任何一台电子设备工作时都会产生电磁辐射,计算机设备也不例外,如主机中各种数字电路电流的电磁辐射、显示器视频信号的电磁辐射、键盘按键开关引起的电磁辐射、打印机的低频电磁辐射等。

计算机、外围设备以及网络设施在工作时有电流流动,这种变化的电场可产生变化磁场,变化磁场又产生新的变化电场,通过这种电场与磁场的交替转换,计算机电磁辐射就产生了。传导发射是指含有信息的电磁波经电源线、信号线、地线等导体传送和辐射出去。计算机辐射的频带很宽,大约在10千赫~600兆赫。特别是计算机显示器的电磁辐射信号很强,能将显示器上正在显示的内容泄露到很远的地方。有资料显示,利用先进的仪器和软件处理技术,在2 000米以外的地方仍能接收到电磁辐射信号,还原出图像信息。

3. 窃听技术的安全问题

窃听技术是窃听行动所使用的窃听设备和窃听方法的总称,它包括窃听器材,窃听信号的传输、保密、处理,窃听器安装、使用以及与窃听相配合的信号截收等。电话窃听的手段很多,常用的有串音窃听和利用系统窃听。

通过电话交换机控制用户电话,建立电话窃听系统,可以实现对侦察目标电话进行截听。这种窃听电话系统很大,自动化程度很高,只要目标电话一使用,监听设备立即启动实施窃听,始叫话机的号码、通信的日期和时间也同时被自动记录下来。利用电话线路的串音窃听是指一路电话线上可能感应了另一路电话线上的电话信号。对于技术质量比较差的通信线路,如采用架空明线或质量差的通信电缆,有时两条线路只要有几十厘米长,就能产生足够强的串音。这种串音有时直接听不出来,但用放大器放大便可听清楚。早期有的国家的情报机关利用这种特性设计制造串音窃听器,提供给他们秘密派往外国的间谍使用。他们在居住地把电话串音窃听器跨接在电话线上，窃听与此线平行的其他线路里的通话声。

（二）计算机软件系统潜在的安全问题

计算机工作都是依赖于操作系统实现的，但是操作系统是软件系统，其中也存在一定的漏洞，这就造成了企业信息管理的一种风险。

操作系统结构体系是存在缺陷的。操作系统本身有内存管理、中央处理器（CPU）管理、外设管理，每个管理都涉及一些模块或程序。如果在这些程序里面存在问题，比如内存管理的问题，外部网络的一个连接刚好连接一个有缺陷的模块，则可能出现的情况是计算机系统因此崩溃。因此，有些黑客往往是针对操作系统的不完善进行攻击，使计算机系统，特别是服务器系统立刻瘫痪。

操作系统不安全的一个原因在于它可以创建进程，支持进程的远程创建和激活，支持被创建的进程继承创建的权利，这些机制提供了在合法用户上，特别是"打"在一个特权用户上，黑客或间谍软件就可以使系统进程与作业的监视程序监测不到它的存在。

操作系统会提供一些远程调用功能。所谓远程调用，就是一台计算机可以远程调用一个大型服务器里面的一些程序，可以提交程序给远程的服务器执行，如远程登录系统（Telnet）。远程调用要经过很多的环节，中间的通信环节可能会出现被人监控等安全问题。

后门程序是指绕过安全控制而获取对程序或系统访问权的程序方法。在软件开发阶段，程序员利用软件的后门程序可以方便修改程序设计中的不足，一旦后门被黑客利用，或者在发布软件前没有删除后门程序，容易被黑客当成漏洞进行攻击，造成信息泄密和丢失。此外，操作系统的无密码入口也是信息安全的大隐患。尽管操作系统的漏洞可以通过版本的不断升级来克服，但是系统的某一个安全漏洞就会使得系统的所有安全控制毫无价值。当发现问题到升级这段时间，一个小小的漏洞就足以使整个网络瘫痪。

（三）黑客的恶意攻击

黑客一般泛指计算机信息系统的非法入侵者。黑客一词是由英语"Hacker"音译的，是指专门研究、发现计算机和网络漏洞的计算机爱好者。他们伴随着计算机和网络的发展而产生并不断成长。黑客对计算机有着狂热的兴趣和执着的追求，他们不断地研究计算机和网络知识，发现计算机和网络中存在的漏洞，喜欢挑战高难度的网络系统并从中找到漏洞，然后向管理员提出解决和修补漏洞的方法。

二、来自企业内部的风险——离职员工的破坏活动

对于许多大型企业而言，企业内部安全风险通常容易被忽略。内部员工造成的客户信息泄露问题已经被很多大企业重视，但是却无从改善和防范。造成信息泄露的员工主要是离职员工和在职员工两类。

不同类型的员工离职对企业的影响是不同的。员工离职通常分为两种类型：主动离职和被动离职。主动离职是指离职的决策主要由员工做出，包括辞职的所有形式；被动离职是指离职的决策主要由企业做出，包括解雇、开除等形式。对企业的管理者来说，被动离职往往是确定的，是可以被企业控制的，但主动离职相对而言往往是事先不可预测的。因此，大量的主动离职会给企业的发展带来不利的净影响（不利影响超过有利影响）。因此，对主动离职产生的原因和防范策略的深入探讨得到了很多学者的关注。

信息管理调查机构波耐蒙研究所（Ponemon Institute）发布了一份以 2008 年离职员工为研究对象的调查报告，调查结果显示：

（1）59%的受访者承认离职后会带走公司的数据。
（2）79%的受访者表示是在未经前雇主允许的情况下带走公司的信息。
（3）64%被员工带走的信息来自电子邮件。
（4）被带走的信息中有 39%为客户信息，如客户联络方式；有 35%是员工信息。
（5）24%的员工在离职后仍然可以登录公司的网络存取信息，其中有 35%的人在离职一周后仍然拥有这个权限。

例如，离职员工的系统账号没有从系统中注销，离职员工拨号进入单位网络，并访问公司的敏感数据；单位的防火墙允许进入方向的远程登记系统（Telnet），并且在某服务器上允许以"访客"（Guest）账号进入，离职员工通过远程登录系统（Telnet），用"访客"账号进入某服务器，浏览或处理系统文件；厂商在系统安全设计中存在为人所知的缺陷，但还没有补丁文件，离职员工基于已为人所知的系统的脆弱性，访问敏感的系统文件。

三、网络客户信息安全管理措施

安全的客户信息管理是凝聚客户、促进企业业务发展的重要保障。客户信息是一切交易的源泉。由于客户信息自身的特点，进行科学的客户信息管理是信息加工、信息挖掘、信息提取和再利用的需要。企业通过客户信息管理，可以实现客户信息利用的最大化和最优化。电子商务客户信息安全管理可以通过以下几个方面实现：

（一）培养信息保密意识

内部员工将客户信息有意识或无意识泄露是威胁企业客户信息安全最重要的问题，因此企业需要从高层到普通员工都对客户信息引起重视，认识到客户信息是企业宝贵的资源。电子商务环境下企业的竞争实际上是针对客户的竞争。企业可以通过培养企业文化角度，让员工在工作中注意保护客户信息与资料。企业特别应该对客户服务人员和客户信息收集人员、销售人员进行相应的安全意识培训。具体来说，直接接触客户信息的员工需要注意以下几点：

1. 避免客户资料丢失

通常销售人员或调研人员拜访客户都会带很多材料，有时就会忘记带回来，遗留在客户那里，给其他客户带来困扰。这就是没有对客户负责，对客户资料的保护工作没有做到位。客户也会因此对销售人员的工作表示怀疑，造成不配合工作。对此，销售人员或调研人员每一次去拜访客户时要检查一下带出来几份资料、应该带回几份资料。如果发现丢失应马上返回寻找资料，保证客户资料没有外泄的可能。

2. 避免客户资料外泄

销售人员或调研人员和客户或朋友交流也应该注意。交流中，客户有时会问一些其他客户比较保密的资料，这时销售人员或调研人员应该回避这样的话题，避免心直口快就把其他客户的资料泄露出去。对此，销售人员或调研人员要对客户所问的问题进行思考之后再回话，避免说出一些比较保密的资料，让其他客户受到困扰。销售人员或调研人员在和别人交流关于客户资料等内容时，应该谨慎处理，仔细斟酌之后再回答问题，遇到涉密的问题，应该给予回避或婉转拒绝，保证客户资料的保密性。

3. 做好客户资料保护工作

销售人员或调研人员应避免拜访客户的时候准备过多材料，应对所需资料进行筛选和分类，一方面可以避免客户资料遗忘或丢失，另一方面当回答客户问题时能快速找到相应资料，提高工作效率，也可以取得客户认可。同时，销售人员或调研人员要在拜访客户前做好资料分类工作，比如把拜访客户的一些公开性的资料整理成为一份，而对于一些比较保密的资料整理为另外一份，存放于工文包内，避免由于工作大意让客户资料被其他企业或别的客户记录下来。

调研人员在进行面谈调研或网络调研时，对于其他已经完成的调研表不要轻易拿给被调研的对象看，也不要随手放置，让客户觉得调研不严谨。

（二）建立制度体系

1. 科学合理地设置信息技术岗位

企业应科学合理地设置信息技术岗位，针对流程管理中人、过程和技术制定严格的业务管理制度，切实落实岗位责任制，特别要杜绝不相容岗位的混岗、代岗和一人多岗的现象。

2. 完善信息科技考评管理制度

企业应建立和完善信息科技考评管理制度，逐步建立科学、合理的评价模型和指标体系，科学界定、分解和落实信息科技各级管理部门的职责，建立紧急响应和异常处理的快速安全反应机制。

3. 建立健全信息安全管理制度体系

企业应建立健全信息安全管理制度体系，制定信息安全的相关管理规章制度，防范由此带来的各类风险。安全管理制度主要包括人事组织安全管理制度、操作安全管理制度、场地和设施安全管理制度、软件平台安全管理制度、信息技术外包安全管理制度、网络安全管理制度、应用软件安全管理制度、数据安全管理制度、机密资源安全管理制度和应急安全管理制度。

4. 加强信息系统运维管理

企业应加强信息系统运维管理，建立健全监控管理、问题管理、事件管理、配置管理和变更管理等管理制度，解决信息技术管理中的信息不对称现象。

5. 推行信息安全风险管理制度

企业应逐步推行信息安全风险管理制度，完善信息风险识别、评估、分析和规避办法，制定信息安全风险应急管理计划。

6. 实行审计制度

企业应实行信息技术审计，采用客观标准对信息系统规划、开发、使用、管理和运维等相关活动进行完整、有效的检查和评估，并提出改进建议，以保障信息安全，强化投资效果。

（三）与员工签订保密协议

商业机密无疑已为越来越多的企业所重视，并且已上升到法律层面，即通过法律途径保护商业机密已越来越普遍。这主要基于《中华人民共和国反不正当竞争法》的表述："本法所称商业秘密，是指不为公众所知悉、具有商业价值并经权利人采取相应保密措施的技术信息、经营信息等商业信息。"可见，商业秘密的范围很广，任何可带来竞争优势的具体信息，都可以构成商业秘密。商业秘密不但包括产品、配方、工艺程序等，也包括机器设备改进、图样、研究开发文件等，而容易被忽视的客户情报同样属于商业秘密的范畴。企业为防止离职人员带走客户，可以通过签订保密协议来约束双方行为（事实上主要是约束员工行为）提前防范客户被带走。

企业应当与员工签订"竞业限制"的协议，通过约定保密范围的形式约束员工行为，甚至要求重要员工在离职后一定时期内不能在同行业工作。事实上，与重要岗位员工签订保密协议，在不出事情的时候，这些协议如同废纸，而一旦出现纠纷，协议将能最大限度地保障企业利益。同时，签订了协议后，企业也能在心理上给离职员工施加影响，使其不敢轻易冒险违背协议约定带走客户损害企业利益。人才流动不可阻挡，但应当寻求人才的合法流动，企业尽量避免因人才流动而产生的商业秘密纠纷，而签订保密协议也是减少纠纷的重要措施之一。

（四）分级访问和监管制度相结合

分级管理包括两层含义：第一，需要对客户信息数据库中的信息进行区分，按照重要程度的不同划分为高度保密、中等保密、一般秘密等等级；第二，根据员工职位的不同进行不同的授权，不同职位的员工只能接触到不同部分数据库，而无法浏览整个客户信息数据库，起到信息屏蔽作用。

信息屏蔽，即防止客户信息外泄，目的是维护企业与客户的利益，阻止不法行为。信息屏蔽技术在客户信息管理中主要表现为采用分级访问权限形式，控制访问内容，从而保护核心信息不被非授权操作者获取。

设置访问权限、控制访问范围的好处是一旦出现信息泄露的情况,可以很快查询到泄密的源头,缩小了查找泄密源头的范围,起码可以做到有迹可循。

账号安全也是必须考虑的。从客户信息安全性方面考虑,客户信息操作人员应该采用自己的登录账号在系统上进行操作。公用账号存在密码泄露风险,而且不能清楚地知道谁使用了哪些数据。这两个问题在员工个人账号下完全被解决。通过监控,企业可以看到员工合法使用的数据、登录的时间、登录的 IP 地址、使用的终端等。

要完全屏蔽信息是不可能的,在日常的工作中,总会有许多人需要接触这些信息,仅仅靠信息屏蔽,只是治标不治本的做法,而且对整体运作也带来了极大的不便。我们真正要思考的是如何让看见客户信息的人不敢轻易泄密,关键应该是从监管方面下功夫,只要监管工作做到位,盗窃信息的人就不好下手,一旦下手,在监管机制下就算不能够 100% 锁定犯罪目标,起码也可以做到有迹可循,从而提高犯罪的困难度。当盗窃者意识到风险大于利益所得,自然就会知难而退了。

【案例】脸书网(Facebook)信息泄露案例

2018 年 3 月 17 日,媒体曝光脸书网(Facebook)上超过 5 000 万的用户信息在用户不知情的情况下,被政治数据公司——剑桥分析获取并利用。

据《纽约时报》2018 年 3 月 20 日的报道,2014 年,剑桥分析的研究者柯冈(Kogan)要求用户参与一个性格测试,并下载一个应用软件,名为"这是你的数字化生活"(This is Your Digital Life),其收集的信息包括用户的住址、身份特征、朋友网络和"赞"过的内容,然后通过这些信息向受众定向投放数字广告。

一、事件时间线索

2018 年 3 月 19 日,《华盛顿邮报》报道称,美国两党政客要求 Facebook 首席执行官马克·扎克伯格在国会接受质询的声音越发强烈。Facebook 股价开盘后即出现陡状下跌。

2018 年 3 月 20 日凌晨,Facebook 召开内部紧急会议,允许雇员就此事开展提问,但据《华尔街日报》报道,Facebook 首席信息安全官亚历克斯·斯达莫斯(Alex Stamos)的职责被削减。路透社也于当日在其官方推特中报道称,亚历克斯·斯达莫斯将会在 2018 年 8 月离职。

亚历克斯·斯达莫斯在 2018 年 3 月 20 日早晨的一条推特中称其仍然在 Facebook 工作,但是岗位变成了"发现出现的安全风险和选举安全"。这条推文中,没有透露他是否计划从 Facebook 离职。

2018 年 3 月 25 日,扎克伯格在 6 份英国报纸和 3 份美国报纸上,为 5 000 万 Facebook 用户信息被泄露一事道歉。

二、信息泄露事件再次发酵

2019 年 9 月,Facebook 对外称,在平台开始限制相关用户信息后的几个月,与之合作的 100 多个第三方应用可能已经通过 Facebook 工程组的编程界面访问了用户的个人数据。

但是对于此次是否有数据泄露及涉及用户数量,Facebook 并没有透露受到波及的具体用户人数,可能涉及泄漏的信息包括了用户的姓名和个人图片。

在这之前 Facebook 就已经因为隐私数据泄露遭到监管部门的罚款。例如,Facebook 和英国数据保护机构达成和解,同意支付约 64.3 万美元赔偿金。在 2018 年 3 月的大规模用户信息泄露事件曝光后,英国信息专员办公室就开始对 Facebook 的数据安全保护措施进行调查。

综合练习

【简答题】

1. 简述客户资料库的内容。
2. 简述利用数据库整合的步骤。
3. 简述客户心理的分类。
4. 简述信用 5C、信用 5P 两种标准。
5. 简述客户信息安全管理实现的途径。
6. 简述调查问卷法的方式。
7. 简述电子商务客户信息管理的目的。

【实训题】

1. 根据教材中个人客户需要收集的信息,举例说明客户家庭信息、事业信息、个性信息对购买偏好的影响。
2. 设计"京东商城"客户资料卡。

第十章　网络客户关系管理系统及信息化集成

> **学习目标**
>
> 了解 CRM 系统的产生和发展；
> 了解 CRM 的体系结构；
> 了解 CRM 与 ERP、SCM 的特点及区别；
> 了解 EAI 相关基础知识。

第一节　CRM 的产生与发展概述

一、客户关系管理的产生与发展

最早发展客户关系管理的国家是美国，其在 1980 年便出现了"接触管理"（Contact Management），即专门收集客户与企业联系的所有信息。1985 年，巴巴拉·本德·杰克逊提出了关系营销的概念，这使人们对市场营销理论的研究又迈上了一个新的台阶。到 1990 年关系营销演变成包括电话服务中心支持资料分析的客户关怀（Customer Care）。

1997 年，高德纳咨询公司提出了客户关系管理（Customer Relationship Management，CRM）概念。高德纳咨询公司在其早些时候提出的 ERP 概念中，强调对供应链进行整体管理。客户作为供应链中的一环，为什么要针对它单独提出一个 CRM 概念呢？其中一个原因在于在 ERP 的实际应用中人们发现，由于 ERP 系统本身功能方面的局限性以及信息技术发展阶段的局限性，ERP 系统并没有很好地实现对供应链下游（客户端）的管理，针对 3C［公司（Corporation）、客户（Customer）、竞争（Competition）］因素中的客户多样性，ERP 并没有给出良好的解决办法。另外，到 20 世纪 90 年代末期，互联网的应用越来越普及，计算机电话集成技术（Computer Telephony Integration，CTI）、客户信息处理技术（如数据库、商业智能、知识发现等技术）得到了长足的发展。结合新经济的需求和新技术的发展，高德纳咨询公司提出了 CRM 概念。从 20 世纪 90 年代末期开始，CRM 市场一直处于一种爆炸性增长的状态。

企业在实现商业流程的自动化和优化的同时，意识到关注客户，就是关注企业的成长。但由于企业中的销售、营销和客户服务与支持部门都是作为独立的实体来工作的，部门界限的存在使这些不同的业务功能往往很难以协调一致的方式将注意力集中在客户身上，CRM 则正是着眼于企业的这一需求应运而生的。在如今竞争激烈的商业环境中，越来越多的商家开始通过实施 CRM 来赢得更多的客户并且提高客户的忠诚度。传统的数据库营销是静态的，需要经营好几个月时间才能对一次市场营销战役的结果做出一个分析计量表格，许多重要的商业机遇经常在此期间失去。CRM 软件建立在多个营销战役交叉的基础上，能够对客户的活动及时做出反应，因此能够更好地抓住各种商业机遇。

2002 年是中国 CRM 产业进入高速发展的时期，在概念导入、产品应用、成功经验等几个方面得到了长足的发展。CRM 的高成长性市场有优质的品牌、清晰的业务模式、明确的市场定位、成熟的产品、规范的实施服务的专业厂商，会成为市场的主流并获得良好的市场回报，"咨询-应用-实施-服务"的业务模式成为 CRM 专业厂商的业务核心流程。CRM 的应用已经覆盖了几乎所有的行业，典型行业客户应用的显著效果为 CRM 行业的应用提供了模板；专业咨询机构、服务专业厂商已经与 CRM 系统供应商共同构成产业链，产业链的形成是 CRM 产业规模发展的重要标志之一。高德纳咨询公司资深分析师兼副总裁艾德·汤普森（Ed Thompson）认为，未来 CRM 仍然是企业负责人的一个主要侧重点，因为按照盈利方式获取、发展和保持客户的目标是永无止境的。高德纳咨询公司行政人员企划部（Executive Programs，EXP）一年一度的调查也证实了这一趋势。该部门对来自世界各地的 1 500 名首席信息官（CIO）做了一项调查，调查结果显示绝大多数 CIO 都把 CRM 作为 2009 年企业的五大重要任务。

CRM 未来在各行各业中的应用将会越来越广泛。未来，CRM 应用会呈现出以下特点：

（1）客户密集型的企业将首先广泛应用 CRM，如金融、房地产等，且应用范围会不断拓宽。

（2）实施"差异化战略"的企业将会更容易应用好 CRM。

（3）中端企业将会成为 CRM 应用的"主流"。

（4）企业将广泛应用"分析型 CRM"来支撑"运营型 CRM"。

总而言之，无论是从发展方向、技术角度，还是从文化层面而言，CRM 都将呈现出其新的特点，CRM 也将会具有更广阔的发展前景。可以预见，CRM 在不久的将来会得到更多行业、更多企业、更高层次的接受与应用，在塑造、提升企业核心竞争力方面发挥其独特作用。

二、客户关系管理的产生背景

在早期,企业面对的是一个需求巨大而供给不足的卖方市场,提高产品产量很自然成为管理的中心,企业管理基本上是产值的管理。企业不断努力的结果是生产效率不断发展,产品很快变得非常丰富,导致市场上产品销售激烈竞争,于是销售中心论随之兴起。为了提高销售额,企业就必须在内部采取严格的质量管理,外部强化推销观念。但是质量竞争的结果是产品成本越来越高,销售竞争的发展使得费用越来越高,这就使得企业的销售额不断提高,但是利润不断下降,于是作为销售额中心论的修正版本——利润中心论登上企业管理的舞台,企业管理的目标放在了以利润为中心的成本管理上。但是,成本是不可能无限压缩的,当在一定的质量前提下成本的压缩已经到了极限,而企业利润要求仍然无法得到满足的时候,成本再压缩必然会带来产品质量的下降,或者说提供给客户的价值降低。至此,企业不得不再次审视自己的管理思想,于是顾客的地位被提高到了前所未有的高度,客户中心论就此确立。

纵观企业管理思想的发展历程,我们可以看到一种从内到外,从以产品为中心到以客户为中心的转变。市场营销作为企业经营活动的主要部分,其发展过程也和企业的管理思想具有类似的特点。"营销学之父"——菲利浦·科特勒在《营销管理》中总结了营销观念的五个发展阶段,即生产观念、产品观念、推销观念、营销观念和社会营销观念。

可以说,产生于 20 世纪 70 年代的社会营销非常明显地体现了企业经营管理从内到外的变化。在此之前,传统的营销理论认为,企业营销实质上是企业利用内部可控因素,对外部不可控因素做出积极的动态反应,进而促进产品销售的过程。所谓内部可控因素,主要是指企业的产品、价格、分销和促销决策,也就是营销学里经常被提到的"4P"。比如生产观念的营销重点是大量生产,以产品的低价格来吸引顾客;产品观念则注重产品的完善和质量的改进。由于社会化大生产的发展,生产效率迅速提高,出现了供过于求的买方市场,企业在产品销售上出现了激烈的竞争,因此随后的推销观念强调如何使用各种推销和促销手段来刺激顾客的购买。

以上三种观念的共同特征是企业运用其经济力量促使顾客按照自己的要求行事,但是不断成熟的消费者并不接受这一点。越来越多的企业在挫败中不断认识到企业自身的生产无法摆脱市场的制约作用,消费者是产品生产、渠道选择、售后服务等企业活动的决定力量,因此企业的经营观念核心开始从产品、生产导向转移到消费者导向,市场营销的目标在于正确确定目标市场的需求和欲望,比竞争者更有效地提供目标市场所要求的满足,这也就是出现于 20 世纪 50 年代的营销观念。

20 世纪 70 年代起出现的社会营销观念在此基础上更进一步,不仅要求企业的经营活动满足消费者的需求,而且要求企业必须考虑消费者和社会的长期利益。一方面,越来越多的企业的生产和销售受到来自法律、社会舆论、消费者组织等方面的制约;另一方面,

企业必须兼顾营销活动对社会造成的后果和影响。

从营销学的发展历程可以看出，营销学已经逐渐从销售过程的研究转向此过程中发生的种种相互关系和相互作用对于营销目标影响的研究，于是作为对以往各种营销观念的总结和发展，关系营销出现了。

关系营销把营销活动看成一个企业与消费者、供应商、分销商、竞争者、政府机构以及其他公众发生互动作用的过程，企业营销活动的核心在于建立并发展与这些公众的良好关系，因此企业经常管理的对象也就不仅仅是内部可控因素，其范围扩展到外部环境的相关成员。企业和这些相关成员包括竞争者的关系并不是完全对立的，其追求的目标存在相当多的一致性。关系营销，或者说现代企业管理的目标也就在于建立和发展企业与相关个人及组织的关系，取消对立，成为一个相互依赖的事业共同体。

信息技术的发展对上述管理思想提供了强有力的支持，以上述管理思想为基础的管理软件不断涌现。例如，管理企业与供应商、分销商之间关系的供应链管理（SCM），管理企业和分销商之间关系的分销商资源计划（Distribution Resource Planning，DRP），管理企业与客户之间关系的客户关系管理（CRM）等。

三、客户关系管理的历史演变

从早期的帮助办公桌（Help Desk）、接触管理（Contact Management）等应用系统到今天的客户关系管理（CRM），其中经历了约十年的演变。在美国，服务质量一直是人们引以为自豪的东西，但形成以客户为中心的软件服务系统则像是在拼一幅拼图，通过近十年的时间，才得出一个完整的客户关系管理（CRM）图像。因此，一个好的软件系统绝非一日之功，它需要市场的竞争和技术的积淀等几个方面因素。

（一）简单客户服务

简单客户服务以帮助办公桌（Help Desk）和错误跟踪系统（Bug Tracking）为典型应用。在CRM之前，美国很多大型服务公司都开发了自己的客户资料及问题管理系统，一般称为帮助办公桌系统。这种系统功能简单，不具有普遍的应用价值。一般的软件公司则用错误跟踪系统（Bug Tracking）来管理软件产品开发中的错误。这在后来成为产品开发公司面向客户的产品服务管理的一个重要组成部分。

（二）复杂客户服务系统与呼叫中心

复杂客户服务系统与呼叫中心以客户服务管理（Customer Service Management）、现场管理（Field Services）和呼叫中心（Call Center）为典型应用。

（三）销售力自动化系统

销售力自动化系统以销售力自动化（Sales Force Automation）和市场自动化（Market Automation）为典型应用。在市场竞争日趋激烈的今天，如何提高销售的业绩和销售员的生产效率已经成为企业的核心竞争力的一部分。对于销售，销售流程的管理及控制、跟踪现有客户、发现潜在客户等，每一项都非常重要。销售力自动化（SFA）作为CRM的前身，发挥了巨大的作用。席贝尔（Siebel）是这一领域的先驱之一。销售力自动化系统可以帮助企业获取和保留客户，而新的管理方式可以提高管理效率，缩短销售周期，提供更好的销售情况能见度，为企业提供更好的财务保证。销售力自动化系统同时可以有效地管理销售人员的销售活动，实现利润的极大化。

（四）前台办公室

前台办公室（Front Office）是客户服务与销售自动化系统的集成。这是由澄清公司（Clarify）倡导的解决方案，其产品特点是将单一的控能模块，变为一个统一的利润增长点，也成为企业的利润中心。

（五）客户关系分析

在交互型客户关系管理逐步成型后，有关客户资料的分析及利用渐渐崭露头角。实际上，数据分析如同计算机用于数据处理，其历史悠久，但如同数据挖掘等技术虽然很早就已提出并加以研究，但仅限于有限的应用范围。CRM的兴起给客户数据分析带来了新的生命力。

（六）客户关系管理系统

CRM是由客户服务、销售自动化、客户关系分析、客户数据挖掘等组成的。CRM形成了一种新的企业解决方案，使得企业可以有力地应对激烈竞争的环境。

四、客户关系管理的技术发展

CRM和ERP一样，既有很强的管理内涵，又需要强有力的技术支持。

（一）基本结构

1. 集中式

集中式，即大型机带多终端的方式。

2. 客户/服务器

两层结构的客户/服务器为主流，客户端支持图形用户界面（GUI），而服务器则负责数据库操作。CRM的著名厂商（如Sicbel、Clarify、Vantive、Scopus）都在20世纪90年代中后期推出这一品牌的产品。例如，Clarify的Front Office产品及Siebel的主力销售自动化产品，都曾以这种架构流行很长时间。

3. 胖客户+互联网

这是应互联网潮流而生的客户/服务器代用品。它的特点是用户可以使用浏览器来操作所有应用程序，但需要下载特殊的控件来实现这一功能。因为控件通常很大，所以一般只在内部网上使用这种方式。

4. 瘦客户（浏览器）+互联网

这是彻底的互联网及内部网解决方案。它不需下载任何控件，因此可以在互联网或专网上运行。主要 CRM 厂家（如 Siebel、PeopleSoft、Vantive）及一些新的厂家（如 Unisun）等，都采用了这一架构。

（二）核心技术

虽然 CRM 的体系架构和应用随着时间的推移发生了很多变化，但它的大多数核心技术则仍然保留下述共同性：

（1）以关系数据库为核心的商务对象模型。

（2）数据流操作。

（3）商务规则支持。

（4）集于可扩展标记语言（XML）的表示和通信。

（5）商务分析模式。

（6）集成和协同工作方式支持。

（三）CRM 技术趋势

1. 趋势一：CRM 系统将全面采用浏览器和服务器架构（B/S）

为了满足移动办公和分布式管理的需求，CRM 系统将更多采用基于浏览器和服务器架构（B/S）的多层结构。B/S 架构的特点是在客户端使用标准的网页页面浏览器（如 Internet Explorer 等），无需安装特殊的应用程序，减少了升级和维护的难度；所有的业务数据都保存在服务器（Server）端，确保了数据的安全；在通信方面，由于使用标准的请求-响应协议（HTTP），使得系统可以轻松实现移动办公和分布式管理。另外，为了系统功能的可扩展性，CRM 采用将数据库、应用层以及表现层分离的多层结构。独立的数据库层便于支持多种数据库系统，将实现企业逻辑的应用层独立，从而使业务逻辑的更新和扩展更为方便，而当需要支持手机、平板电脑等新的客户端设备时只要对表现层进行扩充就可以实现。同时，这种多层结构也可以采用负载均衡与集群等技术实现系统的高可用性和性能的平滑扩展。

2. 趋势二：CRM 系统将全面集成各种信息交流技术

随着互联网的发展，新的信息交流技术不断发展。作为企业的前端业务系统，CRM 系统需要支持客户可能倾向采用的各种交流方式。除了支持传统的电话和电子邮件，CRM 系统也应该集成对手机短信息、语音传输（VoIP）、企业即时消息（EIM）和网络会议等新的沟通方式的支持。在一个客户服务中心，客户代表既可以接听客户的普通电话和网络电话，查看客户的电子邮件，也可以看到客户通过手机发来的短信息，与客户通过即时消息谈话，或者与客户开始一个视频网络会议，实时解决客户的问题，大大提高服务响应速度和客户满意度。对于企业的市场和销售业务，多媒体短信促销、在线导购、远程演示等全新的沟通技术在降低营销成本的同时也可以扩展传播途径，提高客户沟通效率，缩短交易周期，从而提升企业的盈利能力。

3. 趋势三：CRM 系统将更多采用数据库和数据挖掘技术

随着全球经济一体化的进程不断推进和信息技术不断发展，企业比以往任何时候都面临着更为复杂的生存环境，市场竞争的压力对企业决策的质量和速度都提出了更高的要求。作为管理客户关系这一企业核心资源的信息系统，CRM 系统必须具备强大的数据分析和挖掘功能，为管理者做出正确的决策提供及时而准确的依据。数据库（Data Warehousing）、数据挖掘（Data Mining）和联机分析处理（OLAP）技术已成为 CRM 系统提供决策支持的关键技术。CRM 系统可以利用这些技术为企业建立完善的、量化的客户价值评估体系，以销售额、利润等原始数据为指标建立评估模型，找出对企业最有价值的客户群体并分析其特征，帮助企业制定更合理的经营策略。通过应用数据库和挖掘技术，CRM 系统还能够透视企业的销售、市场和服务等各个业务环节，按照组织机构、时间、产品线和客户群特征等各种维度进行多维数据分析和数据挖掘，从而帮助企业及时发现市场环境的细微变化和自身业务流程中的潜在问题，迅速采取相应的应对措施。

以上是目前 CRM 系统的一些技术发展趋势。我们相信，随着 CRM 管理理念的进一步完善、客户管理手段的加速变革和信息技术的飞速发展，CRM 系统将不断实现技术和应用的最新结合，发展为企业最重要的前端业务支撑系统。

第二节 CRM 的体系结构

传统企业管理的着眼点往往在 ERP 上，ERP 系统帮助传统企业实现了内部商业流程的自动化，提高了生产效率，而对客户的重视往往不够。事实表明，建立和维护客户关系是取得竞争优势的唯一且最重要的基础，这是网络化经济和电子商务对传统商业模式变革的直接结果。将 CRM 和电子商务结合在一起，能够帮助企业将其销售和服务渠道拓展到互联网上，CRM 系统将所有面向客户的功能集成到一起，为客户提供一个单一的视图以及对电子商务、销售和服务的单一解决方案，从而确保在万维网站点、呼叫中心、现场销售和服务队伍之间能够实现无缝的相互协作。电子商务客户关系管理系统体系结构如图 10-1 所示。其主要核心组件是销售自动化系统、营销自动化系统、服务自动化系统、呼叫中心和电子商务网站等。

一、销售自动化系统

销售自动化系统是 CRM 系统的一个业务组件。销售自动化系统用于在销售过程中对每个客户、每次销售机会的基于每一个人员行动的科学、量化的管理；可以有效地支持销售经理、销售人员对客户的管理，对销售机会的跟踪；能够有效地规范销售，实现团队协同工作。销售自动化系统在欧美地区已有十多年的应用历史，是企业销售管理的基本工

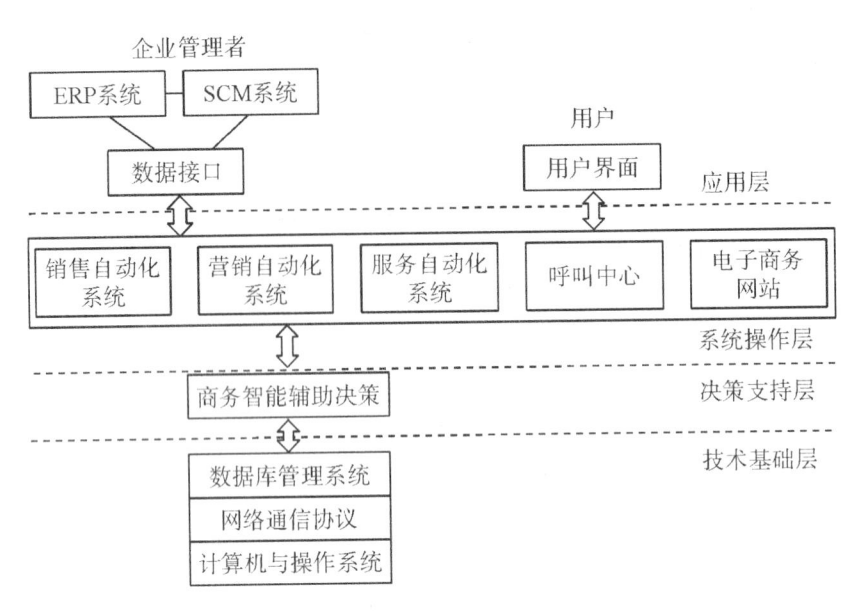

图10-1 电子商务客户关系管理系统体系结构

具。销售自动化系统主要负责与客户销售相关信息的获取及管理的工作。该模块把企业的所有销售环节有机地结合起来。

（一）销售自动化系统主要用于管理一个完整的客户生命周期

销售不仅是对销售机会的跟踪，更包括销售线索的管理、目标客户的识别、销售机会的培育与挖掘、订单的执行、客户关系的维护等，是一个不断进化的完整生命周期。处于不同状态、不同阶段的客户有不同的需求，满足其需求所需的人员、方法是不同的。有效的销售管理，其更重要的目标在于准确了解客户的具体状态与阶段，配置适合的手段、方法、人员，有效地满足客户的需求，从而推动客户生命阶段的发展、提高整体销售能力和销售业绩。销售自动化系统能够全程管理客户与相关销售机会的发展过程。

（二）销售自动化系统用于过程和行动的量化管理

销售自动化系统通过对人员权限、销售阶段、客户类别、销售区域、行动规范等业务规则和基础信息（如产品）的设置，使得销售人员在其授权范围内，对所管理的客户、联系人、机会等按统一的业务规范进行有序的管理；在销售过程中，该系统通过与具体的客户、联系人、机会关联的行动安排和行动记录，建立详细的跟踪计划并自动生成人员工作日程表（按日、周、月、年），实现了按每一个客户、每一个机会（项目）的基于具体行动的人员日程、跟踪记录，并提供了丰富的统计分析与工作支持，从而实现了对销售过程基于行动的量化管理。

（三）销售自动化销售管线

在销售过程中，任何一个客户、任何一个机会（项目），从一个阶段向下一个阶段的升迁都需要一定的时间并有损失，从而形成一个销售按阶段发展的销售管线。缩短阶段升迁周期、提高阶段升迁周期的成功率是提高销售业绩的关键。

企业按照不同的人员、区域、产品、客户类别、时段等，形成不同角度的销售管线，通过对销售管线的当前状态和不同时段的变化分析，可以准确了解销售进程、阶段升迁、阶段耗时；发现销售规律以及存在的问题（人员能力、产品与客户群关系等，平均升迁周期、平均耗时，哪些阶段升迁慢、成功率低，哪些机会滞留过长等），准确进行销售预测与销售能力评估，从而有效改善销售能力。

二、营销自动化系统

市场营销自动化帮助营销人员更轻松地使用现有客户数据，将工作与销售相结合，判断营销工作是否成功。市场营销自动化的开展涉及多个参与人员、交付项以及截止日期的复杂营销活动，可以引导营销经理完成计划和执行活动所需的步骤，包括计划任务、制作营销产品列表、定位产品、执行后续活动以及支持宣传、制定成本和收入目标。营销经理可以向不同的人员分配任务、导入潜在客户、将潜在客户转化为商机以及了解成本和结果等。管理人员可以使用报表和分析工具来跟踪活动结果。市场营销自动化将活动（广告与研讨会）与响应相联系、自动分配相应的后续活动（销售人员电话）、分析成本与支出，并创建自定义的活动跟踪报告。市场营销自动化可以做到如下几个方面：

1. 定位最佳客户（客户自动分类）

销售代表需要一种适当的方法，以通过促销、电话访谈以及电子邮件联系等方式来轻松定位最佳客户。

2. 实施快速销售活动

销售代表可以使用营销自动化系统帮助他们轻松快速地了解业务前景并和客户保持紧密联系，这可能会迅速提高业务量，进而实现销售量。

3. 发起企业营销活动

对营销人员来说，他们每年都要负责成功组织多个营销活动以支持新产品发布，因此实现任务计划、列表创建、任务分配、成本跟踪以及复杂活动涉及的其他多种任务的自动化，这正是营销管理人员所需要的。

4. 跨部门提交销售驱动型活动

有时营销人员会计划要由分公司或销售团队来实施的活动，这些工作需要跨部门协作、执行和跟踪。

5. 客户沟通

每个企业都希望以轻松的方式来收集和管理潜在客户或客户列表（群发电子邮件、传真、短信等方式）并跟踪响应。

三、服务自动化系统

服务自动化系统是电子商务客户关系管理系统的核心组件之一，它着重于改善客户服务部门的工作流程，提高工作效率，提升客户的满意度，使客户服务成为企业的利润中心。服务自动化系统包括以下七个方面的功能：

（一）客户自助服务

客户可以通过网页自助、语音自助、自助终端设备的方式，解决在使用产品和服务的过程中所遇到的问题。

（二）服务流程自动化

客户不能自行解决问题时，可通过各种渠道联系售后服务部门。服务自动化系统在收到客户服务请求之后，通过自动化的服务流程，自动将客户信息、所购产品的交易信息等及时传递给相关部门，自动派遣服务人员，分配服务任务，对服务任务的执行情况进行全过程跟踪，保证服务的及时性和服务质量。另外，服务流程自动化系统可以辅助自动形成维修记录和服务报告。

（三）客户关怀管理

服务自动化系统定期提醒客户对产品进行预防性的维修和保养，实现在维修过程中的客户关怀。另外，服务自动化系统可以支持以下特定时间的客户关怀，如节日、生日关怀等。

（四）客户反馈管理

服务自动化系统可以及时收集、整理和分析客户对服务反馈的信息，并对客户反馈及时做出响应。

（五）服务知识管理

服务自动化系统建立了标准的服务知识库，及时共享服务经验，通过强有力的检索工具向服务人员提供技术支持，协助进行故障诊断，进而可以实现服务问题的自动分析判断。

（六）需求信息收集

服务自动化系统可以及时收集服务过程中的客户需求信息和潜在的购买意向，及时提交给销售和营销部门，并由相关人员进行跟踪和管理。

（七）相关接口功能

服务自动化系统可以提供与客户服务中心的接口，支持与客户互动交流的多种方式，包括电子邮件、电话、传真、交互式语音应答等。服务自动化系统可以提高客户服务人员的服务效率、增强服务能力。

四、呼叫中心

呼叫中心是基于计算机电话集成（CTI）技术的一种新的综合信息服务系统，由早期的仅以电话和接话人员组成的电话服务热线发展而来。在电子商务客户关系管理系统中，无论是产品还是软件，都将呼叫中心纳入系统的整体战略框架中，成为电子商务客户关系管理系统不可或缺的组成部分。呼叫中心的首要目标是提供高质量的服务令客户满意，从而增加与客户的联系。呼叫中心对客户服务的重视可能引出更有效的办法处理重要的客户问题，然后通过受过良好培训的接线员工处理大量简单的客户问题，以降低处理问题的成本。更高级别和有经验的员工可以指派做更复杂的工作，取得更高的内部效率。呼叫中心可以使企业与客户开始联络，并能更快地将呼入的呼叫转入中心区域，而不是遍及整个企业的各个部分发送。用电话联络代替柜台处理，可以降低企业和客户的成本。只要有效地处理电话联络，没有时间进行或可以进行面对面办理的客户将体会到喜人的变化。

呼叫中心连接着销售管理和服务管理模块，向客户提供实时的销售和服务支持。呼叫中心也连接着营销管理模块，是企业与客户间的重要接触点，为营销管理提供相关信息，并能实现部分营销功能。呼叫中心的主要功能包括呼入呼出电话处理、互联网回呼、呼叫中心运行管理、软电话、电话转移、路由选择、报表统计分析、管理分析工具以及通过传真、电话、电子邮件、打印机等自动进行资料发送和呼入呼出调度管理等。

五、电子商务网站

网站是电子商务中企业与客户进行联系的特殊且重要的平台和沟通工具。网站将提供产品和服务的厂商与最终客户之间的距离消除了。客户可以通过网站直接向厂商咨询信息、投诉意见、发表看法；厂商可以利用网站实现向客户提出"一对一"的个性化服务。另外，企业通过网站可以了解市场需求和客户信息，加快了信息传递。在一定程度上可以说正是由于电子商务网站提供了企业与客户（包括潜在客户）之间的新的沟通渠道和沟通方式，才使电子商务具有如此旺盛、鲜活的生命力。为了和客户沟通，电子商务企业可以通过电子邮件链接，建立网络社区版块、客户购物专区，通过网络数据库营销缩短商业企业与客户之间的距离，有利于培养和识别客户忠诚，与客户建立长期关系，也为开发关系营销和"一对一"营销创造条件。

客户是企业生存和发展的基石，大量、稳定和有效地获取客户是每个企业实现销售任务的重要保障。电子商务企业可以通过电子商务平台直接接触和获取客户信息、客户响应、客户反馈。

第三节　CRM 与 ERP、SCM 的集成

在激烈的市场竞争中，企业产品更新能力、市场响应速度和客户服务质量已成为电子商务企业生存的生命线。因此，实现这些功能的一体化集成，以进一步降低成本、减少库存、加快资金周转和提高企业管理水平是处于市场竞争之中的企业的战略目标，而现在的信息技术和网络的发展也为电子商务企业的 ERP、SCM、CRM 集成提供了可能。

一、电子商务 CRM、ERP、SCM 集成的必要性

企业信息化无论采取何种手段，最终目的都是创建企业的竞争优势。CRM、ERP、SCM 集成的主要目的是减少企业库存、降低企业成本、加快资金周转、提高企业市场响应速度和提高客户对企业的满意度，以此提升企业的市场竞争力。CRM、ERP、SCM 是独立的软件系统，几个信息系统各自为战不利于企业资源的协调。

新的系统发展要求在新的技术条件下解决传统技术条件下难以打破的企业群不同业务单元之间的壁垒，同时要求消除不同职能部门之间的信息知识传播的障碍，以实现从供应商到客户的信息资源的共享和统一调配。这种集成化、互动化的实现必然要求 CRM、ERP、SCM 的集成。ERP 系统只有与 SCM、CRM 结合在一起才能形成一个完整的闭环，才能发挥 ERP 的最大作用。ERP、SCM 与 CRM 是相互联系、相互补充的。

ERP、SCM、CRM 是我国制造企业信息化、一体化建设进程中的三个重要组成部分，其中 ERP 系统是企业信息化的基础，是 SCM 和 CRM 的基础；SCM 加强企业间网络合作，强调资源协调统一；CRM 加强企业与客户的关系。在集成模型中，从客户到供应商，企业内部流程与外部交易完全一体化。

通过集成模型的 SCM，企业可以节约交易成本，共享网络资源，降低存货，使供应链网络内合作伙伴作为一个整体进行即时快捷的信息交流。集成的电子商务 CRM 可实现互动营销，快速响应客户个性化要求，提供便捷购买和良好的售后服务。集成模型中的 ERP 将企业传统业务、内部管理与管理网络化连接，使 ERP 前后端成为一体化交易的中枢。通过集成，客户的采购和要求可以即时传递至整个供应链，交易、供给、运输和服务几乎同时进行。这种一体化集成满足了客户、生产者、销售者和供应商的需求，极大地提高了企业对市场的快速响应能力。

二、电子商务 CRM、ERP、SCM 的集成应用解决方案

（一）以人为本的竞争机制

ERP 的管理思想认为，在以人为本的前提下，必须在企业内部建立一种竞争机制，在

此基础上，给每一个员工制定一个工作评价标准，并以此作为对员工的奖励标准，生产效率也必然跟着提高。

（二）以供需链管理为核心

ERP 把客户需求和企业内部的制造活动以及供应商的制造资源集成在一起，形成一个完整的供需链，并对供需链的所有环节进行有效管理，这样就形成了以供需链为核心的 ERP 管理系统。供需链跨越了部门与企业，形成了以产品或服务为核心的业务流程。以 SCM 为核心的 ERP，适应了企业在知识经济时代、市场竞争激烈环境中生存与发展的需要，给有关企业带来了显著的利益。SCM 从整个市场竞争与社会需求出发，实现了社会资源的重组，大大改善了社会经济活动中物流与信息流运转的效率和有效性，消除了中间冗余的环节。

（三）以客户关系管理为前台重要支撑

在以客户为中心的市场经济时代，企业关注的焦点逐渐由过去关注产品转移到关注客户上来。由于需要将更多的注意力集中到客户身上，关系营销、服务营销等理念层出不穷。与此同时，信息科技的长足发展也从技术上为企业加强客户关系管理提供了强力支持。

（四）全面集成企业内外部资源

随着网络技术的飞速发展和电子化企业管理思想的出现，ERP 也进行着不断调整，以适应电子商务时代的来临。网络时代的 ERP 将使企业适应全球化竞争引起的管理模式的变革，它采用最新的信息技术，呈现出数字化、网络化、集成化、智能化、柔性化、行业化和本地化的特点。

三、电子商务 CRM、ERP、SCM 集成的方式和实现技术

从 ERP 角度可以将软件厂商分为两类：传统 ERP 型和非传统 ERP 型。传统 ERP 型中 CRM 与 ERP 系统高度集成，只需在 ERP 服务器上增设一个或多个 CRM 模块，就能实现集成。非传统 ERP 型系统通常提供了各个独立的模块和开放的程序接口，企业可以选择相应的开放接口模块实现集成，可以利用这些接口进行二次开发和定制修改。非传统 ERP 型将 SCM、CRM 系统与其他 ERP 系统集成的关键是实现同步数据更新，这也是集成模型所要求的。现在比较流行的 ERP、SCM、CRM 集成支持技术是一种提供中间件的运用新的模块化软件的方式，提供 ERP、SCM 或 CRM 同第三方软件集成的业务应用程序接口，实现三者的集成。二次开发集成技术是客户对掌握的 CRM 或 ERP 软件进行客户化修改。数据同步复制也是集成 ERP、SCM 与 CRM 的一种主要支持技术，主要在 CRM 或 ERP 系统服务器之间建立数据复制的功能，使两者的数据保持同步。

ERP、SCM 与 CRM 三大系统都是电子商务企业重要的组成部分，以往三大系统各自独立，制约着企业的发展，降低了企业的市场反应速度。ERP、SCM 与 CRM 三大系统的集成，在物流、信息流、资金流、服务流等方面实现全方位、一体化的管理，使上下游的

企业，供应商、企业直至客户建立紧密的合作关系，这种效益的提高是整个链内企业的整体提高。对电子商务企业来说，ERP、SCM 和 CRM 三者集成既是企业软件系统的理想状态，又是大势所趋。ERP 系统的集成能够帮助企业适应全球化市场竞争，使其与同一链内的其他结点成为一个整体，相互配合和协调，共同减少损耗，降低成本，提高产品质量。

第四节　EAI 基础及应用

一、EAI 的基础知识

在 20 世纪六七十年代，企业应用集成大多是用来替代重复性劳动的一些简单设计。当时并没有考虑到企业数据的集成，唯一的目标就是用计算机代替一些孤立的、体力性质的工作环节。到了 20 世纪 80 年代，有些企业开始意识到企业应用集成的价值和必要性。这是一种挑战，很多企业的技术人员都尝试在企业系统整体概念的指导下对已有的应用进行重新设计，让它们集成在一起，然而这种努力收效甚微。20 世纪 90 年代，ERP 应用开始流行的时候，同时也要求其能够支持已经存在的应用和数据，这就必须引入企业应用集成。所以说企业应用集成的发展是合乎逻辑的，企业利用客户机或服务器技术实现了分布应用，但后来认识到了连接多样业务处理的好处。

（一）EAI 的基础知识

1. EAI 的含义

EAI（Enterprise Application Integration，企业应用集成）是将基于各种不同平台、用不同方案建立的异构应用进行集成的一种方法和技术。EAI 通过建立底层结构来联系横贯整个企业的异构系统、应用、数据源等，完成在企业内部的 ERP、CRM、SCM、数据库以及其他重要的内部系统之间无缝地共享和交换数据的需要。有了 EAI，企业就可以将企业核心应用和新的互联网解决方案结合在一起。

EAI 将进程、软件、标准和硬件联合起来，在两个或更多的企业系统之间实现无缝集成，使它们就像一个整体一样。尽管 EAI 常常表现为对一个商业实体（如一家企业）的信息系统进行业务应用集成，但当在多个企业系统之间进行商务交易的时候，EAI 也表现为不同企业实体之间的企业系统集成，如 B2B 的电子商务。形象地看，EAI 起着将两个"孤立"的应用系统相互"黏结"的作用，是一个"中间件"，如图 10-2 所示。

| 应用系统(1) | EAI | 应用系统(2) |

图 10-2　EAI 的位置

2. EAI 的工作方式

企业应用集成就是通过相应的软件技术，将企业已有的和新建的各种业务系统集成起来，共同完成企业的各种商务活动，并能够灵活快速地适应企业的发展和市场的变化。

从企业应用集成的架构来看，比较有代表性的有两种：总线形集成架构和星形集成架构。

（1）总线形 EAI。总线形 EAI 的原理在于各个应用系统的接口都面向信息总线，信息在总线中流动、传递。其优点是应用系统只需要编写面向总线的接口，从而避免 $n×n$ 个接口的编写。TIBCO 等公司的集成产品是这种架构的代表之作，总线形 EAI 架构如图 10-3 所示。

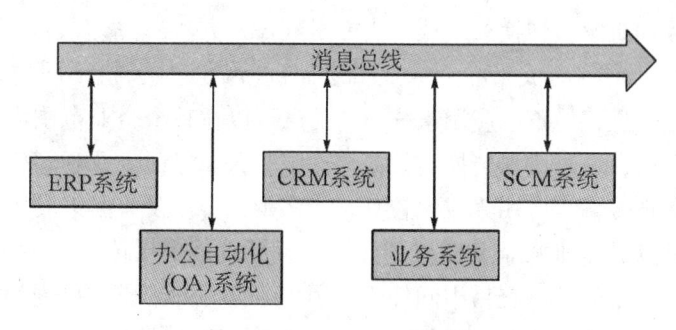

图 10-3　总线形 EAI 架构

（2）星形 EAI。星形 EAI 架构的提法比较笼统，它的原理是信息和应用都集中向一个核心处理器。这个核心处理器或者是一个应用服务器，或者是一个数据库。星形 EAI 架构如图 10-4 所示。

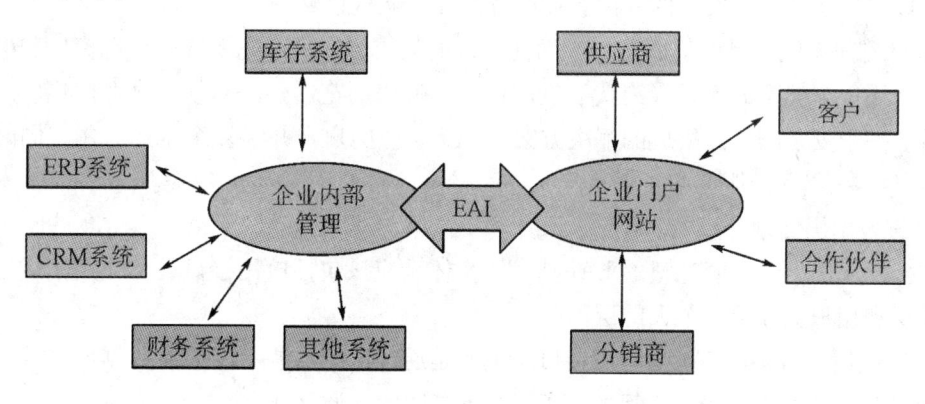

图 10-4　星形 EAI 架构

星形 EAI 集成方案是面向各个信息系统的接口的，对各个应用系统的接口进行基于某些特定标准的处理，从而达到系统集成的目的。实施企业应用集成，可以有效地解决信息系统的接口问题。

（二）EAI 的集成层次

现在对 EAI 有着各种各样的分层方法，业界也没有一个统一的标准。对于各家 EAI 厂商，基于 EAI 理解的侧重点不同，分层也不同。以下介绍几种 EAI 分层方式。

1. 按集成深度划分

EAI 被认为可以包括数据集成、应用集成、业务流程集成和界面集成等方面。

（1）数据集成。数据集成是针对结构化数据和非结构化数据的集成、分析等工作。数据集成是 EAI 发展中最容易实现的形式，也是应用集成的基础，数据集成通过建立数据的概念模型，对数据进行统一标示和编写目录，确定元数据模型，只有对数据建立统一的模型后，数据才有在分布式数据库中共享的可能。数据集成的方法主要有数据复制、数据聚合、面向接口集成和析取、转换、装载解决方案（ETL 方法）。

（2）应用集成。应用集成是在业务逻辑层面进行的集成，把不同的应用程序连接起来，以共享和利用信息，使不同应用系统中的信息可以在整个企业范围内共享。应用程序集成是基于内部网络，通过协议转换与数据传输服务，来保证企业不同应用程序之间的信息和指令安全有效地传输。应用集成比较复杂，多少也会涉及数据集成和界面集成。

（3）业务流程集成。业务流程集成的传统实现手段是采用传统的中间件或 EAI 技术，包括基于传统的消息中间件、交易中间件或应用服务器等的集成，更进一步的实现手段则是采用网页服务技术来实现业务流程集成。一般来说，在业务流程的集成模式中，应包括集成适配器、数据转换处理、消息路由控制以及业务流程管理等几大部分。

为了降低集成成本，减少技术风险和保护企业已有投资，目前广为接受的业务集成方式是充分利用网页服务技术，将原先以数据为出发点的面向数据库的单一系统设计模式，逐步向以应用功能为出发点的面向企业服务的体系架构过渡。

（4）界面集成。界面集成是一个面向用户的集成，它将原先系统的终端窗口和电脑的图形界面用一个标准的界面（有代表性的例子是使用浏览器）来替换。企业门户应用也可以被看成一个复杂的界面集成的解决方案，一个企业门户合并了多个企业应用，同时表现为一个可定制的基于浏览器的界面。

2. 按技术层面划分

在技术层面上，一套完整的 EAI 技术层次体系应该包括应用接口层、应用集成层、流程集成层和用户交互层四个大的层面。

（1）应用接口层。EAI 的应用接口层主要是通过适配器技术将原有数据库系统、应用系统和原有网络服务组件封装起来，实现系统之间的互通互连。

（2）应用集成层。应用集成层是 EAI 技术层次体系中的核心层次，该层次是连接业务流程管理层和应用接口层的桥梁。

（3）流程集成层。业务集成着眼于提高每个业务流程的效率和效能。企业利用业务集成，通过采用成熟的技术创建模型、自动化流程处理过程、监控和管理业务流程，满足业务变化的需求。流程集成层通过同时协同人工参与流程和自动化运行流程来集成一个跨越企业内部同部门和不同系统之间的业务流。

（4）用户交互层。用户交互层是 EAI 与用户实现人机交互在表示层面上的扩展。一个面向用户的集成，强调的是将来自多个信息源的信息以一种可定制的、个性化的界画展现给用户。用户交互层涉及的内容包括展示内容的集成（门户应用）、单点登录（Single Sign On）、用户统一管理、用户认证授权的管理等。

3. 按企业角度划分

（1）应用系统集成。应用系统之间的异构数据或对象需要通过传输与转换的服务，才能让不同的应用系统了解与分享彼此的数据及其对象。

（2）企业内部流程集成。企业内部流程集成是指将异构且分散的商务应用根据企业内部流程的需求，做有效的集成。例如，企业前后端流程和相关应用系统的集成、企业内流程的集成。其集成的目的在于确立企业内部的主要业务规则，并将其一致地应用到业务流程当中。

（3）企业间集成。就像企业内部的流程集成一样，跨企业的流程集成将集成的对象延伸到整个供应链上的相关企业和主要客户。跨企业的流程集成需要不同组织间的应用系统和业务流程做有效集成。其主要的集成范围有企业之间的交易流程、数据共享流程和合作流程。

三种不同层次划分的综合汇总如表 10-1 所示。

表 10-1 EAI 的层次

划分方法	按集成深度划分	按技术层面划分	按企业角度划分
企业应用集成	数据集成 应用集成 业务流程集成 界面集成	应用接口层 应用集成层 流程集成层 用户交互层	应用系统集成 企业内部流程集成 企业间集成

二、电子商务环境 EAI 的应用

企业信息系统的集成已经是大势所趋，无论是购买还是自己构造，企业都必须建造一个能有效处理业务、共享信息、协同工作并创造价值的应用程序链。

（一）EAI 的意义

据高德纳咨询公司估计，每年企业大约花费 85 亿美元来人工编译相关应用程序以实现集成。在企业中，用写代码的形式将不相关的系统集成起来需要进行大量的工作。

从技术上看，EAI 可以为企业提供以下好处：

（1）可靠性：提供一个坚固的系统运行环境，具有强大的故障恢复能力、系统重新启动和恢复能力、数据可靠传输能力等。

（2）可扩展性：提供动态部署能力，涉及交易方式、应用程序配置、对象服务嵌入等。

（3）可管理性：系统要实现有效的管理，管理内容包括应用服务器、操作系统进程和线程、数据库连接以及网络会话等。

（4）数据一致性：交易完整性保障。

（5）应用安全性：最终用户身份认证、结点连接的安全认证、应用程序的安全认证、管理界面的访问权限控制、数据加密或解密功能、安全事件报警等。

从业务上看，EAI可以为企业提供以下好处：

（1）EAI可以通过使企业提高业务流程效率、快速响应客户需求、改善客户服务、增加对客户的了解以及强化客户忠诚度来改善客户关系、增加市场份额，从而增加收入。

（2）EAI可以通过使企业增加管理层对业务的可视性和全面监控、减少信息技术开销、降低运营成本和重复性消耗、降低销售和售后服务成本来起到降低各种成本的作用。

（二）电子商务环境下EAI注重服务

传统EAI的主要作用就是接口作用，因此人们将传统EAI称为接口型EAI。接口型EAI系统有不可克服的难点：一是没有真正实现统一的身份认证、状态认证、安全控制等基础服务；二是制造了一个庞大而昂贵的核心系统。

在电子商务环境下，企业的信息技术部门是一个提供信息服务的部门。企业内的各种信息系统为企业的内外用户提供了全方位的信息服务。新的思路是应用系统与应用系统之间是一种互为服务的关系。正是在这种应用系统集成和面向服务理念的驱动下，网络服务模式（Web Service）得到较快发展。

网络服务模式是一系列标准的集合。它提供了一个分布式的计算模型，用于在互联网（Internet）或内联网（Intranet）上通过使用标准的可扩展标记语言（XML）协议和信息格式来展现商业应用服务。用网络服务模式来实现EAI，需要涉及对被集成的各个应用系统本身进行改造，使之符合面向服务的体系，具体结构如图10-5所示。用网络服务模式实现EAI的关键部件有以下四种：

1. UDDI

UDDI（统一描述、发现和集成）服务可以帮助企业针对网络服务及其他可编程资源进行组织并编制目录。通过对UDDI服务中的物理分布、组织机构、服务方式等一系列分类方案加以应用，企业可以建立起一种用来描述并发现相关服务的结构化与标准化方式。

2. 支持网络服务模式的应用服务器

"Java EE v1.4"开始全面地支持网络服务模式。"NET"从一开始就支持网络服务模式。除此之外，市场上也有一些其他的平台支持网络服务模式。

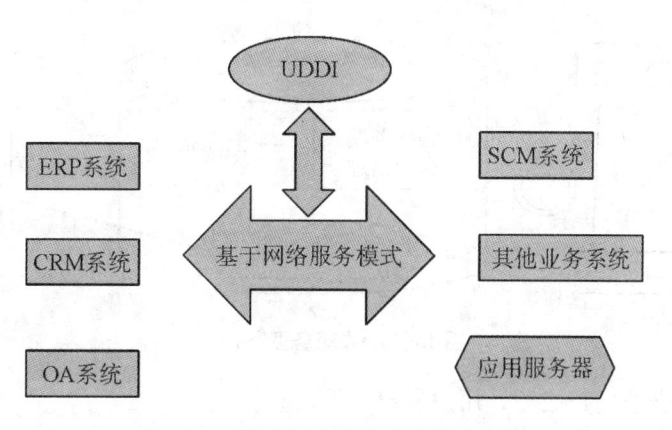

图 10-5　基于网络服务模式的结构图

3. 应用系统的网络服务模式

毫无疑问，这一个步骤是实施的关键和难点。要想让企业原有的系统转而支持网络服务模式，需要对企业原有的系统进行改造，这个工作是艰难而充满风险的。

4. 界面层次的集成

由于网络服务模式规范的标准性和简单性，企业门户系统可以非常方便地实现信息系统界面层次的集成。这里引用一个集成实例来说明服务型 EAI 的功能和实现。在实际商务活动中，经常会涉及分析客户的欠款情况。如果没有 EAI 系统，企业管理人员可以通过电子商务 CRM 系统查找客户的联系信息，然后到 ERP 系统中查找客户的供应信息。这是两个完全独立的过程。在建立了"接口型"的 EAI 系统之后，企业可以通过一个界面得到比较全面的信息，如图 10-6 所示。

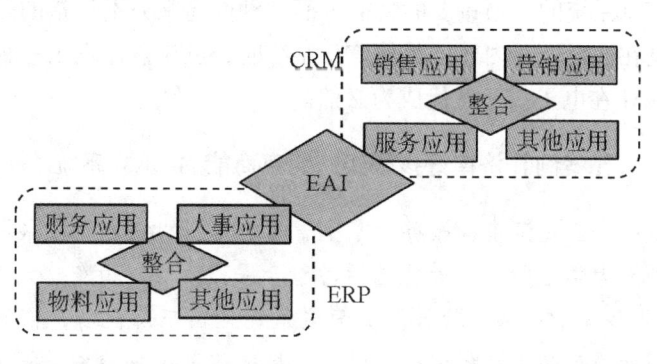

图 10-6　"接口型" EAI

当企业建立了"服务型" EAI 系统之后，这个请求会经过 CRM 和 ERP 系统的协同分析之后，将一个更有价值的、更全面的模型返回给用户，如图 10-7 所示。

由图 10-7 可以看到，集成后的业务流程如下：

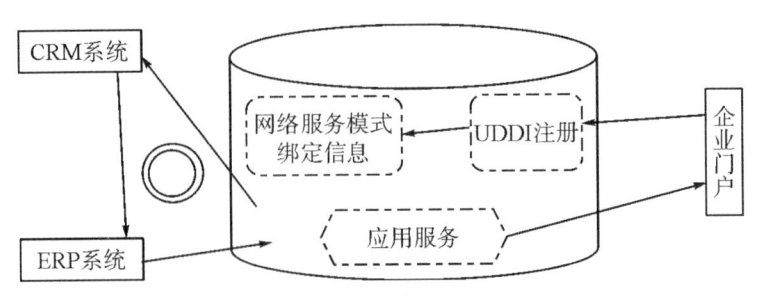

图 10-7 "服务型" EAI

（1）在登录企业门户之后，用户发出请求信息。

（2）支持企业门户框架的应用程序通过浏览私有的 UDDI 注册中心获得关于 CRM 和 ERP 应用的网络服务的目录。

（3）网络服务的位置和网络服务模式绑定信息被传送给应用服务器。

（4）应用程序调用 CRM 系统发布的网络服务得到客户的信息，如名字、通信地址、电话以及客户的电子邮箱。这个通信过程是应用服务交互的。

（5）应用程序调用 ERP 系统发布的网络服务获得客户的供应信息，如应收款项、当月订单和客户交易历史记录。这个通信过程也是应用服务交互的。

（6）信息被应用服务器格式化。这个过程可能是一个交互的过程。

（7）经过深度分析后的信息模型被发送给最初的调用用户。

面向服务的 EAI 对企业的各个信息系统提出了更高的要求，通常企业可以首先用传统的接口型的集成产品对它们进行初步的封装，然后在一个标准接口的基础上实现服务的升级。面向服务是信息系统的一项重要的特征。而这种面向服务不仅指的是面向企业的内外用户的服务，而且在面对企业内外的其他信息系统时，也应该体现出一种服务提供者的姿态。面向服务的 EAI 在电子商务时代成为必然。

【案例】济南好孩子实施北京商能 MrCRM 系统

济南好孩子是一个立足济南，服务山东全省各幼儿园的综合幼教服务供应商。其提供的服务有：南京师范大学出版社《幼儿园活动整合课程》教材山东总代理；上海创智科技"智能化幼儿园校园安全、健康晨检计算机管理系统"山东总代理；台湾大地幼教山东代理；台湾康轩集团幼教产品山东代理；武汉亿童科技"蒙氏数学系列"济南总代理；发行幼儿英语画报，开展快乐美乐蒂幼儿英语培训。

面对日益增长的客户群体，现有的业务支撑系统已无法满足济南好孩子对用户的管理，为了更好地管理客户并提高客户满意度，其迫切需要一套 CRM 系统来实现集中统一的管理和客户关系维护。

在经过认真筛选之后，济南好孩子最终选择了北京商能 MrCRM6.0 的产品来实现客户数据集中分类共享，使渠道管理更加透明健康地运转，这是两方受益的共赢。

（1）济南好孩子管理层：多级营销模式实现一级的客户资源管理平台。

实施北京商能 MrCRM 后，济南好孩子原本分散在业务员手中的客户资源得到了统一的管理和分析，克服了数据和业务流程的集成不完整、管理层对渠道代理控制力度薄弱、客户服务反应迟钝等问题。通过同步的数据采集，领导可以随时查看代理商的业务进展情况、客户交易情况等。这使客户管理变得更为主动，也能随时根据客户的反馈调整产品模式和方向。

（2）地区业务员：便捷的个人客户管理工作台，提升了工作效率 200%。

销售的特性就是量的突破。当客户积累到一定程度的时候，依赖传统的纸上记录模式已经不能满足客户联系和管理需要，当客户来电时，业务员应该迅速知道跟这个客户的联系记录，如历史交易订单是多少、订单产品是什么、历史成交价格是什么，而不能重复地去追问客户。任何一个客户都会很反感重复讲述，服务就是取胜的法宝。北京商能 MrCRM 系统最为突出的客户体验就是易用，其集成邮件、短信、通知以及 Office 办公软件，为个人操作提供了无与伦比的便利。

（3）项目总结。

异地分支机构全部通过网络访问济南好孩子的 CRM 服务器，高速度、高安全、高性能的保证使系统为济南好孩子的企业服务渠道建立了一个全面共享的平台。

济南好孩子对技术的挑剔几乎超越了对功能的要求，北京商能 MrCRM 的卓越性能使软件功能和技术同时获得了济南好孩子不同层次的管理需求。

综合练习

【简答题】

1. ERP 技术大致经历了几个阶段？
2. MRP 的基本任务是什么？
3. ERP 系统具有什么特点？
4. ERP 与电子商务 CRM 的关系主要表现在哪几个方面？
5. 从技术上看，EAI 可以为企业提供哪些好处？

【实训题】

通过资料收集，回答目前提供 CRM 和 ERP 整合的产品有哪些？（至少列出 3 个，详细给出该产品的开发公司、该产品的核心思想、该产品的核心体系结构、该产品目前是否有成功实施的企业）

参考文献

[1] 杰姆·G. 巴诺斯. 客户关系管理成功奥秘——感知客户 [M]. 刘祥亚, 译. 北京: 机械工业出版社, 2002.

[2] 菲利普·科特勒. 营销管理 [M]. 梅清豪, 译. 上海: 上海人民出版社, 1997.

[3] 汪楠, 李佳洋. 电子商务客户关系管理 [M]. 北京: 中国铁道出版社, 2016.

[4] 张慧锋. 客户关系管理实务 [M]. 2版. 北京: 人民邮电出版社, 2014.

[5] 林建宗. 客户关系管理 [M]. 北京: 清华大学出版社, 2011.

[6] 邵兵家. 客户关系管理 [M]. 2版. 北京: 清华大学出版社, 2010.

[7] 郑济孝. SCM、CRM与ERP集成应用 [J]. 生产力研究, 2010 (3): 205-206.

[8] 陈翠松. EC、ERP、CRM集成初探 [J]. 科学之友, 2009 (21): 160-161.

[9] 余宁. 网络环境下客户关系管理研究 [D]. 武汉: 华中农业大学, 2007.

[10] 王鹏飞, 赵彦桥. 中小企业信息化建设方案研究 [D]. 北京: 华北电力大学, 2013.

[11] 单友成. CRM中模糊数据挖掘及客户生命周期价值与客户满意度研究 [D]. 天津: 天津大学, 2012.

[12] 龚立雄. 面向CRM的制造企业客户满意理论研究与应用 [D]. 武汉: 武汉理工大学, 2013.

[13] 刘振亚, 朱磊. 铁路通信维护规则设备维护 [M]. 北京: 中国铁道出版社, 2014.

[14] 汤兵勇. 客户关系管理 [M]. 北京: 高等教育出版社, 2008.

[15] 张翔. 客户关系管理 [M]. 北京: 机械工业出版社, 2008.

[16] 姚磊. eCRM如何助企业走上客户管理网络化之路 [EB/OL]. (2003-05-25) [2019-11-30]. mie168.com/CRM/2003-05/4138.html.

[17] BENSON P SHAPIRO, V KASTURI RANGAN, ROWLAND T MORIARTY, et al. Manage customer for profits（not just sales）［J］. Harvard business review, 1987（9-10）: 101-108.

[18] A.H.马斯洛. 人的动机理论（上）［J］. 陈炳权, 高文浩, 译. 北京: 经济管理出版社, 1981（11）: 67-69.

[19] A.H.马斯洛. 人的动机理论（下）［J］. 陈炳权, 高文浩, 译. 北京: 经济管理出版社, 1981（11）: 62-64, 72.

[20] 约翰·哈格尔三世, 阿瑟·阿姆斯特朗. 网络利益［M］. 王国瑞, 译. 北京: 新华出版社, 1998.

[21] 甘碧群. 关于绿色营销问题的探究［J］. 外国经济与管理, 1997（3）: 19-22.

[22] WILLIAM G NICKELS, MARIAN BURK WOOD. Marketing: relationships, quality, value［M］. New York: Worth, 1997.

[23] 艾·里斯, 杰克·特劳特. 定位［M］. 谢伟山, 苑爱冬, 译. 北京: 机械工业出版社, 2011.

[24] 保罗·格林伯格. 实时的客户关系管理［M］. 王敏, 林宁常, 译. 北京: 机械工业出版社, 2002.

[25] 保罗·尼文. 平衡计分卡实用指南［M］. 胡玉明, 等, 译. 北京: 中国财政经济出版社, 2000.

[26] 陈明亮, 袁泽沛. 客户保持动态模型的研究［J］. 武汉大学学报（社会科学版）, 2001（6）: 678-684.

[27] 戴维·扬, 斯蒂芬·奥伯恩. EVA与价值管理［M］. 李丽萍, 译. 北京: 社会科学文献出版社, 2002.

[28] 菲利普·科特勒. 营销管理［M］. 11版. 梅清豪, 译. 上海: 上海人民出版社, 2003.

[29] 弗雷德里克·莱希赫尔德. 忠诚的价值［M］. 常玉田, 译. 北京: 华夏出版社, 2001.

[30] 顾君忠. 计算机支持的协同工作导论［M］. 北京: 清华大学出版社, 2002.

［31］雷诺德·斯威夫特.客户关系管理加速利润和优势提升［M］.杨东龙，译.北京：中国经济出版社，2001.

［32］李海明，吴建林，张雷.分析型 CRM 的软件体系结构［J］.计算机工程与应用，2002（5）：110-112.

［33］迈克尔·波特.竞争优势［M］.陈小悦，译.北京：华夏出版社，1997.

［34］齐佳音，李怀祖.客户关系管理（CRM）的体系框架分析［J］.工业工程，2002（1）：42-45.

［35］徐振明，顾明.客户资源管理系统理论模型的设计与实现［J］.计算机工程与应用，2002（11）：230-244.